THE ELEPHANT AND THE FLEA

코끼리와
벼룩

거대 조직에
기대지 않고

독립생활자로
단단히 살아가는 법

찰스 핸디 지음 | 이종인 옮김

2 인터넷 시대의 기업 문화
– 자본주의의 과거, 현재, 미래

3 독립된 생활
– 인생 스크립트 새로 쓰기

인생의 중간에서
새로 시작하기

안정된 미래를 버리고
새롭고 무모한 모험을 택한 이유는 바로
자유를 얻기 위해서였다.

1981년 7월 25일 나의 마흔아홉 번째 생일, 아침 일찍 눈을 떴다.
특별할 것 없는 평범한 하루였지만 내게는 다른 날과 달랐다. 자
발적 실업 상태가 되고 나서 맞는 제2의 인생 첫날이었기 때문이
다. 물론 스스로는 실업 상태라 하지 않았다. 당시로부터 2년 전
에 내가 만들어낸 말에 따르면 나는 비로소 '포트폴리오 인생'을
시작한 것이다. 그때 나는 앞으로 20세기 말이 되면 포트폴리오
인생을 사는 사람이 점점 더 많아질 것이라 예측했다.

포트폴리오 인생의 도래

•

당시 영국은 대처 시대의 초창기였다. 나는 서기 2000년에는 '종신계약'이라 불리는 전일제full—time 직장에 근무하는 영국 노동자가 전체 노동력의 절반도 되지 않을 것이라 예측했는데, 그 당시 대단히 황당무계한 예측으로 받아들여졌다.

　　나머지 절반의 노동력은 자영업자, 파트타임 근무자, 이런저런 일을 하는 임시직 노동자, 실업자 등일 것이라 내다보았다. 따라서 생계를 유지하려면 저마다 다른 고객이나 거래처의 일감을 받아 일하는 포트폴리오 인생의 도래가 불가피하다고 보았다. 그런 이유로 앞으로의 충만하고 보람찬 인생은 서로 다른 범주의 일, 가령 돈을 받고 하는 일, 자원봉사, 공부를 비롯해 요리, 청소, 세탁 등 부부가 함께하는 집안일 등으로 채워지는 복합 포트폴리오일 것이라 예측했다. 또한 직장과 가정의 경계가 애매모호한 현재의 직장 분위기는 여가와 즐거움이 있는 다른 형태의 일로 대체될 것이라 주장했다. 사람들은 나의 이러한 주장에 코웃음을 쳤다. 기업의 중역, 정치가, 학자들은 물론 사람들 대부분이 이 주장을 한가한 사람의 쓸데없는 공상으로 치부했다. 그들은 21세기 초가 되면 '집안일을 하는 남편house-husbands'이라는 유행어가 등장할 것이라는 나의 논평을 조롱했다. 그도 그럴 것이 당시는 기업 정신과 자기 신뢰를 강조하는 대처 독트린이 힘을 얻

•

고 있었고, 따라서 사람들은 원하면 누구나 전일제 직장에서 일할 수 있는 호경기가 오리라 믿었기 때문이다. 설사 대처 독트린이 실패하더라도 사회주의 정부가 들어서서 완전고용의 행복한 사회를 만들어줄 것이라는 낙관적인 전망이 지배적이었다. 이 경우엔 회사의 사장이 개인에서 국가로 바뀌었다는 사실만 다를 뿐이었다. 다시 말해 합의된 목표는 같고 방법론만 달랐다. 사람들은 합의된 목표인 완전고용 사회가 '모든 사람에게 종신계약의 직장을!'이라는 형태로 실현될 것이라 생각했다. 그러니 이런 예상과 반대되는 나의 주장이 일고의 가치도 없는 헛소리로 여겨지는 것은 당연했다.

나는 내 주장에 회의적인 사람들에게 광고회사에 근무하는 마흔여덟 살 중역의 사례를 들려주었다. 그는 내 집에 찾아와 젊은이만 우대하는 광고 업계에 자신과 같이 나이 든 사람의 자리는 더 이상 없다고 불평했다. 그동안 집의 배선을 손보고 있던 전기공이 문을 빼꼼 열고서 일주일 뒤에 다시 오겠다고 말했다. 내가 실망하는 기색을 보이자 전기공이 말했다.

"죄송합니다. 요즘 일이 너무 많아서 어쩔 수 없습니다."

나는 그에게 바로 저것이 미래의 모습이라 말했다. "방금 문을 열고 일주일 후에 다시 오겠다고 말하는 전기공을 보았느냐. 일을 시키는 사람이 너무 많아 순서를 조정해가면서 해야 하는 전기 설비 같은 일, 그게 앞으로의 직장 문화가 될 것이다. 반면 모든 시간을 회사에다 미리 팔아넘기고 그 대신 평생 고용을 보장받는 그런 형태의 직장 문화는 앞으로 점점 사라질 것이다."

그는 반신반의했다. 다른 많은 사람들 역시 내 얘기를 귀담아듣지 않았다. 20세기의 고용 문화는 안정된 수입, 편리한 납세 절차, 회사 내 직급에 따른 사회에서의 신분 증명 등 이른바 좋은 것들을 많이 제공했다. 노동자들은 10년, 20년이 지난 후 자신이 어디쯤에 위치하고 무엇을 하고 있을지 미리 내다볼 수 있었다. 많은 사람들이 회사를 한두 번 옮기게 될지라도 어쨌든 회사 생활은 여러 이점이 있다고 보았다. 특히 사회가 이기적인 싸움터, 즉 각자 자기 이익만을 취하고 나머지는 알 바 아니라는 태도의 각축장으로 타락하는 것을 강력하게 막아주는 핵심적 유대관계를 회사라는 조직이 제공한다고 여겼다. 그러나 내가 예측한 상황은 그와는 정반대로 불안전, 불확실, 막연한 공포 등이 가득 들어찬 세계였다.

사람들은 "그런 세계는 싫어."라고 말했다. 그런 일이 벌어지지 않기를 바랐다. 이해한다. 나 또한 앞으로 도래할 세계가 마음에 들지 않았으니까.

나는 모든 진리가 3단계를 거친다는 철학자 아르투르 쇼펜하우어의 말로 스스로를 위로했다. 그에 따르면 진리는 조롱을 먼저 받고 그 다음에 반대를 받다가 마지막으로 자명한 것으로 받아들여진다.

.

실제로 2000년에 이르러 종신계약의 전일제 직장에 근무하는 영국 노동인구 비율은 40퍼센트로 떨어졌다. 완전고용의 개념은 달라졌다. 완전고용이란 스스로를 실업자라 선언하고 사회보장기금을 타가는 사람이 전체 노동인구의 5퍼센트 미만인 상태를 가리키는 것으로 바뀌었다. 나머지 95퍼센트가 무엇을 하고 또 무엇을 하지 않는지는 상관없다. 1996년에 이미 영국 회사의 67퍼센트가 1인 회사였고 1994년에는 다섯 명 이하의 직원을 고용한 소규모 회사가 전체 영국 회사의 89퍼센트를 차지했다. 이 현상을 좀 더 실감나게 표현해보면, 전체 기업 중 11퍼센트만이 다섯 명 이상의 직원을 고용하고 있다는 것이다.

코끼리와 벼룩
.

1981년 당시 나는 예측만으로는 충분하지 않다고 생각했다. 그래서 그동안 가르쳐온 것을 몸으로 실천하기로 결심했다. 대기업의 보금자리를 떠나 거친 들판에서 풍찬노숙하는 경험을 해보기로 마음먹은 것이다. 20세기 고용 문화의 거대한 기둥인 대기업, 그 코끼리들의 세계에서 벗어나 벼룩처럼 혼자 힘으로 살아갈 생각이었다. 여기서 벼룩은 프리랜서를 가리키는 말이다. 어떤 벼룩은 혼자 일하고 어떤 벼룩은 자그마한 자기 회사가 있고 또 어떤 벼룩은 파트너십에 참가하고 있다.

코끼리와 벼룩. 이것은 양쪽 모두에게 어색하게 받아들여지는 기이하면서도 야릇한 비유다. 나는 대기업일수록 반항적인 개인이나 집단이 있어야만 생존의 필수 사항인 혁신과 아이디어 개발이 이뤄질 수 있다는 주제의 공개 강연을 하다가 이 비유를 우연히 발견했다. 강연이 끝난 후 몇 사람이 내게 다가와 자신들을 벼룩이라 지칭하면서 소속사인 대기업의 코끼리 같은 걸음걸이를 개탄했다. 내가 강연 중에 우연히 꺼낸 비유가 그 사람들에게 어필했던 것이다. 그래서 그 후 필요할 때마다 코끼리와 벼룩이라는 비유를 쓰고 있다. 현대 사회에서 볼 수 있는 중대한 분수령을 지적하는 표현으로 코끼리와 벼룩은 매우 적절한 비유라 생각한다. 많은 사람들이 벼룩으로 일하거나 벼룩의 회사에서 열심히 일하는 동안 사회의 온갖 주목과 관심은 코끼리들이 다 가져간다. 그러나 오늘날 영국에서 제철, 석탄, 조선, 자동차 업계에 근무하는 모든 노동자들을 합친 것보다 더 많은 숫자가 영국 내 각종 식당에서 근무하고 있다. 경제가 제조업에서 서비스업으로 이동하면서 과거의 코끼리 기업은 벼룩 기업으로 대체되고 있다. 이것은 그야말로 새로운 세계다. 나는 자유를 얻기 위해 안정을 내팽개치고 그 새롭고 무모한 모험의 세계를 선택한 것이다.

나는 거대한 코끼리 기업인 로열 더치 셸 그룹에서 10년간 근무했다. 셸은 나를 평생 고용하겠다는 표시로 입사 첫날 퇴직

후 연금 규정을 자세히 설명해주었다. 그로부터 10년 후 나는 회사를 떠나 대학으로 자리를 옮겼다. 당시 대학의 '테뉴어tenure, 종신 재직권' 제도는 교수가 아무리 과격한 사상을 갖고 있건, 낡은 생각을 갖고 있건 평생 고용을 보장하는 제도였다. 그 후 대학에서 윈저성으로 직장을 한 번 더 옮겼다. 그곳 역시 장기근속이 고용 제도의 근본을 이루고 있었다. 윈저성에 머물 곳을 마련한 다음 날 아침에 침대에서 눈을 뜨니 벽에 붙어 있는 16세기의 성가대 지휘자가 적어놓은 악보가 보였다. 나는 헨리 3세가 13세기에 지은 왕궁의 한구석에서 잠을 잔 것이다. 나는 윈저성 내에 세워진 세인트 조지 하우스의 소장으로 4년간 근무했다. 세인트 조지 하우스는 사회의 윤리적 문제를 토론하고 영국 교회 내 고위직을 맡을 성직자들을 교육시키는 소규모 학술연구센터였다.

당시 윈저성의 서무 담당 사무장이 성내 특정 구역에 들어갈 수 있는 큼지막한 열쇠를 건네주고 나서 두꺼운 가죽 대장臺帳에 열쇠 수령 서명을 요구하면서 말했다. "날짜는 네 단위의 정식 연도를 기입하세요. 안 그러면 몇 세기인지 헷갈리니까요."

세인트 조지 예배당의 참사원參事員은 아주 최근까지도 평생 근무를 보장받았다. 참사원의 참사 지위 및 관사 거주 권리는 은퇴할 때를 넘어 죽을 때까지 보장받는 것이었다. 윈저성은 아주 오랫동안 그런 방식으로 존재해왔고 그 방식을 그대로 유지하려는 강한 의지를 갖고 있었다. 불변의 거대한 바위인 윈저성은 빠르게 변하는 바깥 세계를 관망하기에는 대단히 좋은 곳이었다. 그러나 그곳에 너무 오래 머물다가는 화석이 된 나머지 바깥 세계에서 더 이상 살아남지 못할 것 같아 나는 안전한 원저성을 떠나 나의 행운을 시험해봐야 한다고 생각했다. 그러나 당시내게는 모아둔 돈이 많지 않았다. 오히려 매달 갚아야 할 주택 대출금이 있었고 부양해야 할 아내와 두 명의 10대 자녀가 있었다. 게다가 한 직장에 오래 머물지 않은 탓에 이렇다 할 연금도 없었다. 할 줄 아는 것은 글을 쓰고 강연하는 것뿐이라 앞날이 그야말로 막막했다. 마흔아홉 생일날 아침 눈을 뜨면서 충동적으로 사표를 낸 것이 무모한 짓은 아니었나 싶은 생각이 들기도 했다. 머릿속이 복잡했다. 가르친 것을 실천하겠다는 명분으로 대군단인 코끼리의 세계를 훌쩍 떠나 외로운 전사 집단인 벼룩의 세계로 뛰어들다니……. 하지만 앞으로 세상에는 벼룩들이 훨씬 많아질 것이라 스스로 예측하지 않았던가.

　　그때까지의 내 삶은 포트폴리오 생활을 착실히 대비한 시간이 결코 아니었다. 아일랜드의 시골에 있는 목사관에서 성장한 어린 시절, 영국 공립학교와 옥스퍼드 대학이라는 가장 좋은(어쩌면 가장 나쁜) 교육 기관에서 받은 수업, 영국 군대와 공무원 사회를 혼합해놓은 듯한 다국적 기업에서 겪은 직장 생활. 이 경험들은 나의 포트폴리오 생활에 전혀 도움이 될 것 같지 않았다. 심지어 설립 과정부터 관여한 런던 경영대학원도 내 앞에 놓인 세계를 헤쳐나가는 데 쓸모가 전혀 없었다.

글로벌에서 로컬로
•

앞서 얘기한 것은 모두 40년 전의 일이다. 이 책은 부분적으로, 그 40년 세월 동안 세상이 어떻게 달라졌는지 더듬어본 개인적 회고록이다. 또한 앞으로 다가올 여러 해 동안 세상이 어떻게 변할까 예측하는 전망서이기도 하다. 어쩌면 변화의 속도가 너무 빨라, 이 책을 쓰는 시점에는 획기적인 돌파구로 여겨지는 것들이 이 책이 출간되었을 무렵에는 진부해졌을지도 모른다. 1981년 당시 공산주의는 이미 실패한 이데올로기였지만 아무도 베를린 장벽과 소련 제국의 붕괴를 예상하지 못했다. 자본주의는 혁혁한 승리를 거두었으나 머지않아 그 자체의 딜레마로 허덕이고 만다. 이전과는 비교할 수 없을 정도로 돈이 결정적인 역할을 하게 된 탓에 삶의 우선순위는 완전히 뒤바뀌었다.

1981년 윈저성에서 인터넷과 월드와이드웹은 들어보지 못한 용어였다. 사실 웹은 당시 팀 버너스 리의 머릿속에도 들어 있지 않은 아이디어였다. 버너스 리는 그로부터 10년이 지난 후에 월드와이드웹을 구축하고 전 세계에 무상으로 제공했다. 인터넷과 웹은 20년 전에는 생각조차 하지 못한 방식으로 벼룩과 코끼

•

17

리의 삶을 바꾼 두 주력 부대다.

이처럼 과거 20년의 경험에 비추어볼 때 앞으로의 20년을 내다본다는 것은 다소 위험하거나 우스꽝스러운 일인지도 모른다. 그러나 이런 획기적인 사건들이 1981년 당시에 무성하게 논의되던 삶의 변화를 가능하게 만들었다.

주영 미국 대사로 재직했고 예일대 총장을 지내다 은퇴한 킹먼 브루스터는 1981년의 한 연설에서 미래의 수탁자受託者가 누구냐는 질문을 던지며 당시 사회 모습을 통렬히 비판했다. 사람들이 너무 단기적인 경제 문제에만 몰두한 나머지 성공의 의미, 후손들에게 물려줄 수 있는 사회상과 그런 사회를 구축하려는 책임 등 근본적인 문제를 소홀히 하고 있다는 것이었다. 그 연설 이후 사람들의 시야는 더욱 좁아졌고 경제적인 문제는 더욱더 중요해졌으므로 브루스터가 제기한 질문은 여전히 유효하다.

나는 아일랜드에서 태어났다. 목사들이 많은 그 가난한 땅에서는 시간이 탄력적으로 흐르고 대화는 한없이 이어진다. 하지만 이제 그곳 사람들은 자기들에게 붙은 '켈트의 호랑이'라는 꼬리표를 꽤나 자랑스럽게 여긴다. 내가 태어난 더블린은 번화한 도시다. 하지만 내가 보기에는 짜증나는 교통지옥이자 공기오염이 심각한 도시다. 바쁜 일상에 찌든 사람들은 점심을 한가하게 즐길 시간도 없어 책상에 앉은 채 샌드위치로 끼니를 때운다. 과거에 이민을 떠났다가 고국으로 돌아온 아일랜드인들이 천정부지로 치솟은 주택 가격에 깜짝 놀라 교외로 몰리는 바람에 교통 혼잡에 일조하고 있다. 이 도시 사람들은 "여긴 우리가 알고 있는 아일랜드가 아니야. 대화를 나눌 시간도 없고, 교외에 난립한 주택들이 과거의 푸른 들판을 갉아먹고 있어. 이젠 다른 나라 소비 사회와 똑같아졌어."라고 개탄한다. 맞는 말이다. 하지만 이제 대부분의 아일랜드 사람들에게는 소비할 돈이 있지 않은가. 그건 좋은 현상이 아닌가. 대차대조표가 어떠한지 나는 알 수 없다.

대학 때 만난 경제학 교수가 생각난다. 중부 유럽 출신으로 미국에 자리 잡은 그는 이렇게 말했다. "경제가 활성화된 나라에서 일하는 것은 신나는 일이야. 하지만 개인적으로는 경제가 낙후된 나라에서 사는 것이 더 좋다고 생각해. 그런 나라에서는 택시를 쉽게 잡을 수 있고, 식당에서 좌석을 편하게 맡을 수 있어. 또 좋은 연극을 볼 수 있고, 대화는 늘 철학적이지. 한마디로 여유 있게 숨 쉬며 살 수 있달까."

예나 지금이나 국가 발전은 까다로운 문제다. 어떤 새로운 기술이 도입된다 하더라도 이 딜레마가 쉽게 해결되지는 않을 것이다. 게다가 딜레마는 점점 더 까다로워지고 있다. 기술과 생산력이 발달하는 만큼 여유 시간이 늘어나야 하는데 어찌 된 일인지 사람들은 과거에 비해 일에 더 찌들어 있다. 일은 생활의 수단을 마련할 목적일 뿐인데도 사람들은 일중독에 시달린다. 과연 인간은 직면한 상황을 슬기롭게 극복할 수 있을까? 아니면 성공적인 자본주의는 결국 커다란 환멸로 끝나버리고 말 것인가?

점점 늘어나는 인간의 수명에 비해 직장 생활 기간이 짧아지고 있는 상황은 40년 전부터 분명해졌다. 그런데도 그 당시 사람들은 미국 대통령이 두 번의 임기를 마치고도 50대밖에 안 된 나이에 은퇴한다거나 30대 후반의 정치가가 토리당(영국의 보수당의 전신인 잉글랜드 정당)의 당수가 된다는 것은 생각조차 하지 못했다. 1956년 당시 셀은 신입사원인 내게 회사 연금 규정을 말해주면서, 과거의 통계치가 정확하다는 전제 아래 내가 은퇴 후 18개월 동안 연금을 수령할 것이라 덧붙였다. 실제로 나의 아버지는 은퇴 후 정확히 20개월을 더 사셨다.

하지만 1981년에 이르자 사정이 달라졌다. 은퇴에서 사망까지 18개월이 아니라 18년의 세월이 버티고 있는 것이었다. 텔레비전 시청, 여행, 골프 등 아무리 많은 여가 활동을 동원한다해도 18년은 그런 것들로 간단히 채울 수 있는 세월이 아니다. 게다가 국가 연금이라는 것이 그런 사치를 허용해줄 것 같지도 않다. 사람들은 그 시간을 장밋빛으로 포장하기 위해 '제3시대Third Age'라는 말을 만들어냈다. 하지만 이름만 그럴듯하게 붙이면 뭐하나. 20년이라는 긴 세월을 어떻게 보낼지, 또 이 기간 동안 생활비는 어떻게 감당해야 할지 난감하지 않을 수 없다.

40년 전에 대기업들은 이미 사업 활동 범위가 넓어진 만큼 어떤 부분은 소규모 경영으로 나가야 한다는 사실을 알고 있었다. 사실 코끼리 회사의 일하는 방식이 전면적으로 재고되어야 한다는 것을 뜻한다. 옛날처럼 본사에서 모든 것을 일률적으로 지시할 수 없게 된 것이다.

누구나 언젠가 벼룩으로 산다

셸의 신입사원일 때 석유 마케팅 파트 소속으로 보르네오의 사라왁에 주재했다. 그 당시 보르네오는 수로에 의존하는 지역이라 육로는 거의 없다시피 했다. 석유는 자동차가 아니라 외항선들이 주로 소비했다. 석유기지 운영 매뉴얼과 기지 건설 규정, 판촉물, 보고서 양식 등은 이 수로의 땅, 현지 석유기지의 자세한 위치와 운영 상황 등을 전혀 모르는 런던 본사의 책상물림 간부가 고안했다. 나는 실상에 맞지 않는 것은 과감히 무시하고 내 나름대로의 기지 운영 매뉴얼을 만들면서 본사에서 감사반이 내려오지 않기만을 빌었다. 이 경험으로 마케팅 업무에 개인의 창의력이 매우 중요하다는 사실에 눈떴을 뿐 아니라 런던 본사 책상머리에 앉아 세계 경영을 하겠다고 큰소리치는 것이 얼마나 쓸데없는 짓인가를 절실히 깨달았다.

그 당시에도 대기업이 모든 업무를 자체적으로 처리하는 것은 비효율적이고 또 복잡하다는 사실은 알려져 있었다. 그래서 본사는 회사 운영의 일부를 하부 조직에 위임해야 한다고 판단했다. 그것을 아웃소싱 또는 다운사이징이라고 불렀고 그런 조치가 가져온 비용 절감 효과에 흡족해했다. 하지만 나는 삼엽 조직Shamrock Organization이라 부르는 약간 다른 개념의 조직을 추진하고 있었다. 삼엽 조직은 핵심적인 코어 영역, 계약적 관계의 주변부, 보조적인 노동력이라는 잎새 세 개로 이루어지는 조직이다. 나는 삼엽 조직의 개념이 거대 기업 전체를 관통하는 유연성을 제공한다고 주장했다. 나는 관리자들이 조직을 축소해 비용을 절감하려는 욕망이 지나친 나머지 과거 회사들이 애지중지하던 직원의 소속감(애사심)을 내팽개쳤다가 나중에 후회하지는 않을까 우려했다. 사실 이 걱정은 현재까지 이어지고 있다.

오늘날 기업이 자기 힘으로 뭐든지 할 수 있다고 자신하는 것은 교만으로 여겨지고, 파트너십과의 동맹관계가 인기를 얻고 있다. 항공사들은 항공기 코드(편명)를 공유하고, 자동차회사들은 부품을 공동으로 구매한다. 코끼리들은 영향력을 높이거나 연구비 규모를 늘리기 위해 경쟁사 코끼리와 결혼한다. 이런 모든 활동이 인터넷과 웹의 지원 아래 이루어진다. 당신이 이러한 세계에서 활동하고 있다면 대단히 멋진 일이다. 하지만 새로운 변화는 오래된 질문의 타당성을 더욱 강조한다. 오래된 질문은 이렇다.

▶ 당신이 완전히 통제하지 못하는 것을 어떻게 관리할 것인가?

▶ 당신이 만나본 적 없는 사람을 어떻게 신뢰할 것인가?

▶ 종이 뭉치에 불과한 고용 계약서에 어떻게 충성심을 느낄 것인가?

▶ 벼룩과 코끼리가 뒤섞여 사는 시대, 앞으로 벼룩은 숫자가 늘어나고 코끼리는 숫자가 줄어드는 대신 덩치는 더 커질 것으로 보이는 시대, 이런 디지털 시대에 일은 어떤 형태일까?

▶ 토지나 물건보다는 지식과 노하우에서 가치가 생성되는 시대에 자본주의는 어떻게 바뀔까?

▶ 점점 더 커지는 대기업을 어떻게 관리할 것인가? 특히 대기업의 매출액이 몇몇 국가의 예산보다도 많은 현재 상황에서 대기업은 과연 어떤 책임을 져야 할까?

▶ 인터넷 때문에 영토의 개념이 애매모호한 버추얼 세계에 사회는 어떻게 적응할 것인가? 조세는 어떻게 징수할 것인가? 국가는 어떻게 존속할 것이며, 사회는 회사와 마찬가지로 극대화와 극소화를 동시에 경험하게 될 것인가?

20년 전에도 20년 후의 변화 조짐을 미리 읽은 사람이 있었듯 현재에도 앞으로 20년 내에 이룩될 새로운 자본주의 세계를 흘낏 엿볼 수 있다고 생각한다. 닥쳐오는 현상이 마음에 들지 않을지라도 앞을 내다보아야 한다. 자신과 자신의 아이들이 뛰어다니는 무대의 모습을 구체적으로 생각하지 않으면 스스로의 삶이

나 아이들의 삶을 계획하는 것이 불가능하기 때문이다.

내 아들은 배우다. 아들은 연극학교를 3년 동안 다니면서 무대 위를 뛰어다니고 관중에게 호소하는 방법을 배웠다. 하지만 학교를 졸업한 후에 냉혹한 현실에 직면했다. 전통적인 연극 무대를 사랑하지만 굶지 않고 살아가려면 영화와 텔레비전 일을 해야 한다는 사실을 깨달았다. 그런 일에는 연극의 기술과는 사뭇 다른 기술이 필요했다. 그런데도 아들이 다닌 연극학교는 연극 기술이 아닌 다른 기술의 개발에 전혀 신경 쓰지 않았다.

이미 흘러가버린 과거의 세상이나 자기가 원하는 어떤 세상만을 목표로 인생을 준비하는 것은 어리석다. 연극학교든 요리학교든 현실과 무관하게 과거처럼 살아갈 것을 가르치는 일은 부도덕한 짓이다.

내가 받은 학교 교육도 과거의 유산을 그대로 답습한 것이었다. 그래서 벼룩의 삶(내가 맞은 제2의 인생)에는 하등 도움이 되지 않았다. 이 책 후반에는 포트폴리오 생활의 구체적인 면면이 등장한다. 물론 대부분의 사람들에게 뚜렷한 대안이 없음을 잘 안다. 하지만 누구나 인생의 어느 시점에 도달하면 무소속 상태로 벼룩의 삶을 살아나가야 한다. 좋든 싫든 거부할 수 없는 추세다.

요즘에는 회사의 재산이 개인 또는 그 개인의 머릿속에 든 지식을 기반으로 평가되기 때문에 코끼리도 개개 벼룩들의 공동체로 보는 경향이 커지고 있다. 이것은 분명 건강한 변화의 조짐

24

이다. 회사를 주주들이 지배하는 인적 자원의 집합소 정도로 보는 것은 옛날 얘기일 뿐이다.

벼룩과 연금술사

코끼리에서 벼룩으로의 전환은 앞으로 많은 사람들이 겪을 변화다. 어떤 사람들에게는 생각보다 빨리 찾아올지 모른다. 많은 사람들이 벼룩의 삶을 선택하면서 고용의 의심스러운 안전보다 무소속의 자유를 더 높이 평가할 것이다. 나의 포트폴리오 인생이 그런 삶을 지향하는 사람들에게 하나의 지침이 되기를 바란다. 그리하여 그들의 삶이 더 보람차고 더 가치 있기를!

　지침의 구체적인 사례로 이런 질문을 던져볼 수 있다. 벼룩들은 어떻게 생활할까? 나는 직장에 다닐 때 회사에 매일 출근했고 출장을 가지 않으면 으레 아주 늦게 퇴근했다. 아내 엘리자베스와는 낮 동안 완전히 떨어져 살았다. 우리의 공통 관심사는 아이들, 부모님, 여가 시간(그리 많지 않았지만) 등이었다. 아내는 평생 프리랜서였기 때문에 직장에 귀중한 시간을 송두리째 팔아넘긴 나를 이해하지 못했다. 게다가 애들이 다 크고 내게 매일 출근할 직장이 없어지면 어떻게 할 거냐고 걱정하기까지 했다. 몇 년 전 회사 관리자들을 상대로 조사한 '결혼 생활 패턴' 이론이 이 문제에 작은 단서를 주었다. 우리 부부는 새로운 상황에 최대한 적응하기 위해 삶의 방식을 완전히 바꿔야 했다.

두 번째 질문, 벼룩은 어떻게 배울까? 나는 학창 시절의 추억과 관련된 이야기를 사람들 앞에서 자주 꺼낸다. 학교에서 내가 깨달은 암묵적인 메시지는 이런 것이었다. '이 세상의 모든 문제는 이미 해결되었다, 그 대답은 교사의 머릿속이나 교과서 안에 있다, 학생인 내가 할 일은 그 답을 내 머릿속으로 옮겨오는 것이다.' 나는 회사에 입사했을 때 그 상황이 학교와 비슷하다고 여겼다. 나의 상급자나 컨설턴트는 회사의 모든 문제에 대한 답을 알고 있다고 생각한 것이다. 하지만 답은 존재하지 않고 그 답은 스스로 마련해야 한다는 사실을 알고 큰 충격을 받았다. 게다가 많은 문제들이 인간관계에 관한 것이기 때문에 교과서적인 정답이 없다. 요즘 대부분의 학교가 좋아졌다고는 하나 크게 달라지지는 않았다. 그러므로 나는 교육제도를 바꾸는 방법을 한동안 골똘하게 궁리하기도 했다. 어쨌든 학습은 학창 시절로 끝나지 않는다. 어쩌면 그런 사실을 고마워해야 할지도 모른다. 왜냐하면 나중에 배운 학습이 훨씬 더 재미있기 때문이다.

나 역시 교과서보다는 화랑, 공연장, 영화관, 연주회장 등에서 더 많은 것을 배웠다. 여행도 큰 도움이 되었다. 다른 문화권에서 한동안 살아본 경험은 세상을 다르게 볼 수 있는 렌즈를 마련해주었고, 너무 익숙해 아무런 의문도 들지 않았던 사물을 새롭게 돌아보게 했다. 미국, 인도, 이탈리아라는 서로 다른 세 문화권은 내게 많은 것을 가르쳐주었다. 이탈리아 토스카나에서는 "인생은 결국 점심식사다."라는 말들을 많이 한다. 토스카나 사람들은 재미있게 살면서도 생산적으로 일한다. 그들은 다른 문화권에서는 찾아볼 수 없는 방식으로 여가와 일을 훌륭히 조율한다. 자유의 나라인 미국은, 미래는 스스로 만들 수 있는 것이므로 마땅히 환영해야 한다는 사실을 알려주었다. 인도의 케랄라 주는 사회주의와 자본주의를 절충하면 가난을 번영으로 바꾸어놓을 수 있다는 것을 일깨워주었다.

무엇보다 중요한 것은 무에서 유를 창조한 사람들을 연구하면서 얻은 교훈이다. 아내와 나는 그들을 연금술사라 불렀는데, 그들을 연구한 결과가 아내와 나의 공저로 출간되었다. 그들은 간절히 소망하면 배우지 못할 것이 없다는 사실을 가르쳐주었다. 그들을 움직인 것은 열정이었다. 만약 어떤 것을 간절히 바란다면 그것을 하기 위해 무엇이 필요하고 그 지식과 기술을 어디서 발견할 수 있는지 알아낼 수 있다. 그런 열정이 있으면 일단 도전하게 되며 성패 여부는 전혀 걱정하지 않는다. 연금술사는 실패와 실수를 말하지 않고 오로지 학습의 경험만을 말한다. 학습의 비결로 열정을 내세우는 것이 다소 기이하게 보일지 모르지만 그것이 모든 시대, 모든 영역에서 통했다는 사실을 확신한다. 그러나 열정이라는 말은 코끼리 회사에서는 듣기 어려우며 또 학교에서는 파괴적인 것으로 치부되기까지 한다.

자기 시간을 자유롭게 통제할 수 있는 것이야말로 포트폴리오 생활의 큰 축복이다. 휴일을 회사 사정이나 동료들의 필요에 맞춰 조정해온 내게 약속 날짜를 마음대로 잡을 수 있다는 것은 큰 즐거움이었다. 하지만 포트폴리오 생활을 제대로 누리려면 스케줄을 마음대로 잡는 대신 우선순위를 결정하고, 선택을 하고, '아니오'라고 말할 줄 아는 단호한 마음가짐이 필요하다. 포트폴리오 생활을 하려면 성공의 의미를 재규정해야 한다. 그 과정에서 인생과 인생의 목적에 관한 개인의 가치와 신념이 자연스럽게 드러난다. 스케줄의 우선순위를 정하는 것은 두 가지 선택안 중 하나를 고르는 것으로 보이지만 본질적으로는 그 사람의 신념 체계가 드러나는 준종교적인 탐구라 할 수 있다.

대기업 생활이 주는 이점 중 하나는 그런 준종교적 탐구를 할 필요가 없다는 것이다. 대기업 직원이라는 명함 하나로 그 사람의 수입, 지위, 신분이 자연스럽게 드러난다. 회사에 자신의 시간을 팔아넘기며 회사가 규정하는 성공 개념에 암묵적으로 동의하는 것이다. 적어도 그 회사에 다니는 동안에는 말이다. 하지만 회사의 지원이 없는 상황에서는 자신의 존재를 스스로 규정해야 한다. 이때 복잡한 문제가 발생한다.

우리 부부는 윈저성에 살 당시 친구들이 많았고 멋진 사교 행사에 자주 초청을 받았다. 하지만 윈저성을 나온 이후 그런 초대장은 자취도 없이 사라졌다. 많은 사람들이 보기에 우리 부부는 존재조차 없었다.

"포트폴리오 인생에서 자네 직함은 어떻게 되는 건가? 전前 소장이라고 둘러대는 것도 잠시뿐일 텐데."

"그냥 찰스 핸디인 거지."

친구의 물음에 내가 말했다.

"얼마나 멋져요."

아내가 옆에서 거들었지만 그다지 위안이 되지 못했고 설득력도 없었다. 사실은 대회나 행사에 참석해 내 이름 밑에 아무런 기관명도 붙어 있지 않다는 사실을 자랑스럽게 여기기까지는 상당한 시간이 필요했다. 마치 발가벗은 느낌이었다. 아내는 이러한 내 문제를 이해하지 못했다. 아내는 평생 직함이 없었고 또 그런 것을 필요로 하지도 않았다. 이런 점에서 여자들이 남자보다 더 빨리 성장한다고 느꼈다. 하지만 남자들도 코끼리의 보호가 없다면 전보다 더 빨리 성장하게 될 것이다.

자기만의 인생 스크립트
•

사람은 누구나 이런저런 기술을 가지고 있다. 까다로운 점은 그 기술을 다른 사람들이 돈 주고 사가는 서비스나 제품으로 바꾸기가 어렵다는 것이다. 돈이 인생의 전부는 아니지만 없으면 매우 비참하다. 연극배우들은 특별한 기술을 가지고 있다. 그들의 생활은 단기간의 연극 공연으로 이어진다. 이번 공연과 다음 공연까지의 막간을 그들은 '휴식 기간'이라는 완곡어법으로 표현한다. 연극배우인 내 아들은 그 휴식 기간을 조사 연구와 자기계발의 시간으로 여긴다. 나는 앞으로 많은 사람들의 생활이 이렇게 꾸려지리라 예측한다.

연극배우는 대리인에게 배역 협상, 계약 성립 등의 사무적 업무를 맡긴다. 그래서 배우들은 오로지 연극에만 집중할 수 있다. 벼룩들에게도 대리인이 필요하다. 그 대리인의 이름은 고용 기관, 임시직 관리회사, 직인職人 협동조합 등 다양하다. 이 점에서 나는 운이 좋은 편이다. 여러 출판사들이 나를 일종의 브랜드로 정착시키려 애쓰고 있기 때문이다. 우리가 때때로 고용하는 전기공, 배관공, 기타 프리랜서 기능공들도 사업 매니저로 활약하는 파트너를 두고 있다.

이 책은 이런 일과 생활의 문제들을 다룬다. 솔직히 말하면 이 책은 기억과 편견의 뒤범벅이라 할 수 있다. 하지만 나는 그것을 아이디어와 사상의 집합이라 부르고 싶다. 그것은 내 인생의 교훈들이다. 사실 인생의 교훈은 직접 살아나가면서 배우는 것이자 삶에 반영하며 풍성해지는 것이다. 물론 그 교훈이 모두 타당하다는 얘기는 아니다. 하지만 그런 교훈들을 모으면 신념이 되고, 세상에 대한 인식이 되며, 미래에 대한 희망, 기대, 공포로 자리해 총체적으로 나의 인생철학이 된다.

내 인생의 교훈을 이야기하려 하니 "그래도 당신 삶은 수월했잖아.", "당신은 운이 좋은 편이었어.", "어떤 사람들은 잘나가지만 대부분의 사람은 영 그렇지 못해."라고 말하는 소리가 들려오는 듯하다. 나는 지금까지의 내 삶이 수월했다고 생각하지 않는다. 삶이 어렵고 까다롭기는 전이나 지금이나 마찬가지다. 하지만 내가 어린 시절 명문 학교에서 교육을 받았다는 사실과 나에게 벼룩 생활을 해보라고 과감하게 권유한 아내의 큰 지지가 있었다는 사실은 인정한다. 아내는 누구나 저 혼자의 힘으로 자신의 삶을 개척해야 한다고 굳게 믿고 있다. 그런 아내가 없었다면 나는 평온한 직장 생활을 계속하다가 때가 되면 물러나 따분한 은퇴 생활을 했을 것이다. 그러다가 틀림없이 일찍 죽었을 것이다.

학교 교육과 아내, 이 두 가지를 제외하면 내 삶이 손쉬웠다는 얘기는 결코 받아들일 수 없다. 나는 현재 글쓰기와 연설을 병행하는 포트폴리오 생활을 하고 있는데, 누구도 이런 생활을 크게 부러워할 것 같지 않다. 이 생활은 외로우면서 간혹 두렵기까지 하다. 그러므로 이제부터 하려는 이야기를 정답으로 받아들이지는 말라. 그저 21세기의 완전히 다른 세상을 헤쳐나가는 데 하나의 지침으로 삼기를 바란다. 그 결과 자신만의 독특한 인생 스크립트를 써나갈 수 있다면 그보다 더 바랄 것이 없겠다.

과거가 현재와 미래의 일부라는 사실은 부정할 수 없다. 생애 후반기에 벼룩의 생활을 영위하려면 가장 먼저 자신에게 충실해야 한다. 자기가 아닌 다른 무언가를 염원하거나 가장하는 것은 부질없다. 그렇다면 나는 과거에 어떤 사람이었는가?

1

포트폴리오 인생의
시작

시작으로
되돌아가다

자기 자신을 알려면
자기 자신이 아닌 것이 무엇인지
먼저 알아야 한다.

예정된 계획을 마음껏 투사하는 텅 빈 스크린으로 미래를 생각하는 것은 신나는 일이다. 하지만 일찍이 어니스트 헤밍웨이가 말했듯이 현실은 그렇지 않다. 생애의 씨앗들은 탄생의 초기부터 거기 있었다. 그 씨앗을 잘 살펴볼 마음이 있다면 분명히 알 수 있다. 나의 생애를 하나의 사례 연구로 활용하기 전에 셰익스피어의 '과거는 서막序幕'이라는 말을 알아둘 필요가 있다.

시골에 있는 우리 부부의 별장 거실에는 커다란 유화가 한점 걸려 있다. 별장을 방문한 사람들은 그 그림을 보면서 의아해한다. 그러고는 나를 가리키며 왜 그림 속에서 빅토리아 시대의 목사 복장을 하고 있느냐고 묻는다. 유화 속 인물은 내가 아니라 19세기 말에 더블린 교구의 부주교를 지낸 나의 증조부다. 내 아들은 그 그림을 보면서 당황해한다. 자신도 결국 저 얼굴이 되리라는 불안이다. 나는 아들을 안심시킨다. 그림 속 저 분은 아버지의 외가 쪽 어르신이지 친가 쪽은 아니란다. 아내의 가계는 인물이 좋은 영국계고 나와는 달리 머리가 벗겨지는 유전도 없다.

그 초상화는 내가 부분적으로 유전자의 소산이라는 사실을 끊임없이 상기시킨다. 이 세상에는 인간의 힘으로 바꿀 수 없는 것이 있다. 나의 친가 쪽 선조들은 대대로 목사였다. 고모할머니들은 모두 교사였다. 한마디로 우리 집은 목사와 교사의 집안이다.

어린 시절의 환경은 중요하다. 물론 처음부터 중요하다고 생각하지는 않았다. 젊은 시절 나는 늘 유년의 환경으로부터 도망치고 싶었다. 그때의 환경이 나 자신을 적나라하게 드러내기 때문이었다. 하지만 이제 확실히 안다. 시작은 언제나 중요하다. 과거는 현재와 미래의 일부다. 생애 후반기에 벼룩의 생활을 영위하려면 가장 먼저 자신에게 충실해야 한다. 자기가 아닌 다른 무언가를 염원하거나 가장하는 것은 부질없다. 그렇다면 나는 과거에 어떤 사람이었는가?

목사관에서 보낸 유년 시절

●

업무 스트레스가 심해 정신과 의사를 찾아간 적이 있었다. 의사는 나의 스트레스 해소에 관해서는 이야기하지 않고 유년 시절을 자꾸 물어보았다. "내 유년 시절은 내가 지금 당장 알고 싶은 것과 아무런 상관이 없습니다." 짜증난 목소리로 의사에게 말했다. 빡빡한 스케줄로 비롯된 압박감과 직장에서 느끼는 어려움을 의사가 즉시 해소해주었으면 싶었다. 유년 시절의 이야기는 아무 상관이 없다고 생각했다. 하지만 의사의 친절한 조언 덕분에 현재 상태와 유년의 경험이 매우 깊은 관계가 있다는 사실을 깨달았다.

먼저 작은 것에서부터 시작해보자. 나는 아일랜드 킬데어주 샐린스에 있는 세인트 마이클 목사관에서 성장했다. 아버지는 더블린 서쪽의 평탄한 지역에 있는 조그마한 교구 두 곳의 목사였다. 아버지는 내가 두 살 때 그곳에 부임해 40년을 그곳에서 살았다. 어린 시절 내가 알고 있는 세계는 목사관 일대가 전부였다. 목사관은 가족이 사는 집이자 아버지의 사무실이었다. 마을 사람들이 아버지를 끊임없이 찾아왔다. 당시에는 몰랐지만 그 집은 내게 최초의 인생 학교였다.

대문의 초인종이 울리면 가족 중 누군가가 서둘러 나가 문을 열어야 했다. 도움이 필요한 사람이 찾아왔을지 모른다는 이

●

유에서였다. 모든 사람은 저마다 나름의 장점이 있고 존경받을 자격이 있으며 도움을 받을 가치가 있으므로 단 한 사람이라도 소홀히 대해서는 결코 안 된다는 충고를 귀에 못이 박히도록 들었다. 물론 훌륭한 가르침이었고 지금도 그렇다고 믿는다.

하지만 정신과 의사는 그 믿음이 스트레스의 원인이라고 말했다. 그래서 내가 직장에 새로 들어온 무능력한 부하 직원을 칼같이 자르지 못하고, 일의 미진한 부분을 수정하도록 직원들을 채근하지 못한다는 것이었다. 나는 관리자이기 때문에 부하 직원을 독려하고 회사와 거래처의 지시 사항을 이행하며 직원 개개인의 업적을 챙겨야 하는데, 그들의 고민이나 애로 사항에 먼저 귀 기울여 그들을 위로하려 한다는 것이었다. 심지어 이 글을 쓰는 지금도 나는 남의 부탁에 "안 돼."라고 말하기 어려워하고 그렇게 하는 것이 나쁘다고 생각할 때도 있다. 누군가가 내 도움을 필요로 한다면 거절하지 않아야 한다고 생각하는 것이다. 이런 이유 때문에 우리 집 전화는 늘 아내가 받는다.

아무리 불편해도 진실만을 말해야 한다는 것이 목사관에서 배운 또 다른 교훈이다. 사람들의 눈은 속일 수 있을지라도 하느님과 그의 천사들은 속일 수 없다고 배웠다. 거짓말은 결코 가려지지 않는다. 이 교훈은 아주 어렵게 깨달았는데, 아마도 다섯 살 무렵이었을 것이다. 우리 가족은 바다 근처에 있는 종조부의 목사관에서 휴일을 보내고 있었다. 나는 부엌에서 케이크 하나를 몰래 훔쳐와 방에서 맛있게 먹었다. 어른들이 케이크 얘기를 꺼냈을 때 나는 고양이가 훔쳐갔을지도 모른다고 둘러대며 시치미를 뚝 뗐다. 내 말을 의심한 어머니가 추궁하자 나는 결국 자백하고 말았다. 어머니는 일장 훈시를 한 후 용서를 비는 기도를 올리라 하고 종조모에게 거짓말을 해서 죄송하다는 말을 하라고 시켰다. 그리고 그날 저녁식사를 거르는 벌을 주었다. 나는 그날 밤 울다 지쳐 잠을 이루면서 빌어먹을 케이크 하나 때문에 내 인생이 완전히 망가져버렸다고 생각했다. 어린 나는 어른들이 케이크가 없어졌다는 사실보다 거짓말을 했다는 사실에 더 집중하는 것이 이해가 가지 않았다. 이것은 존 프러퓨모에서 빌 클린턴에 이르기까지 수많은 사람들이 아직도 깨우치지 못한 교훈이기도 하다. 거짓말은 통하지 않는다고 나는 스스로에게 속삭였다. 거짓말은 부메랑이 되어 당신에게 반드시 돌아온다(존 프러퓨모는 영국 해럴드 맥밀런 내각에서 육군성 장관으로 재직한 인물로 성 추문으로 맥밀런 내각을 퇴진시킨 바 있다. 프러퓨모 사건은 1990년대의 빌 클린턴 성 추문 사건 못지않게 국제사회에 엄청난 충격을 주었다. - 옮긴이).

아직도 나는 여전히 형편없는 협상가이자 흥정가다. 신고하지 않은 물품을 가지고 세관을 통과하려고 하면 반드시 잡힌다. 비관적인 사태를 낙관적이라 말하지 못하며, 내가 동의할 수 없는 원칙을 지지해달라고 사람들에게 호소하지 못한다. 비즈니스 생활을 하면서 가장 당황스러웠던 순간은 상대방도 나처럼 늘 진실만 말한다는 생각 때문에 일어났다. 여러 가지 풍상을 겪고 나서야 사람들이 생글생글 웃으면서 내 면전에서 거짓말을 한다는 사실을 알았다. 범죄자들은 움직일 수 없는 증거가 나타나 유죄임이 밝혀지기 전까지는 자기들이 결백하다고 주장한다. 나 같은 사람은 이런 범죄자들을 상대로 배심원 노릇도 하지 못할 것이다.

나는 이런 진실 결벽증이 살아가는 데 큰 장애라는 사실을 깨달았다. 관리자 시절 부하 직원들이 내놓은 계획과 예상 실적을 있는 그대로 받아들였다가 그들이 나를 우롱했다는 사실을 알고 나서 낙담한 적이 한두 번이 아니었다.

"아니, 제가 한 말을 있는 그대로 다 믿었단 말씀입니까?" 왜 말이 다르냐고 따지는 나에게 어느 부동산 개발업자가 깜짝 놀라며 반문했다. 그의 말을 조금도 의심하지 않았다고 대답하자 그는 머리를 절레절레 흔들면서 나의 순진함을 놀라워했다.

개인에 대한 존경, 진리에 대한 외경이 좋은 미덕으로 여겨지지 않고 하나의 장애로 여겨지는 것은 곤란했다. 나는 내 유년 시절의 이런 유산과 타협하는 데 오랜 세월이 걸렸다. 만약 내가 그것을 바꿀 수 없다면, 또 특별히 바꾸기를 원하지 않는다면 그런 미덕이 장애가 되지 않는 생활방식을 찾아봐야 했다. 그래서 나는 남들을 움직여야 할 책임이 없는 벼룩이 되었고, 본 것 그대로 진실을 말하는 작가로 살기로 했다.

결혼은 신성한 것

유년 시절에 겪은 다른 일도 많다. 나 자신을 설명하려면 그러한 경험들을 언급해야 할 필요가 있다. 나의 부모는 어떤 어려움이 닥치더라도 결혼 생활을 평생 이어가야 한다고 믿었다. 하지만 요즘 사람들은 이혼해야 할 이유가 있으면 거리낌 없이 이혼하고, 애당초 결혼을 하지 않는 편이 좋다고 생각하기까지 한다. 죽음이 서로를 갈라놓기 전에는 부부가 절대 헤어지지 않아야 한다던 빅토리아 시대에도 결혼 기간은 평균 15년이었다. 그러니 요즘 사람들에게 선조들보다 더 긴 결혼 기간을 기대하는 것은 비현실적이다. 불행한 결혼 생활을 계속하는 것은 당사자들에게 합의 이혼보다 더 나쁠지도 모른다.

하지만 나는 이혼은 하지 않아야 한다고 생각한다. 이혼을 절대 반대했던 내 부모의 뜻에 동의한다. 나는 이혼이라는 단어를 나의 사전에서 아예 삭제한 것이 내 삶의 관점을 바꿔놓았다고 본다. 부부의 생활방식이 달라질 때, 이혼을 해서 새로운 배우자를 찾기보다는 부부 사이에 새로운 형태의 파트너십을 추구하는 것이 더 낫다는 뜻이다. 새로운 형태의 파트너십을 만드는 일은 포트폴리오 인생을 시작하는 나에게 대단히 중요한 문제였다.

한편 목사관에서 자라던 어린 시절 우리 식구는 포옹을 하거나 키스를 나누지 않았고, 절대 울지 않았다. 사사로운 감정을 최대한 억제했다. 나는 부모님이 포옹하는 것을 본 적이 없다. 아버지는 당황하거나 화가 나면 서재로 들어가 혼자 화를 가라앉힌 후 거실로 나오곤 했다. 나도 마찬가지다. 아내는 그럴 때의 나를 가리켜 병처럼 꽉 막힌 상태라고 말한다. 어릴 적 우리 집안에서는 상대방이 부담스러워하는 감정을 상대에게 강요하는 것은 이기적인 일이라고 가르쳤다. 심지어 오늘날까지도 나와 내 여동생은 오랜만에 만나도 뺨을 맞대지 않는다. 나는 이런 유년 시절이 다소 후회스럽기 때문에 이런 특성이 나의 아이들한테까지 대물림되지 않아 다행이라고 생각한다.

아버지의 목사관이 사람들이 찾아오는 사무실 겸용이었던 것처럼 오늘날 우리 집은 내 사무실이다. 나 역시 아버지처럼 집에서 글을 읽고 쓴다. 물론 아버지처럼 기도를 열심히 하지는 못한다. 아버지는 매일 아침 8시 30분이면 집 뒤쪽으로 2백 미터쯤 걸어 올라가 아버지의 교회에서 혼자 아침 기도를 올렸다. 아버지를 따라간 개들은 교회 밖에서 기다렸다. 이 기도는 아버지가 하루 일과를 시작하기 전에 갖는 혼자만의 조용한 시간이었다. 그러나 아침 기도로 기도 행사가 끝나는 것이 아니었다. 가족 중 단 한 사람도 빠지지 않고 모두 참석해야 하는 가족 기도가 있었다. 아침식사 직전에 의자에 무릎을 꿇고 앉아 하는 기도였다. 아버지가 가족 기도를 올리는 동안 개들이 우리 얼굴을 핥았고, 토스트가 구워졌으며, 전화벨이 울렸다. 불가지론자였던 10대 시절

고등학교 친구나 대학 친구들이 우리 집에 와서 묵고 갈 때면 나는 이 아침 기도 때문에 늘 전전긍긍했다. 하지만 내 친구들은 옛 시절로의 회귀를 즐거워하며 아련한 추억 정도로 여겼다.

이 전통은 이미 오래전에 사라졌지만 내게는 아직까지 희미한 흔적으로 남아 있다. 나는 매일 아침식사를 하기 전에 개들 대신 아내와 함께 산책을 한다. 아침 산보를 하지 않는 날은 어쩐지 개운하지 않다. 하루 일과를 시작하기에 앞서 일종의 명상과 같은 산보를 하며 몸에 기운을 받아들이는 것이다. 또 다른 흔적은 아침 9시 이후에는 침대에 누워 있지 못한다는 사실이다. 늦게까지 누워 있으면 기분이 찜찜하고 뭔가 놓쳐버린 듯하다. 아내와 함께 아침을 시작해야만 하루를 충만하게 보낼 수 있다.

서랍 속 동전의 교훈

●

지금까지 내게 남아 있는 가족 전통의 일부를 얘기했다. 그러나 완전히 다른 반응을 이끌어낸 유년 시절의 경험도 있다. 전통을 거역하고 그것을 바꾸어보겠다는 결심을 하게 만든 일이었다. 우리 집은 부유하지 않았다. 아버지는 월급이 아니라 수당을 받았다. 월급이 당사자의 재능과 기술을 평가하는 시장의 척도를 그대로 반영한다면 수당은 맡은 바 직책을 수행하는 데 필요한 최소 비용만 받는 것과 다름없다. 집 자체는 교구에서 마련해주었지만 가구, 조명, 난방 등은 제공해주지 않았다. 우리 가족은 아버지의 적은 수당으로 식비, 의복비 등 각종 비용을 감당해야 했다. 물론 필요 이상의 많은 돈을 벌기 위해 목사가 되는 사람은 없을 것이다. 우리 식구가 경제적으로 심각한 고통을 받은 것은 아니었다. 그러나 내가 돈이 귀한 집안에서 자라난 것만은 틀림없는 사실이다. 나는 돈이란 오래가는 물건에만 써야 하며 외식이나 극장 구경 또는 주말여행 같은 데 쓰여서는 안 된다고 생각했다. 그런 것들은 특별한 경우에만 얻을 수 있는 매우 특별한 선물이었다. 그래서 그런 것들에 돈을 펑펑 쓸 수 있는 생활을 동경했다. 물론 지금은 멋진 레스토랑에서의 외식, 고급 호텔에서의 숙박, 향이 좋은 포도주를 마시는 일 등 좋은 추억을 만드는 데 돈을 쓰기를 좋아한다. 또 물건을 구매하기보다는 임대하기를 좋아하는데, 그렇게 하면 단기간에 더 많은 가용可用 현금을 확보할 수 있기 때문이다. 다행스럽게도 나는 낭비벽이 있는 아버지 때문에 그와는 정반대의 씀씀이를 다짐한 여자와 결혼했다. 아내는 추억거리를 만드는 데 돈을 쓰는 것을 낭비라 생각한다. 반면 적정한 투자처에 돈을 묻어놓으면 미래를 대비할 수 있다고 믿는다. 따라서 우리의 결혼 생활은 나의 낭비 성향과 아내의 근검 성향 사이에서 아슬아슬한 균형을 유지해왔다. 우리 부부의 이런 성향도 따지고 보면 각자의 유년 시절에 대한 반증인 셈이다.

●

돈이 귀했던 어린 시절 나는 지금 떠올려도 부끄럽기 짝이 없는 짓을 저질렀다. 예닐곱 살 무렵 집 안 여기저기에 놓여 있는 동전들을 챙긴 것이다. 장 보고 돌아온 어머니가 탁자에 올려둔 동전을 주머니에 집어넣었고 가끔 집에 오시는 할머니의 지갑 속 동전에도 손을 댔다(나이 드신 할머니가 정신이 없어 눈치 채지 못할 것이라고 확신했다). 그렇게 훔친 동전으로 딱히 무엇을 하지도 않았다. 그저 내 방에 있는 서랍 속에 차곡차곡 모아놓았다. 쓰려는 돈이라기보다 그저 구경하는 돈이었다. 그런 나의 행동은 가벼운 형태의 도벽 습관이자 돈 자체에 대한 사랑이었다(나는 훗날 이런 방식의 사랑을 미국 각지에서 발견한다). 아홉 살 때 기숙사 학교에 들어가고 난 몇 주 뒤 어머니로부터 편지를 받았다. "네 방 서랍에서 수북한 동전을 발견했다. 동전이 어떻게 거기 들어가 있는지 모르겠구나. 그 동전들을 한센병 환자 구호 모금함에 모두 넣어버렸으니 그리 알아라." 그 후 동전 얘기는 다시 나오지 않았다.

나는 내가 혹시 무의식적으로 아버지를 흉내 내는 것이 아닐까 생각했다. 아버지는 경제관념이 철저했기 때문에 자신의 돈은 물론 가족의 돈도 잘 지켰다. 다시 말해 "돈은 빌려주지도 말고 빌리지도 말라."라는 폴로니우스(셰익스피어의《햄릿》에 나오는 인물 - 옮긴이)의 조언을 충실히 이행하는 사람이었다. 아버지의 숙부가 1946년에 런던데리 근처에 있는 자그마한 농장을 당시에는 큰 금액인 1만 4천 파운드에 매각했다. 자식이 없는 숙부는 그 돈을 신탁에 맡겼다. 거기서 나오는 수익을 처음에는 숙부가 받고 숙부가 돌아가신 후에는 나의 아버지가 받게 되어 있었다. 숙부가 돌아가시기 이태 전 은퇴용 주택을 구입하는 데 돈이 필요했던 아버지는 그 신탁 계좌를 내게 보여주면서 여전히 그 금액이 1만 4천 파운드라는 것을 자랑스러워 했다. 나는 아버지가 달란트의 비유(하느님이 준 달란트를 그대로 두지 말고 늘리라는 비유 - 옮긴이)를 잘못 이해했다고 지적하고 싶었으나 무의미하다고 생각해 그만두었다. 아버지는 투기꾼이 아니었던 것이다.

　나 또한 투기꾼이 아니다. 나는 미국에서 경영대학원을 다녔고 비용보다 더 많은 이익을 내는 것이 부자가 되는 방법이라 배웠다. 돈을 빌려오는 것은 일종의 레버리지로 돈 버는 속도를 높이기 위한 수단이라고 배웠다. 하지만 나는 돈을 빌려 더 많은 돈을 번 후 빌린 돈을 되갚는 것보다 돈을 모았다가 쓰는 것을 더 좋아한다. 이런 태도는 수입 이상의 지출을 간통보다 더 나쁜 죄악이라 여긴 아버지의 영향이다. 아버지가 물려준 이 유산 때문에 나는 모험을 즐기는 사업가나 큰 부자가 되지 못한다. 그런 내가 감히 비즈니스맨이 되어보겠다고 생각한 것은 어떤 이유에서였을까?

　서랍 속 동전으로부터 배운 또 다른 교훈도 있다. 그 후 몇 해가 지나고 나서 든 생각으로, 아무것도 하지 않는 돈이나 어떤 필요에 쓰이지 않는 돈, 다시 말해 그저 쌓아놓기만 한 돈은 낭비한 돈이나 마찬가지라는 것이다.

"돈을 남에게 줘버려라. 그렇지 않으면 그 돈은 어떻게든 당신 손에서 사라지고 만다." 이것은 미국의 위대한 자선사업가인 카네기, 록펠러를 포함한 여러 인사들이 힘겹게 깨닫고 애써 실천하는 것으로 그들을 사회에 기여하게 한 교훈이다. 나는 앞으로 더 많은 자선사업가들이 등장해 자본주의의 지나친 부작용을 치유해주기를 희망한다. 그렇게 하려면 필요 이상의 돈을 가지고 있는 사람이 이 교훈("돈을 남에게 줘버려라. 그렇지 않으면 그 돈은 어떻게든 당신 손에서 사라지고 만다.")을 몸소 실천해야 한다.

유년 시절 우리 가족은 매주 일요일과 축일, 송가 봉헌일마다 교회에 갔다. 아일랜드 교외에 있는 건물치고는 아주 멋진 외관의 교회였다. 1백 년 전 어떤 신자가 이탈리아의 교회를 보고 감명을 받아 같은 모습으로 지어달라며 돈을 내놓았다고 한다. 교회의 내부는 로마네스크 아치와 정교한 모자이크로 꾸며져 있고 대부분 대리석이 쓰였다. 나는 교회 건물은 멋지다고 생각했지만 그 교회가 상징하는 원칙과 교리에는 반발했다. 하느님의 아들이 늘 나를 따라다니면서 내 옆이나 위에서 나를 도와주거나 비판한다는 이야기는 왠지 모르게 기괴하면서도 갑갑했다. 지금은 그 생각이 진정한 기독교 정신이 아니라는 사실을 잘 알지만 당시에는 모두들 그렇게 생각했다. 10대가 된 나는 은밀한 맹세를 했다. 다시는 가난하게 살지 않을 것이며 다시는 교회에 가지 않겠노라고. 그러나 30년 뒤 나는 윈저성의 교회에서 나오는 봉급으로 살았고 일요일뿐만 아니라 매일 교회에 나갔다. 인생이 반복되는 패턴임은 부정할 수 없다. 그저 상향식의 나선형으로 반복되기만을 바랄 뿐이다.

성서와 셰익스피어
●

어린 시절 매일 교회에 다닌 습관은 언어에 대한 사랑을 유산으로 남겼다. 제러미 팩스먼이 쓴《영국인The English》이라는 책에는 '영국의 교회'라는 흥미로운 내용이 있다. 이 책에 따르면 영국에서 로마 가톨릭 교회는 1536년 수도원이 해체되면서 세속적 권력을 상실했다고 한다. 수도원 해체는 수천 점의 예술 작품들을 산산조각 내버린 엄청난 집단파괴 행동이기도 했다. 그 결과 유럽의 다른 나라에서는 고스란히 보존되어 있는 미술과 조각의 중세적 전통이 영국에서는 완전히 말살되었다. 그리고 윌리엄 틴들의 최초 영역본 성서와 토머스 크랜머의 공통 기도서가 그 빈자리를 메웠다. 흠정판 영어 성서는 1611년에 나왔고 공통 기도서는 1662년에 나왔다. 팩스먼은 이 두 '언어의 수원水源'이 영국 국민에게 언어에 대한 사랑을 심어주었다고 말한다.

　나도 그 두 책으로부터 많은 것을 배웠다. 일요일 예배 때마다, 매일 아침 기도 때마다 아름다운 표현과 청명한 운율이 머릿속으로 흘러들어 왔다. 아버지는 책에 실린 표현들을 아주 멋지게 소리 내 읽었다. 나는 지금도 아버지가 집전하던 일요일 아침 예배의 낭랑한 영송을 기억하고 있다. 하지만 그 뜻 모를 말들을 따라 읽으면서 죄스러움을 약간 느끼기도 했다.

어린 나는 "주님께서 우리가 하는 일에 함께하시기를May the Lord prevent us in all our doings."이라는 뜻의 기도문을 암송할 때마다 생각했다. '이건 정말 종교의 전형적인 횡포야. 하느님께 내가 하려는 모든 일을 방해해달라고 빌다니.' 1662년 당시에는 'prevent(예방하다, 방해하다)'라는 단어가 'go before(함께하다)'라는 뜻을 갖고 있다는 사실을 몰랐던 것이다.

여러 해 뒤 내가 쓴 글을 어머니에게 보여드린 적이 있다. 어머니는 내가 전문용어를 너무 많이 쓴다고 지적하면서 이렇게 말했다. "나는 네가 공통 기도서나 셰익스피어 작품 속에서 볼 수 있는 단어들만으로도 말하려고 하는 바를 표현할 수 있었으면 좋겠구나." 어머니는 그런 고전의 리듬을 그대로 살릴 수 있으면 좋을 것이라고 덧붙였다. 그때 이후 나는 어머니의 그 조언을 잊은 적이 없다. 최근 들어 교회가 예배문을 수정하고 성서 번역을 현대화하는 것은 그럴 만한 이유가 있어서겠지만 나는 아주 오래전에 출간된 성서와 기도서를 즐겨 애용한다. 이 책들 덕분에 나는 오늘날 말로 벌어먹는 사람이 되었다. 내가 쓴 첫 번째 책은 교재였다. 서평을 붙인 이는 내가 쓴 책 속의 단어들이 모두 과거에 널리 쓰이던 단어라 평하면서 단지 차이가 있다면 그런 단어들이 오늘날 널리 읽히지 않는 것뿐이라 했다. 나는 그의 서평이 꽤 마음에 들었다.

셰익스피어는 또 다른 성서였다. 어린 시절에는 많은 부분을 오해하기도 했지만 셰익스피어의 작품은 성서 못지않게 내 생활의 일부를 이루었고 또 언어적으로 마법의 원천이 되었다. 셰익스피어의 시행詩行은 그저 읽는 것만으로도 충분했다. 문장의 의미나 메시지를 크게 신경 쓰지 않고 그냥 읽어나가기만 해도 흥취가 느껴졌다. 어렸을 때 나는 휴일이면 사촌, 노처녀 고모, 노처녀 고모할머니들과 시간을 보냈다. 아일랜드 남부의 중산층 개신교 가문에는 두 세대에 걸쳐 노처녀들이 많았다. 그들이 결혼할 뻔했던 많은 총각들이 양차 대전에서 사망했기 때문이다. 한번은 우리 집안의 노처녀 고모와 고모할머니를 세어보았는데 모두 열네 명이었다. 당시에는 텔레비전이 없었기 때문에 우리는 함께 모여 앉아 셰익스피어의 희곡을 큰 소리로 낭독하며 시간을 보냈다. 오거스타 할머니는 불온한 내용이 나오는 부분은 살짝 건너뛰면서 읽었다. 그렇게 건너뛴 부분이 무엇인지 당시에는 잘 알지 못했지만 지금 떠올려보면 유쾌한 기분이 든다. 비록 중간중간 빠진 채 읽어 내려간 작품일지라도 셰익스피어 시행의 운율은 그때나 지금이나 여전히 아름답다.

아, 그 많은 고모와 고모할머니들! 나는 여인들 틈에서 자랐다. 내 밑으로 여동생이 둘 있을 뿐 남자 형제는 없었고 목사관 근처에도 남자애들이 별로 없었다. 아버지는 조용한 성향이라 8월 휴가 때 송어낚시를 하는 것 말고는 스포츠를 즐기지 않았다. 나는 보트 타기, 스키, 축구, 사냥, 천렵 등을 배우지 못했다. 이런 취미는 어릴 적에 접해야 익히기도 쉽고 삶의 한 부분이 되어 평생의 생활 패턴을 구축하는데 말이다.

우리 가족이 살던 아일랜드 지역에는 말이 많았다. 한때 나도 매보닌이라 이름 붙인 조랑말을 갖고 있었다. 하지만 나는 말을 잘 다루지 못했고 말 다루는 일을 좋아하지도 않았다. 오히려 여동생들이 말을 더 잘 다루는 것을 보고 승마를 그만둬버렸다. 훗날 골프, 테니스, 럭비 등을 배웠으나 결과는 모두 신통치 않았다. 나는 유년 시절에 운동을 적극적으로 하지 못한 것을 늘 후회했다.

여기서 문제는 아버지의 정신적 약점이나 의무 불이행이 자녀들, 심지어 3세나 4세에게까지 영향을 미친다는 사실이다. 내가 그런 스포츠를 즐겨하지 않았기 때문에 내 아이들도 그것을 경험하지 못했다. 유년 시절은 부모의 책임이지만 대부분의 부모가 그 무렵 인생 경험이 아직 짧아서 자신들의 시작(유년)이 아이들의 끝(성년)을 결정한다는 사실을 잘 모른다. 어쩌면 모르는 것이 더 좋을 수도 있다. 그들의 자녀가 자신들의 부모가 형성한 유년을 어떻게 대할지 예측하기 어렵기 때문이다. 자녀의 생활 조건을 너무 제약하려다 보면 오히려 반항을 불러일으키기 쉽다. 그런데도 부모가 조성하는 분위기, 부모의 가치관, 부모의 우선순위와 같은 것들이 자녀의 세계관 형성에 일차적인 기여를 한다. 가정은 인간의 첫 번째 학교다. 단지 정해진 교과 과정, 자질 관리, 중간고사와 기말고사, 담임교사 등이 없다는 것이 일반 학교와 다를 뿐이다. 나는 첫 딸아이가 태어나는 것을 보고 이렇게 탄식했다. "내가 이런 어려운 일을 맡아야 하다니!" 하지만 때는 이미 늦었다. 그렇게 엉겁결에 아버지가 되어버렸다.

아버지의 죽음에서 배운 것

●

최근 들어 몇 년간 유년 시절을 돌아보지 않았다. 어쩌면 그 시절을 잊어버리려 애썼는지도 모른다. 이 책을 쓰기 위해 유년 시절을 떠올리면서 내가 기억하는 일들이 실제로 벌어졌는지 의아하기까지 했다. 누구나 자신의 개인적 역사를 신화화하기 때문이다. 마술적인 소설가 가브리엘 가르시아 마르케스가 "인생에서 정말 중요한 것은 당신에게 실제 일어난 일이 아니라 당신이 기억하고 있는 일과 당신이 그것을 기억하는 방식이다."라고 자서전 서두에서 말했듯이.

●

내 유년 시절의 진실이 무엇이든 나는 거기에서 벗어나고 싶었다. 나는 부자가 되고 싶었고 교회에서 탈출하고 싶었다. 내 삶의 숨은 뿌리를 회상하는 것은 일종의 충격이었다. 1981년 BBC 방송국으로부터 일요일 저녁에 방영하는 〈경험의 빛〉에 출연해달라는 요청을 받았다. 인생에서 결정적인 경험을 한 사람들이 방송국 카메라 앞에서 그 사연을 전달하는 프로였다. 출연자가 자신이 써온 대본을 오토뷰(프롬프터, 텔레비전 출연자에게 대본을 확대해 보여주는 장치 - 옮긴이)를 보면서 말하는 동안 방송국에서는 출연자의 사진을 편집해 배경으로 적절히 처리해주었다. 그 프로의 출연자 중에는 마약을 밀수하려다가 잡혀 태국 감옥에 복역한 여자, 자신이 변호하던 살인범과 결혼한 여자 변호사 등이 있었다. 대개는 자신의 삶에서 비상한 위기나 사건을 겪은 사람들이 출연했다.

하지만 나의 경험은 그런 것과 달랐다. 나는 BBC 방송국 사람들에게 내 경험은 지나치게 평범한 동시에 보편적이지도 않다고 말했다. 바로 아버지의 죽음에 관한 경험이었다. 방송국 사람들은 평범한 소재일지라도 당사자에게 비범한 일이 된 이유를 잘 설명할 수 있다면 괜찮다고 말했다. 그들의 격려에 방송을 하기로 무모한 용기를 냈다. 실은 다른 곳에서도 아버지의 죽음을 언급한 적이 있었다. 다음은 그때 내가 한 발언의 요지다.

나의 아버지는 조용한 사람이었다. 아일랜드 남부 킬데어주의 교구에서 40년 동안 목사로 활동하다가 일흔두 살에 은퇴했다. 은퇴 당시 아버지는 상당히 지쳐 있었다. 아버지는 14년 동안 교구의 부주교로 근무했는데 은퇴 후 2년이 지나고 눈을 감으셨다.

아버지가 돌아가실 것 같다는 소식을 접한 것은 파리에서 비즈니스 회의에 참석해 있을 때였다. 소식을 듣고 더블린으로 급히 날아갔지만 도착했을 때 이미 의식이 없었던 아버지는 이튿날 숨을 거두셨다. 아버지의 장례는 아일랜드 장례 절차에 따라 3일장으로 진행하기로 했다. 아버지가 그토록 오랫동안 봉직했던 시골 교회에서 조촐하게 가족장으로 치를 예정이었다.

나는 아버지를 무척 좋아했지만 한편으로는 아버지에게 실망하고 있었다. 아버지는 대도시의 교구 목사직을 거절하고 한평생을 구석진 시골의 평범한 생활에 만족하며 보냈다. 아버지의 일상은 따분한 회의와 방문객 상담으로 채워져 있었다. 일요일이면 예배를 올리고 예배 후에는 목사관에서 늙은 앳킨슨 부인과 에디, 이렇게 셋이서 점심을 먹는 단조로운 생활이었다. 나는 아버지와는 다른 삶을 살고 싶은 생각이 간절했다.

아버지가 돌아가실 무렵 나는 신설된 런던 경영대학원의 교수로 각종 비즈니스 컨퍼런스에 참석하고, 컨설팅을 논의하고, 사람들과 점심 식사와 저녁 식사를 하면서 제법 거물인 양 행동했다. 책을 한 권 출간하기도 했으며 많은 논문을 써냈다. 아이

둘을 둔 우리 부부는 시내에 아파트를, 시골에 별장을 갖고 있었다. 나는 말도 못하게 바빴다. 일과표에 약속이 빽빽하게 들어차 있었다. 나는 이른바 성공한 사람이었다!

아버지의 장지를 향해 시골길을 달려가는 영구차 뒤를 내 차로 따라가면서 이런 생각을 했다. 조용하게 지내신 분의 조용한 종말이로군. 아버지가 내 일을 제대로 이해하지 못하고 돌아가신 것이 안타깝기도 했다. 내가 교수가 되었다고 했을 때 어머니는 그렇다면 아이들과 더 많은 시간을 보낼 수 있느냐고 물었다.

그런데 갑자기 이동 중인 운구 행렬에 경찰 에스코트가 따라붙었다. 요청하지도 않았는데 현지 경찰이 교회로 가는 마지막 길목의 교통정리를 해주겠다는 것이었다. 가톨릭교도가 압도적으로 많은 아일랜드 시골에서 개신교 목사에게 그런 예우는 대단한 영광이었다. 그 자그마한 시골 교회에 오려고 하는 차들이 너무나 많아서 운구 행렬이 앞으로 나아갈 수가 없었다. 그래서 교통정리가 필요했던 것이다. 장지는 그야말로 인산인해였다. 저 사람들은 어떻게 소식을 들었을까? 아버지는 겨우 이틀 전에 돌아가셨고 현지 신문 딱 한 군데에만 부고가 나갔을 뿐인데.

합창대도 대단히 기이해 보였다. 합창단원들은 오래전 일요 예배 때 어린 소년들이 입었던 중백의中白衣를 입고 있었으나 모두 중년이었다. 그중 몇몇은 나도 아는 사람이었다. 합창단원들은 아일랜드 전국에서 달려왔고 일부는 영국 곳곳에서 오기도 했다. 그들은 장례식에 참석하려고 하던 일을 관두고 급히 달려온 것이었다. 입원 중으로 알려진 대주교도 지팡이를 짚고 장례식에 참석해 고인은 정말 특별한 존재였다고 말했다. 그러면서 평소 고인을 알던 많은 사람들이 고인의 별세를 아쉬워하며 앞으로 그를 오랫동안 기릴 것이라 덧붙였다.

나는 아버지의 주례로 결혼한 사람들, 아버지에게 세례를 받은 그들의 자식들, 성장하고 나서 다시 아버지 교회에서 아버지의 주례로 결혼식을 올린 사람들에게 둘러싸인 채 아버지의 무덤 곁에 서서 이 '조용한' 사람에게 작별인사를 하기 위해 전국 각지에서 달려온 수백 명의 사람들이 울고 있는 것을 보았다. 나는 고개를 돌리며 생각에 잠겼다.

과연 내 장례식에 눈물을 흘리면서 찾아줄 사람이 있을까? 성공이란 무엇이고 나와 내 아버지 중 누가 더 성공한 사람인가? 인생은 무엇을 위한 것이며 우리가 지상에 존재하는 의미는 무엇인가? 그것은 완전히 새로운 질문도 아니었다. 나는 철학을 공부했고 이런저런 이론들을 알고 있었다. 하지만 정작 그것들을 스스로에게 진지하게 적용해본 적이 없었다.

영국으로 되돌아간 그해 여름은 몹시 무더웠다. 나는 나의 인생과 우선순위를 바꾸기로 마음먹었다. 신학대학에 진학해 아버지처럼 목사가 되리라 결심했다. 지금 생각해보면 너무나 다행스럽게도 당시 내가 만난 주교들이 그렇게 어리석게 행동하지 말라는 조언을 아끼지 않았다. 하느님에게 진심으로 봉사하고 싶다면 목사가 되기보다 교수로 열심히 활동하는 것이 더 훌륭한 길이라고 말해주었다. 그리고 그들은 나에게 윈저성의 세인트 조지 하우스의 소장직을 맡아보라고 권유했다.

내가 아닌 것을 거부하다

●

나의 유년 시절이 결국 나의 발목을 잡았다. 시인 T. S. 엘리엇은 이렇게 말했다. "네가 시작한 곳으로 되돌아가 생애 최초로 그곳이 어떤 곳인지 알아보라." 나는 엘리엇의 조언을 그대로 받아들였다. 하지만 윈저성의 일은 결코 쉽지 않았다. 나는 내가 자신의 권위를 스스로 추구하는 사람이라는 사실을 깨달았다. 전 직장의 상급자들에게 남 밑에서 일하는 능력이 부족하다는 지적을 받은 적도 있었다. 게다가 나는 윈저성이 원하는 강인한 관리자가 되지도 못했다. 스트레스가 심했고 우울했다. 결국 앞에서 말한 것처럼 정신과 의사를 찾아갔다. 의사와 상담한 결과 내 문제는 결국 내가 어떤 사람인지 잘 몰라서 생긴 것이었다. "너 자신을 알라."라는 말은 델포이의 아폴로 신전에 새겨진 고대 그리스의 명언이다. 그러나 자기 자신을 알려면 자기 자신이 아닌 것이 무엇인지 먼저 알아야 한다. 그것을 알아내려면 시간이 걸린다. 나는

●

여러 가지 역할과 직장을 거치고 난 40대 중반에 이르러서야 '내가 아닌 것'이 무엇인지 알았다.

아내 엘리자베스는 나보다도 나에 대해 더 잘 안다. 윈저성에서 4년을 보낸 후 아내가 내게 말했다.

"이제 회사 생활을 청산할 때예요."

"그럼 이제 어떻게 돈을 벌죠?"

"당신은 글쓰기를 좋아하잖아요. 당신의 첫 번째 책도 반응이 괜찮았고요. 그러니 작가가 되어보는 게 어때요?"

"책을 써서는 부자가 될 수 없어요."

내가 불평했다.

"왜 부자가 되려고 해요? 우리는 어떻게든 살아갈 수 있어요. 당신도 일하고 나도 일하니까요. 또 필요하다면 당신은 다시 공부해서 경영학 과정 시간 강사를 할 수도 있어요."

"그건 리스크가 너무 커요."

"어차피 인생은 리스크예요. 난 피곤에 찌든 직장인과 함께 사는 게 지겨워졌어요."

이렇게 나의 포트폴리오 인생, 벼룩 생활이 시작되었다.

그 후 몇 년 동안 나는 주머니에 작은 카드를 하나 넣어가지고 다녔다. 그 카드에는 향후 몇 년 동안의 '수입'과 '지출' 두 칸이 그려져 있었다. 연초에는 지출 칸이 늘 더 커보였지만 연말에는 수입 칸 역시 그만큼 커져 있었다. 나는 걱정을 해야 하는 순간에도 크게 걱정하지 않았다. 남의 결재를 받기 위해 어깨 너머를 보지 않아도 된다는 것, 내 인생을 난생처음으로 내 마음대로 주무른다는 것, 내가 아닌 그 어떤 것으로 위장하지 않아도 된다는 것, 나 자신이 누구인지를 알고 그런 상태를 편안히 여긴다는 것 등이 너무나 좋았다.

나보다 먼저 이런 상태에 도달한 사람은 많다. 하지만 어떤 사람은 이런 상태에 평생 도달하지 못할 것이고 또 어떤 사람은 아예 원하지 않을 수도 있다. 물론 회사라는 세계를 떠날 때 아쉬운 것들도 있었다. 큰 집단에 속해 있다는 소속감, 내가 아프거나 부재해도 세상은 여전히 돌아간다는 안도감 등이 그것이다. 그러나 포트폴리오 생활에서는 당신이 뭔가를 일으키지 않으면 아무것도 돌아가지 않는다. 이런 사실은 당신을 긴장하게 만든다. 그러니 느긋하게 앉아서 그런 긴장을 다른 사람에게 떠넘길 수 있는 회사 생활은 신날 수밖에 없다. 또한 나를 지원하는 인프라가 아쉬웠다. 셸은 그런 지원 체계가 아주 단단했다. 그 회사에서는 연말 소득신고서도 대신 작성해주었다. 윈저성에 근무할 때는 그런 지원이 다소 적었지만 그래도 경비 계산을 해주고 스케줄을 관리해 내 생활을 편안하게 해주던 사람들이 있었다. 하지만 이제는 그 모든 것을 내가 알아서 해야 하는 것이다.

특히 아쉬운 것은 직장 동료들이었다. 물론 내가 언제나 그들과 의견을 함께하거나 그들을 특별히 좋아했다는 얘기가 아니다. 하지만 그들은 관심사를 함께 나누고, 일을 함께 해나가고, 공동체를 함께 형성한 사람들이었다. 그들의 삶은 나의 삶과 얽혀 있었다. 나는 그들과 잡담을 나누고 난상토론을 벌이고 세상사를 불평하면서 인생의 여정을 함께 걸어갔다.

인간이라면 누구나 어딘가에 속하고 싶어 한다. 자유의 차변借邊에는 뭐든 혼자서 해내야 한다는 고독감이 기재되어 있다. 내가 이런 딜레마를 극복하기 위해 씨름한 과정은 다른 장에서 자세히 다룰 것이다. 그러나 행복이라는 저울대에서 무게를 달아본다면 틀림없이, 자유가 언제나 이긴다. 나는 앞으로 점점 더 개인의 세계, 선택과 리스크의 세계로 진입하게 될 것이라는 확신으로 이 책을 썼다. 미래의 세계는 항상 편안하지만은 않을 것이므로 리스크 또한 높다. 하지만 현재의 내 삶을 스스로 형성하고 나를 스스로 규제할 수 있는 기회는 그 어느 때보다 많다. 이제 인생이 길어져 평생 동안 세 가지 형태의 삶을 살 수 있게 되었다. 그중 하나가 바로 벼룩의 삶이다. 나는 지금까지 겪어온 여러 형태의 삶 중 그것이 가장 좋은 삶이라는 사실을 발견했다.

더 자세한 얘기는 천천히 풀어갈 생각이다. 먼저 학교 얘기를 꺼내야겠다. 학교가 미래의 사회생활을 위한 예비 단계임은 누구나 알고 있다. 그것은 내가 학교에 다닐 때의 일반적인 생각이기도 했다.

나는 무엇을
배웠나

"출신 학교나 졸업 성적 따위는 따지지 않아요.
그들이 알고 싶어 하는 것은
학교에서 무엇을 했느냐는 거예요."

학창 시절이 인생의 가장 아름다운 때였다고 말하는 사람은 피
학被虐주의자거나 기억력이 몹시 나쁜 사람임이 틀림없다고, 고
등학교 교정을 떠나며 생각했다. 그리고 그 말이 사실이 아니기
를 바랐다. 그렇다면 아주 슬픈 인생을 살아가야 할 테니.

　이렇듯 나는 세상이 불공정하고 강압적이고 불유쾌한 곳이
라는 확신에 찬 채 고등학교를 졸업했다. 그런 세상에서 살아남
기 위한 가장 좋은 방법은 규칙이 무엇인지 재빨리 알아내고 고

개를 푹 숙인 채 학교 당국이 정한 테스트를 가능한 한 좋은 점수로 통과하는 것이었다. 그것이 독립적인 생활에 대비하는 최선의 코스가 아니라는 것은 분명했지만 당시의 나는 그런 독립적인 생활을 꿈꾸고 있지 않았으므로 그다지 반발심을 갖지 않았다. 나는 또 다른 교육 기관인 대학에 진학하기로 되어 있었다. 대학을 졸업하면 또 다른 기관으로 들어가는 자격증이 주어질 것이고, 그러면 나는 그 기관의 규칙을 준수하면서 각종 테스트를 거치다 결국에는 은퇴를 하거나 죽는 일 중 하나로 인생을 끝마칠 것이라 생각했다.

바로 이것이 일련의 강압적인 교육 기관에 대한 내 생각이었다. 나와 성격이 다른 사람은 다르게 반응했을 수도 있다. 아내는 열여섯 살이 될 때까지 열한 군데의 학교를 다녔다. 그녀는 학교 규칙은 도전의 대상이고, 교육 당국자는 그 규칙을 제대로 설정하지 못하며, 학교라는 세계에서 모든 일은 다른 사람이 대신 해주지 않으므로 본인이 직접 맞서야 한다는 것을 깊이 깨달은 채로 학교를 졸업했다. 그러니 아내는 처음부터 벼룩의 생활을 하기로 되어 있는 사람이었다.

나는 학교 문을 나설 때 선생은 결코 되지 않으리라고 결심했다. 하지만 전혀 예상치 못한 경로로 결국 선생이 되고 말았다. 대학을 졸업한 지 10년 뒤에 셀의 관리자들을 교육하는 일을 맡았고, 그 후에 이런저런 방식으로 교육 분야에 관여하게 되었다.

나는 내가 겪었던 학교생활과는 다르면서도 질 좋은 교육을 해야겠다고 결심했다. 비록 그런 결심이 늘 성공하지는 않았지만 과거 경험이 현재 교육관의 출발점이 된 것은 분명하다. 요즘의 학교가 과거와 많이 달라졌다고는 하지만 그래도 나의 이런 교육관이 타당하면서도 중요하다는 생각에는 변함이 없다.

학교라는 이름의 감옥
●

당시 아일랜드 시골에는 취학 전 놀이 학교나 유치원 같은 것이 없었다. 그렇지만 우리 집에는 가정교사가 있었다. 처음이 피비였고 그 다음이 조앤이었다(아니 그 반대였나?). 부모님이 가정교사 비용을 어떻게 마련했는지는 아직도 의문이다. 그 젊은 여인들은 오늘날의 오페어(언어, 습관 따위를 습득하기 위해 가사를 도와주고 숙식을 제공받는 젊은 외국 유학생이나 여성 – 옮긴이)처럼 숙식과 약간의 잡비 정도를 받고 가정교사 일을 맡은 모양이었다. 내게 읽기, 쓰기, 셈하기를 가르쳐준 것이 그들이었을까? 아마도 그런 것 같다. 여섯 살이 되어 마침내 집에서 1.6킬로미터 정도 떨어져 있는 초등학교에 입학했을 때 나는 그런 것을 곧잘 했으니 말이다.

석탄 난로 하나가 덜렁 놓여 있는 초등학교 교실은 아주 추웠다. 요즘 아이들은 알지도 못하는 동상에 걸려 손가락이 부풀

●

어 오르고 나중에는 따끔따끔하고 쓰리기까지 했다. 학교는 마치 신체를 괴롭히기 위해 지어진 집인 양 너무나 불편했다. 아무리 봐도 그런 환경에서는 학문에 대한 사랑이 우러나올 것 같지 않았다. 학생들은 딱딱한 나무 의자에 앉아 구구단을 암기하고, 숙제로 외워온 시나 찬송가를 암송하고, 아일랜드어 속담 같은 것을 앵무새처럼 따라 읽어야 했다. 도대체 무엇을 위한 교육인지 알 수가 없었다. 그저 아이라면 누구나 해야 하는 것처럼 보였다. 말하자면 어른이라는 천국에 들어가기 위해 반드시 거쳐야 하는 연옥인 셈이었다. 나는 그런 트릭(각종 외우기와 복창하기 - 옮긴이)에 소질이 있어 꽤 도움이 되었다. 도움의 구체적 사례는 딱딱한 나무 자로 손바닥을 맞는 빈도가 훨씬 적다는 것이었다. 나는 그곳에서 공포를 통해 배운 것은 오래가지 않는다는 사실을 알았다. 그 불유쾌한 추억과 함께 거기서 배운 것들을 모두 잊어버리고 싶었다. 누구나 배우고 싶어서 배울 때 가장 많이, 또 가장 잘 배운다. 오늘날《해리포터》와 휴대전화의 문자 메시지가 문학 시간보다 더 효율적으로 어린이들에게 독서를 권하고 있는 것을 보면 알 수 있다.

운동장은 불유쾌한 교실보다 더 열악했다. 나는 어릴 때 여자들에 둘러싸여 자랐다. 어머니와 가정교사 그리고 동생들까지 모두 여자였다. 게다가 우리 집은 아일랜드 시골 오지에 있었기 때문에 학교에 입학할 때까지 남자아이들을 만나보지 못했다. 당시 내가 다니던 초등학교에는 자기 마을에 초등학교가 없어 학교에서 먹고 자는 기숙 학생들이 스무 명가량 있었다. 그들이 학교에 머무는 내부자였다면 나는 수줍은 국외자였다. 나는 괴롭힘이라기보다 놀림을 당했는데, 나 자신이 결코 맞서 싸우지 못하리라는 것을 알고 절망했다. 그래서 그 아이들로부터 인정을 받고 그들과 한편이 되려고 필사적으로 노력했다. 덩치 큰 아이들에게 불필요하게 아첨했고 그들 무리에 들어가고 싶어 원숭이처럼 그들 흉내를 냈다. 이러한 경험 탓인지 나는 어려운 상황에 직면하면 그때처럼 행동하고 싶은 유혹을 느낀다.

나는 원래 그런 사람인가 아니면 어릴 적 학교에서 받은 상흔이 평생을 가는 것인가? 인자하지만 초연한 담임이었던 크로퍼드 선생은 교과 내용보다 콘크리트 운동장에서 벌어지는 일이 나를 포함한 다른 아이들에게 더 큰 영향을 미친다는 것을 알았을까? 학교는 가정 외의 더 넓은 사회를 경험하는 최초의 장소다. 그곳에서 공식적·비공식적 위계질서, 또래 집단과 동아리, 친척이 아닌 사람이나 자신을 잘 모르고 또 원하지도 않는 사람을 상대하는 방법을 배운다. 학교가 이렇게 중요한 곳이므로 학교생활은 가능한 한 적극적인 경험의 장이 되어야 마땅하다.

물론 학교에서 읽기, 쓰기, 셈하기를 배워야 한다. 그것은 나중에 사회로 들어가는 문을 여는 데 꼭 필요한 기본적인 기술이기 때문이다. 하지만 그 문 뒤에 숨은 인간적 시스템을 제대로 다루지 못하면 문을 연다고 한들 무슨 소용이 있을까. 특히나 앞으로 벼룩 생활을 할 사람은 자신감에 상처받지 않고 학교 문을 나서는 것이 중요하다. 물론 나는 그렇지 못했다.

고슴도치들의 학교
●

아홉 살 때 그 초등학교를 떠나면서 조금도 섭섭하지 않았다. 하지만 또 다른 중세적 제도를 갖춘 남자 예비학교가 나를 기다리고 있었다. 남자 예비학교는 집에서 멀리 떨어져 있어 기숙을 했기 때문에 명절 때만 집에 올 수 있었다. 그 학교에 다닌 다른 많은 아이들과 마찬가지로 나 역시 떨어지지 않는 걸음으로 돌아서던 부모의 모습을 기억하고 있다. 나는 눈물을 애써 감추면서 교장 사모의 안내를 받아 학교 건물 2층으로 올라가 새로운 세계로 들어섰다. 낯설고 외로운 곳이긴 했지만 전에 다니던 학교보다는 나았다. 나와 비슷한 아이들도 몇 명 있었고 또 인원이 많아서 마음에 맞는 친구들을 사귈 수 있었기 때문이다.

　학생 휴게실은 남을 못살게 구는 불량학생들의 우범지대였다. 내가 다닌 남자 예비학교는 점점 사라져가는 영국-아일랜드 신사계급을 위한 몇 안 되는 개신교 예비학교였다. 당시는 전시였다. 아일랜드는 공식적으로 중립을 선언했지만 신체 건강한 영

●

국계 아일랜드인 대부분이 영국군에 입대했고 아일랜드에는 노약자만 남아 있었다. 학교생활을 이어가던 어느 날 하급생 하나가 초콜릿 바를 훔쳐 먹는 사건이 발생했다. 교장은 상급생이 지도를 잘못한 탓이라며 상급생 여섯 명의 알궁둥이를 회초리로 여섯 대씩 때렸다. 불행하게도 그 여섯 명 중 하나가 나였다. 상급생이니 책임을 져야 한다는 교장의 말은 일리가 있었다. 하지만 나는 그것을 나중에야 겨우 깨달았다. 회사의 상급자들은 바람직한 회사 문화를 정착시킬 책임이 있는 것이다. 하지만 그런 깨달음을 얻기 전까지는 아주 불공평한 대우를 받았다고 생각했다. 구타는 학교생활의 일부였다. 또한 매일 아침 교장의 엄혹한 눈초리 아래 알몸으로 벌벌 떨며 냉수 목욕 차례를 기다리는 것도 변함없는 일과였다. 냉수 목욕은 학생들을 강인하게 만들겠다는 의도로 이루어졌지만 이제 와 회상해보니 거기에는 더 음험한 동기가 숨어 있지 않았나 싶다.

세월이 흐른 후에 예비학교는 없어졌지만 그 학교에 다닌 경험은 나에게 큰 영향을 미쳤다. 학생들은 가혹한 대접을 받는 것이 위험한 세상을 이길 수 있는 방법이며 또 학교 바깥 사회의 제멋대로인 방식에 미리 적응하는 것이라 세뇌받다시피 했다. 물론 어느 정도 사실임은 인정한다. 하지만 진심에서 우러나오는 불평을 하나 말하지 않을 수 없다. 그런 교육 방식은 사회의 고난을 견디게 해줄 뿐 그것을 적극적으로 극복해나가게 만들지는 못한다는 것이다. 나는 학교생활을 하면서 남의 눈에 띄지 않는 것과 입을 다무는 것이 몸을 지키는 2대 요령이라는 것을 배웠다.

그러던 어느 날 내 인생과 경력에 결정적 영향을 미친 사건이 발생했다. 찰스라는 친구는 윈체스터 대학의 장학금 입학을 준비하고 있었다. 그 때문에 그리스어를 배워야 했는데 당시 그 학교는 라틴어만 가르치고 있었다. 찰스를 위해 더블린 출신의 괴팍하고 나이든 목사를 특별 교사로 초빙했다. 찰스는 혼자 공부하기 심심하다면서 나에게 같이 배우지 않겠느냐고 제안했다. 나는 깊이 생각하지 않고 그를 위해 그러겠다고 말했다. 당시 나는 겨우 열두 살이었다. 그리스어 과목은 재미있었다. 그 괴팍한 목사는 고대 그리스어를 마치 지금 사용하는 외국어처럼 가르쳤다. 우리에게 고대 그리스어를 큰 소리로 말하게 하고 그리스인처럼 생각하라고 했다. 그러면서 간간이 그리스 신화와 역사를 알려주었다. 사람은 재미있다고 생각하면 뭐든지 잘하게 되어 있다. 나중에 나는 대학의 장학금 입학을 신청할 때 라틴어뿐만 아니라 그리스어도 전공과목으로 넣었다. 그리고 대학 입학시험을 무사히 통과했다.

다시 말해 나는 우연한 경로로 고전학자의 길을 밟을 수 있었던 셈이다. 당시 영국의 교육제도는 학생이 잘하는 두세 과목을 집중적으로 가르치는 방식이었다. 학교생활 내내 고전 과목 전공자였던 나는 과학 과목은 단 하나도 수강한 적이 없었고 좋아하는 수학 과목도 듣지 못했다. 당시 학과 시간표는 여러 분야의 과목이 뒤섞이는 것을 허용하지 않았다. 그런 탓에 열다섯이 되면서 고전어 수업을 위해 다른 외국어 수업을 포기해야 했다. 나는 가끔 그때 친구가 그리스어를 같이 배우자고 하지 않았더라면 내 인생이 어떻게 달라졌을까 공상해본다.

나는 여우인 내가 고슴도치 교육을 받았다는 것을 훗날 깨달았다. 옥스퍼드 대학의 교수였던 철학자 이사야 벌린은 그리스 시인 아르킬로코스의 다음과 같은 말을 인용해 전한 적이 있다. "여우는 많은 것을 알지만 고슴도치는 중요한 것 한 가지를 알고 있다네." 다른 나라들은 유연성과 전문성을 높이기 위해 여우와 고슴도치를 섞어놓은 사람을 원하고 있었는데, 영국은 그저 고슴도치를 길러야 한다고 고집했던 것이다.

이제 와서 돌이켜보니 열두 살 혹은 열다섯 살에 학생의 미래를 결정하는 것은 너무 이르다는 생각이 든다. 인생은 길다. 그러니 선택을 가능한 한 미루는 것이 좋다. 학습에 관한 잠재력보다는 표현된 재능을 근거로 학생을 판단하는 교육제도는 대단히 불합리하다. 그것은 학생이 10대 중반에 흥미를 느끼는 과목에 근거해 학생의 미래를 결정짓는 것이다. 이런 결정에는 학생들이 그동안 만난 교사나 그들이 감당해야 하는 학교 시간표 등의 요인이 너무 크게 작용한다.

만약 영국 교육제도가 여우를 기르는 쪽으로 바뀐다면 교육

현실이 완전히 달라질 것이다. 대학 당국은 학생의 잠재력을 측정하는 더 좋은 수단을 확보해야 한다. 학부 과정은 고등학교 상급반에서 다루던 전문 교육을 포함해야 하며 대학 교수들은 좀 더 낮은 수준에서 학생들을 가르쳐야 한다. 이러한 변화에 반대할 세력이 누구인지는 명확하다. 아무튼 미국은 물론이고 유럽의 주요 국가들은 개방적이고 포괄적인 교육제도를 유지하고 있다. 이것은 스코틀랜드도 마찬가지다. 잉글랜드도 이런 추세를 따라가야 한다. 만약 그렇게 하지 않는다면 어린 학생들을 감옥에 가두는 꼴이 될 것이다. 나는 가끔 이런 질문을 던진다. 대학에 가는 학생은 해당 연령의 아이들 중 삼 분의 일밖에 안 되는데 왜 대학이 하급 학교의 운영에 그토록 막강한 영향력을 행사하는가?

나와 나의 아내가 공동으로 연구했던 연금술사들(현대의 자유주의자들)이 어린 나이에 영국 교육제도에서 이탈한 것은 따지고 보면 그리 놀라운 일도 아니다. 영국 학교에서는 실험의 여지가 매우 적고, 재능이 아닌 잠재력을 드러낼 기회도 거의 없다.

나는 남자 예비학교에서 다른 사실도 우연히 알게 되었다. 나는 7월 말에 태어났다. 지금도 마찬가지지만 그 당시에도 학교는 9월 개학 시점에 맞춰 학생의 나이를 분류했다. 따라서 7월이나 8월에 태어난 학생들은 평균 학생보다 6개월 정도 더 나이 들었거나 더 어리다. 따라서 그런 학생의 부모는 아이를 남들보다 입학을 반년 앞세우거나 늦출 수 있다. 10대 때 6개월은 큰 차이를 보인다. 돌이켜보면 나는 행운아였다. 나는 학교생활 내내 다른 애들보다 6개월 늦게 시험을 치렀으므로 1년 더 공부할 기회가 있었다. 그러니 당연히 학업성적이 좋을 수밖에 없었다. 고등학교 졸업반 때 다른 아이들보다 나이가 많은 나는 6개월간 반장에 임명되었다. 반장은 대체로 상징적인 역할이었다. 나는 채찍이나 당근의 도움 없이 휴식 시간에 질서를 잡는 책임을 맡았다. 게다가 행동의 모범을 보여야 했다. 그런 일을 인간적인 힘으로 밀어붙여야 했는데 사실 나는 그런 힘이 별로 없었다. 따라서 내가 반장 노릇을 아주 잘했다고는 생각하지 않는다. 하지만 역할이 사람을 만들고, 남들이 그런 역할에서 나오는 명령을 따른다는 것을 알게 되었다. 그 덕분에 반장 역할에 점점 자신이 붙었다. 내가 낮은 목소리로 조용히 하라고 말을 하면 60명의 학생들이 잠잠해지는 것을 보고 깜짝 놀라기도 했다. 반장을 맡은 일로 자신감이 크게 높아졌다.

이런 경력을 갖고 있어서인지 나는 사람들이 자녀의 학업을 빨리 성취시키지 못해 안달하는 모습을 보면 의아한 생각이 든다. 내가 학교를 다닐 때 동기생들보다 한 살 많다는 것은 별로 창피스러운 일이 아니었다. 그런 걸 따지는 애들도 없었다. 게다가 6개월의 여유가 철들 시간과 공부할 시간을 주었다. 나는 대학에 입학했을 때 동기들보다 한 살이 많았다. 그러나 대학에는 이미 군대에 갔다 와서 나보다 한 살 혹은 몇 살 많은 친구들이 여럿 있었다. 그런 나이 많은 학생들은 나보다 대학생활에서 더 많은 것을 얻었으리라 확신한다. 나의 아내 엘리자베스는 40대에 대학 공부를 시작했다. 나의 딸은 학위를 땄을 때 서른세 살이었다. 오늘날의 많은 성숙한 학생들과 마찬가지로 아내와 딸은 공부할 마음이 있을 때 학교에 들어갔다. 그들은 학교를 사회의 장애물 경주 중 하나라고 생각하지 않았다.

일반적으로 말해서 오늘날의 연령 제한은 교육에 큰 피해를 입히고 있다. 성적표와 각종 기준치를 중시하는 오늘날의 영국 정부는 일곱 살, 열한 살, 열네 살, 열여섯 살을 기준으로 입학 시험을 치르게 한다. 학생들도 어른들과 마찬가지로 각자 다른 과목을 다른 속도로 배운다는 사실에 만인이 동의하고 있는데도 말이다. 일정한 연령에 실시되는 표준적인 테스트는 일반적인 비교를 불가피하게 만든다. 하지만 사람들은 보통 자신보다 못한 사람이 아니라 잘난 사람하고 비교하기 때문에 그 결과는 대부분의 사람들에게 참담한 것이 되고 만다.

왜 그렇게 서두르는가? 가령 자동차 운전면허를 보자. 영국에 있는 모든 사람이 운전면허를 일정 연령에 따야 하는 것은 아니다. 만약 사람들을 특정 연령에 시험을 보게 하고 그 성적을 일람표로 만들어 발표해 중간 이하의 성적을 받은 사람은 차를 운전하지 못하게 한다면 어떨까. 도로 사정은 좋아지겠지만 많은 사람들이 기동성을 빼앗기고 말 것이다. 바로 이것이 일정 연령에 시험을 보는 교육제도의 부작용이다. 그러나 기이하게도 음악 쪽은 사정이 다르다. 학생들은 나이와 상관없이 선생이 적당하다고 판단하는 때에 음악 실기시험을 치른다. 그 결과 시험은 축복받는 행사가 되고 기준 미달이라는 불평 같은 것은 나오지 않는다.

학생이 구성원으로 인정되지 않는 학교

내가 과거에 다녔던 영국 사립학교 제도는 또 다른 시련이었다. 내가 볼 때 교육은 잔인한 뱀과 사다리 놀이(주사위 게임의 일종 - 옮긴이)였다. 간신히 높은 기둥의 꼭대기까지 올라가면 또 다른 기둥을 밑바닥부터 다시 시작해야 하는 제도였다. 만약 학교 졸업 후의 인생도 이런 식이라면 더 이상 살아나갈 의미가 없다는 생각이 들 정도였다. 내가 남자 예비학교를 졸업하고 새로 입학한 학교는 최근에 사립이 된 전통 있는 그래머 스쿨이었다. 그 학교는 규모 있는 다른 그래머 스쿨을 그대로 흉내 내고 있었다. 3년 과정 중 1, 2학년 하급생을 '도울doul'이라 했는데 '노예'를 의미하는 그리스어에서 온 말이었다. 상급생에겐 그들이 다스리는 노예 하급생들이 있었다. 상급생들은 수시로 '도울 소집 점검'을 했다. 학교 복도에서 상급생이 '도울' 하고 갑자기 외치면 하급생은 하던 일을 멈추고 그에게 재빨리 달려가야 했다. 제일 늦게 도착한 하급생에게 상급생은 사소한 심부름 같은 것을 시켰다. 학교에는 온갖 규정과 의식이 있었다. 많은 것들이 합리적 이유도 없이 전 세기부터 이어져 내려온 것이었다. 신입생들은 입학하고 나서 처음 몇 주 동안 규칙을 암기해야 했다. 규칙을 지키지 않을 때 받는 여러 가지 징벌이 있었는데 가장 경미한 것이 규정집의 내용을 1백 번 이상 옮겨 적는 '글쓰기'였고 그 이상은 탈의실에서 몽둥이찜질 등 각종 구타 행위였다. 몽둥이찜질이라는 비인간적인 대접은 실제 태형보다 더 모욕적이었다. 나는 그 학교에서 3년을 보내면서 권력의 무자비한 남용에 대해 많은 것을 알게 되었다. 반면 그런 짓을 하지 않는 자상하고 지각 있는 상급생들도 있었다. 그들은 학교생활을 건설적으로 영위하는 방법들을 가르쳐주었고, 없는 시간을 쪼개 하급생들을 도와주기도 했다.

4백 명이나 되는 청소년을 여러 달 동안 한 장소에 가두어둔다는 것은 결코 좋은 아이디어가 아니다. 여자들에게 둘러싸여 자란 나는 남자들만 득시글거리는 곳에 갇혀버렸다. 당시 텔레비전은 없었고, 라디오는 있었지만 들을 수가 없었으며, 신문은 읽을 기회가 없었다. 그래서 학생들은 자기들끼리의 일에만 병적으로 몰두했다. 어느 학기에는 친한 친구들과 한 학기 동안 일기를 쓰기로 약속했다. 나이가 들어서 우연한 계기로 그 일기를 발견했는데 당시의 내 생활이 너무나 사소한 것들로 좌지우지되었음을 알고 깜짝 놀랐다. 어떤 그룹에 들어가느냐 못 들어가느냐를

놓고서 매일 전전긍긍하면서 지냈다. 불법적인 정열은 수면 아래로 완전히 가라앉아 있었다. 섹스는 최대의 금기사항이었고 만약 동성이든 이성이든 섹스 비슷한 행위를 하다가 발견되면 그 즉시 퇴학이었다. 상급생이나 하급생과 사적인 대화를 나누는 것도 금지였다. 열여섯 살 상급생이 될 때까지 바지 주머니는 꿰매고 다녀야 했다. 호주머니에 손을 아예 집어넣지 못하게 하려는 조치였다. 그러니 당시 내가 억눌린 상태로 혼란을 느낀 것은 너무나 당연했다.

이것은 아주 오래된 일이고 그 후 학교는 몰라볼 정도로 달라졌다. 우선 남녀공학으로 바뀌었다. 물론 상급생에게 제한된 책임을 부여하는 것은, 그 권력을 적절히 제약하는 수단만 확보된다면 유익한 조치라 생각한다. 그것은 어린 학생들에게 타인과 관련된 책임의식을 심어주는 좋은 방법인 동시에 지나친 이기심을 갖게 할지도 모르는 성적 우선 방침의 부작용을 상쇄시키기에도 좋다. 내가 볼 때 그것은 사립학교가 갖고 있는 장점 중 하나였는데 국가에서 철폐시켜서 대단히 아쉽다. 아마도 내가 학교에서 겪은 것처럼 권력 남용을 우려했기 때문이리라. 인생의 장년기에 나는 학교를 다른 조직과 비교하는 연구 과제를 맡은 적이 있다. 조사를 위해 각종 형태와 규모의 여러 학교들을 방문했다. 교원 휴게실에 들어가 내가 가장 먼저 하는 질문은 그 학교에 얼마나 많은 사람이 일하고 있느냐는 것이었다. 초등학교에서는

75

열 명 정도라는 대답이, 중등학교에서는 일흔 명에서 여든 명이라는 대답이 돌아왔다. 이 이야기를 교육부 국장과 나눴을 때 내 말을 들은 국장이 말했다.

"그 사람들은 청소부는 계산에 넣지 않았군요."

"아닙니다."

나는 말을 이었다.

"그들은 학생들을 계산에 넣지 않았어요."

학교라는 조직의 관점에서 학생은 조직의 구성원이 아닌 그 조직의 생산물, 더 정확하게는 진행 중인 과제로 간주된다. 적어도 과거의 학교에서는 학생이 그렇게 취급받았다. 이 작업장에서 저 작업장으로 넘겨지고 여기서 조금, 저기서 조금 다듬어지다가 마지막 검수대에서 검사를 받는 존재였다. 실패작은 거부될 뿐 재활용되지 않는다. 나머지에는 등급을 일일이 매겨 나중에 어떤 사람이 사용할 때 참고할 수 있게 한다. 내가 다녔던 기숙사 학교는 그런 식으로 운영되었다.

나의 라틴어 및 그리스어 지식은 교실에서는 도움이 되었지만 인기에는 아무런 보탬을 주지 않았다. 인기를 얻으려면 운동 실력이 아주 중요했는데 나는 럭비에서는 제3후보 이상이 되지 못했고 크리켓 팀에서는 점수 기록원을 맡는 게 고작이었다. 그러나 나는 역시 운이 좋았다. 나의 담임이면서 기숙사 사감이었던 선생은 탁월한 고전 선생이면서 진정한 교육가였다. 그는 학생들이 가진 최선의 자질을 발굴하는 것뿐만 아니라 세계 최고의 음악, 문학, 시가를 소개해 학생들을 순화시키는 것을 자신의 사명으로 여기는 교사였다. 어느 날 베르길리우스의《아이네이스》1백 행을 분석하기 위해 기다리고 있는 우리 교실로 그가 들어왔다.

"오늘 아침 예배 시간의 오르간 독주가 무슨 곡이었는지 아는 학생?"

그가 물었다. 물론 학생들은 오르간 소리가 났는지조차 모르고 있었다.

"그건 바흐 음악이었어. 자, 이제 너희가 몰랐던 것을 알아야 할 때가 되었다."

그는 학생들을 자신의 집으로 데려가 오전 내내 바흐 음악을 연주하고 바흐 이야기를 해주었다. 바흐가 아니면 윌프레드 오언(영국의 20세기 시인-옮긴이)이나 윌리엄 블레이크(영국의 19세기 낭만파 시인-옮긴이) 이야기를 들려주었다. 프랑스에서 수입한 술통에서 술을 따라 병에다 넣으면서 학생들에게 포도주를 살짝 맛보여주기도 했다. 그의 수업은 이런 예기치 않은 막간극으로 활기가 넘쳤고 재미가 있었다. 교과 과정 어디에도 들어 있지 않은 시간이었지만, 베르길리우스의 장시를 까맣게 잊어버린 지금도 그 막간극만은 선명히 기억하고 있다.

그 선생은 학생들에게 공부를 엄청나게 시키는 것으로도 유명해 슬레이버(노예 주인)라고 불리기도 했다. 하지만 그가 학생들의 잠재력을 높이 평가한다는 것을 알기 때문에 애칭처럼 붙은 별명이었다. 누구든 어린 나이에 존경하는 사람으로부터 '황금 씨앗'을 물려받는 것이 인생에서 매우 중요하다. 그것은 칭찬이나 기대감의 표현으로 아이의 자신감을 크게 강화한다. 슬레이버는 나에게 그런 씨앗을 주었다. 그것은 선생이 제자에게 줄 수 있는 가장 큰 선물이다. 비록 그 후에 내가 석유회사의 중역으로 근무한 것이 그 선생에게는 시간 낭비로 비춰졌을지도 모르지만 나는 그의 가르침을 늘 고맙게 생각하고 있다. 그는 내가 만난 평생의 스승이며, 뚜렷한 목적을 갖게 했고 내 인생을 뒤바꾸어놓았다. 나에게 아버지와 할아버지가 다닌 더블린의 트리니티 칼리지에 가지 말고 옥스퍼드 대학에 장학금을 받아 입학하라고 권유했던 것도 그였다.

옥스퍼드에서 얻은 교훈

●

나는 옥스퍼드 대학에 시험을 치러 갔다. 첫해는 떨어질 각오를 하고 연습 삼아 응시했는데 운 좋게도 오리엘 칼리지로부터 입학 허가를 받았고 장학금까지 받게 되었다. 당시 나는 손안에 든 새 한 마리가 숲속의 새 열 마리보다 낫다는 생각에 그 입학 제

●

의를 덜컥 받아들였다. 하지만 그럼으로써 아일랜드를 떠나야 한다는 것을 깨닫지 못했다. 옥스퍼드는 나를 영국인으로 재교육시킬 것이었기 때문이다. 그러나 슬레이버의 말이 맞았다. 일 대 일 강의에 매주 논문을 내고 자유 시간을 많이 허용하는 옥스퍼드의 교육제도는 내게 딱 맞았다. 이제야 깨닫지만 그것은 대단한 교육적 특혜였다(학부의 일 대 일 강의는 너무 고비용이어서 그 후 폐지되었다). 아무튼 나는 그런 경험을 할 수 있었다는 사실을 매우 고맙게 생각한다. 옥스퍼드의 고전학과는 언어로부터 시작해 그리스와 로마의 역사 및 철학 연구로 옮겨갔다. 그곳에서 사상과 가설을 바탕으로 지식과 사실 너머의 어떤 것을 탐구하도록 교육받았다. 암기 위주의 학교 교육이 끝나고 본격적인 교육이 시작된 것이다. 나는 마침내 스스로 생각하는 법을 배우기 시작했다.

하지만 나는 무기력했다. 내 능력이라고는 고작해야 영어를 그리스어로 혹은 역순으로 번역을 할 수 있는 것뿐이었다. 그러나 교과 내용이 그리 중요하지 않다는 사실을 곧 깨달았다. 사실 교과 내용 따위는 잊어버린 지 오래다. 정말 중요한 것은 생각하는 과정이었다. 스스로의 힘으로 사물을 분류하고 변화를 도모할 수 있는 능력이 중요했다. 한번은 과외 활동이 너무 바빠 그리스 역사를 다룬 이름 없는 책의 일부를 그대로 베껴 리포트를 낸 적이 있었다. 그것을 받아든 지도교수는 한동안 아무 말 없이 앉아 있더니 자기 서가로 걸어가 그 무명 인사의 책을 꺼내들고는 내가 베낀 다음 부분을 읽어 내려가기 시작했다. 나는 너무 창피해 얼굴이 화끈거렸다. 할 말이 없었다. 옥스퍼드는 남의 책을 그대로 베끼는 일을 극도로 경멸했다. 남의 책을 인용하는 일 또한 자신의 독창적인 생각을 전개하는 경우에만 허용됐다.

대학 시절 나는 내가 제출한 논문들을 크게 소리 내 읽었다. 지도교수는 반드시 낭독을 시켰다. 나는 교수가 게을러서 그렇다고 생각했으나 읽는 것보다 듣는 데 에너지 소모가 더 크다는 것을 알게 되었다. 낭독은 나의 글쓰기 스타일에 큰 영향을 미쳤다. 나는 요즈음 학자들이 즐겨 쓰는 괄호 속의 긴 문장을 쓰지 않는다. 괄호 속 문장은 부드럽게 읽어 내려가기 어렵기 때문이다. 훗날 나는 이탈리아 아이들의 학과목 시험이 주로 구술시험이라는 사실을 들은 적이 있다. 그러니 이탈리아 사람들이 말을 잘하는 것은 놀라운 일이 아니다. 그들은 인터넷보다 전화를 더 좋아한다.

나는 영국 학교에도 내용 교과 과정content curriculum 이외에 탐구 교과 과정process curriculum이 있어야 한다고 생각한다. 20년 전 나는 '능력을 위한 교육'이라는 캠페인을 시작한 그룹의 멤버였다. 이 그룹은 균형 잡힌 교육이란 분석을 가르치고 지식 획득을 중시하는 교육이라고 성명서를 발표했다. 훌륭한 교육은 창조적 기술, 일상생활 속의 과제를 이해하고 처리하는 능력도 포함해야 한다. 그리고 그런 과제를 다른 사람들과 협동하면서 해내는 것을 가르쳐야 한다.

●

그룹의 캠페인을 위해 나는 영국의 한 유수한 사립학교 교직원들을 상대로 연설을 한 적이 있다. 연설이 끝나자 교장이 자리에서 일어나 고마움을 표하며 말했다.

"당신은 우리가 교실에서 하고 있는 것을 상당 부분 못마땅하게 생각할 겁니다. 하지만 교실 바깥의 활동에서는 당신의 이상에 아주 근접해 있습니다. 운동장에서 하는 놀이, 연극이나 음악 활동, 클럽 활동, 작업장, 공동체 봉사 등에 학생들이 활발하게 참여하고 있어요."

"그렇겠지요. 그렇지만 문제는 모든 학교가 그런 과외 활동을 할 만한 시간과 시설을 갖추고 있지 않다는 겁니다."

내가 대답했다. 만약 내가 교육부장관이라면 나는 학생들의 하루 일과를 둘로 나눠 절반은 교실에서 지식과 분석 기술을 배우게 하고, 나머지 절반은 교실 바깥에서 탐구 능력을 기르고 생활 체험을 해보는 각종 프로젝트와 활동에 참여하도록 권장할 것이다. 그러려면 교실과 교실 밖을 담당하는 교사들이 따로 있어야 하겠지만, 탐구 능력을 키우는 일은 지속적인 프로젝트를 통해 공동체의 자원봉사자에게 맡길 수도 있다.

나는 다행스럽게도 우수한 성적으로 옥스퍼드를 졸업했다. 스스로도 몹시 기뻤고 부모님도 나를 자랑스럽게 여겼다. 하지만 다른 교육 기관에 신청할 때 말고는 내 성적을 물어보는 사람은 아무도 없었다. 이렇듯 사회에서는 학교의 졸업 여부만을 따지는 것이 현실인데도 학생들이 학교에 다니는 동안 성적과 학점에 왜 그토록 안달하는지 이해할 수가 없다. 내 아들은 배우 경력을 시작할 때 극단에 들어가려고 작성한 자기소개서를 내게 보여주었다. 나는 아들의 자기소개서를 읽고 나서 잘 썼다고 말한 뒤 우수한 학교 성적을 언급하지 않은 이유를 물었다.

"아빠."

아들이 한 수 가르쳐준다는 어조로 입을 열었다.

"연극계에서는 출신 학교나 졸업 성적 따위는 따지지 않아요. 그들이 알고 싶어 하는 것은 학교에서 무엇을 했느냐는 거예요."

아들의 말은 일리가 있었다.

사회에 첫발을 내딛다

●

대학을 졸업하면서 나는 내가 그 당시 영국인들 중 소수집단에 속한다는 것을 알고 깜짝 놀랐다. 당시에는 대학 입학 적령기의 학생들 중 8퍼센트만이 대학에 갔는데 그 후유증은 나중에 나타났다. 1980년대에 나는 관리자의 교육 현황을 조사한 적이 있다. 조사 결과 1980년 당시 쉰 살 이상인 사람들 열 명 중 아홉 명 정도가 열다섯 살에 학교를 떠나 그 후 정식 교육을 받은 적이 없었다. 이것은 그 당시 영국 기업계의 상층부에 비전을 가진 지도

●

자들이 드문 현상을 설명해준다. 공부를 계속한 10퍼센트는 교수직이나 공무원직에 진출했으니 기업계에는 박식하고 탐구적인 마음을 가진 사람들이 별로 없었던 것이다.

프랑스는 동일 연령 집단의 75퍼센트가 학교를 졸업한 후에도 추가 교육을 받도록 배려한다. 영국도 이를 위해 더 많은 교육 시설을 마련해야 한다. 파트타임 연수, 개방대학 같은 장기 교육 시설, 야간 강좌 등을 널리 설치해 사람들이 일하면서 배울 수 있게 해야 한다. 또한 현재의 일류 대학들은 점차 대학원 중심 대학이 되어야 한다.

나는 옥스퍼드 대학을 졸업하고 이른바 인생의 학교에 발을 딛으면서 공식적인 교육이 끝났다고 생각했다. 가끔은 2년간의 군복무 과정을 선택하지 않은 것을 후회한다. 군 생활은 분명 재미있었을 것이고 거기서 나는 사람 다루는 법, 문제를 해결하는 법, 일을 해내는 법 등 다양한 기술을 배울 수 있었을 것이다. 당시 나는 아일랜드 시민이었기 때문에 영국에서 계속 직장을 갖지 않는 한 반드시 입대해야 할 의무는 없었다. 입대는 나의 선택에 달려 있었다.

그 당시 나는 군에 입대하는 것을 그리 달갑게 여기지 않았다. 우선 전쟁은 심각한 문제였다. 그 무렵 친구 하나가 한국에서 전사했고 또 다른 친구는 큰 부상을 입었다. 잘 알지도 못하는 먼 나라의 사람들을 위해 싸우다가 그렇게 된 것이었다. 하지만 더 큰 문제는 나의 비겁함과 관련이 있었다. 나는 장교로 지원했다가 떨어져 사병으로 군대에 가게 될까 봐 걱정했다. 그러면 너무 창피할 것 같았다. 블랙 워치 연대 출신의 노련한 장군이었던 나의 종조부는 내가 그 연대에 들어가 혁혁한 무공을 세우기를 바랐다. 하지만 내가 미적거리자 나를 겁쟁이라 하면서 자신의 재산 상속자 명단에서 내 이름을 삭제해버렸고 그 후 곧 돌아가셨다. 나는 종조부의 그런 조치를 섭섭하게 생각하지 않는다.

군 복무 경력이 없음을 늘 후회하는 나는 학교를 졸업한 후에 일종의 공동체 봉사 활동을 젊은이들에게 의무적으로 부과하는 것이 좋다고 생각한다. 영국의 오퍼레이션 롤리, 기타 안식년 봉사활동과 미국의 평화봉사단 등이 그런 좋은 일을 하고 있다. 물론 늘 그렇듯이 자원봉사를 하겠다고 나서는 사람들 중에는 자격이 부족한 사람들도 많다.

나는 군에 가는 대신 로열 더치 셸 그룹에 입사해 4개월간 연수를 받았다. 교육이 아닌 연수라 부르는 과정이었으나 내가 그 전에 받은 교육과 별반 다르지 않았다. 단지 이전의 교육이 돈을 내면서 받은 것이었다면 이번에는 돈을 받으면서 참여한다는 점이 달랐다. 연수 과정은 석유 업계와 회사의 사정을 다룬 두꺼운 매뉴얼을 한 장 한 장 읽는 것이었다. 그렇게 교육받은 내용은 그날 저녁이면 모두 잊어버렸다. 저녁에는 나름대로 할 일이 따로 있었기 때문이다. 연수를 받고 난 후에는 실험실에서 4주를 보냈다. 석유의 정제 과정과 점착성 그리고 석유의 기술적 사항 등을 자세히 보여주는 과정이었는데, 신기한 경험이었다.

회사는 연수 중에 많은 정보를 연수생에게 주입시켰으나 세계 어느 지역으로 배치될지 또 어떤 일을 맡게 될지 알려주지 않았으므로 연수생들은 그런 자료들이 어떤 방식으로 유익하게 사용되는지 전혀 감을 잡지 못했다. 구체적 맥락 속에서 파악되지 않는 정보는 자료에 불과할 뿐이므로 곧 잊었다. 연수생들은 연수 과정 내내 분젠 버너에 불을 켜거나 질문을 간혹 던지는 것이 고작이었다.

입사 7년째에 나는 연수와 관련된 업무를 맡았다. 동남아시아에서 6년을 근무하고 돌아온 나를 회사가 그룹 관리자 훈련센터의 부책임자로 임명한 것이다. 이 센터는 전 세계에 흩어져 있는 중간 관리자의 교육을 책임지는 곳이었다. 겉보기에는 그럴듯했지만 내용을 들여다보면 그리 대단한 일도 아니었다. 기껏해야 본사 여러 부서의 부서장들을 모아놓고 부서 현황을 브리핑하는 것이 고작이었다. 그 많은 연수 자료는 결국 쓰레기가 되고 말 것이었다. 그래서 나는 좀 더 실질적인 문제를 다루면 중간 관리자들의 흥미를 유발할 수 있을 것이라고 생각하고 본사의 여러 부서에서 적당한 사례들을 거의 졸라대다시피 요구해서 수집했다. 그 당시는 영국에 경영대학원이 도입되기 전이었으므로 나는 내가 하는 것이 바로 사례 연구라는 사실을 알지 못했다.

관리자 그룹의 토론 현황과 결론을 지켜보려고 본사에서 나온 고위직들도 그런 연구가 흥미롭다는 사실을 발견했다. 나 역시 재미가 있었다. 아니 나는 그 일에 완전히 매료되었다. 실제 상황을 학습의 맥락으로 제공하면서 성인을 교육시키는 그 일이 적성에 딱 맞았다. 하지만 바로 그 순간에 회사는 내가 "현장에 나가 사업을 할 때"라고 판단해 나를 아프리카 리베리아 지사장으로 발령을 냈다. 그 일로 나는 내가 회사를 떠날 때가 되었음을 알았다. 마침 그 무렵 막 발족한 런던 경영대학원이 기업 임원 교육 프로그램을 맡아줄 사람을 찾고 있었다. 나는 그 자리에 갈 의사가 있었다. 특히나 나를 미국 매사추세츠 주 케임브리지에 있는 MIT에 1년간 유학을 보내 미국식 관리자 교육 방법을 배워오게 할 계획이라는 것을 알고 마음이 더욱 동했다.

나는 가끔 농담 삼아 MIT의 슬론 경영대학원에서 내가 배운 것이 있다면 내가 그 학교에 갈 필요가 없었다는 사실뿐이라고 말한다. 그런 다음 "하지만 그것을 알아내기 위해 거기에 갈 필요가 있었다."라고 서둘러 덧붙인다. 나는 미국 대학교의 도서관에는 내가 모르는 지식과 지혜의 창고가 있으리라 확신하면서 유학을 떠났다. 그런 지식을 잘 배워서 유럽으로 가져오는 것이 나의 할 일이라고 생각했다. 하지만 경영대학원에서 가르치는 내용의 대부분이 내가 이미 알고 있는 내용이라 깜짝 놀랐다. 나는 그동안의 경험으로 그런 것을 다 체득하고 있었다. 단지 그 체험에 그럴듯한 용어를 붙이지 않은 것뿐이었다. 몰리에르의 연극에 나오는 무슈 주르댕처럼 의식하지 못했을 뿐 실은 관리자의 문장을 구사하고 있었던 것이다. 하지만 그런 것들도 대부분 상식을 학술적 이론으로 격상시켜놓은 것에 불과했다. 그렇다고 1년간의 유학이 시간 낭비였다는 것은 결코 아니다. 무엇보다 자신감이 엄청나게 높아졌다. 바쁜 관리자들을 교육하려면 그들의 경험과 직접적으로 연결시킬 때 가장 큰 효과를 거둔다는 사실을 절감한 것이다.

황금 씨앗

●

미국 유학을 마치고 개원한 지 1년 된 런던 경영대학원으로 돌아왔다. 그곳에서 나는 지난 1년 동안 학습한 슬론 프로그램과 똑같은 프로그램(중간 관리자들을 1년간 교육시키는 프로그램)을 개발하는 책임자가 되었다. 정말 멋진 일이었지만 두 가지 난점이 있었다. 첫째, 이 새로운 학교에는 교수가 별로 없었다. 둘째, 학생도 없었다. 나는 영국의 유수한 기업 스무 군데를 접촉해 그들의 유능한 중간 관리자 한 명과 또 수업료를 함께 내놓으라고 요청했다. 나는 기업 이사회실을 돌아다니면서 기업 이사회가 지원한 관리자 교육 중 가장 긴 것이 고작 1일 교육이라는 사실을 발견했다. 당

●

시 기업 이사회의 이사들은 대부분 나를 미친 사람으로 여겼다.

결국 열여덟 명의 중간 관리자가 프로그램에 등록했다. 비즈니스를 가르칠 교수들이 부족했으므로 나는 수업 시간을 내 마음대로 채울 수 있었다. 나는 연극이야말로 인생의 좋은 사례 연구라고 하며 학생들을 극장에 데려갔다. 《리어 왕》의 주제와 딜레마를 연구하는 것은 가족 기업을 연구하는 것 못지않게 배울 바가 많은 흥미진진한 숙제감이라고 말했다. 당시 런던 경제 대학에서 교편을 잡고 있던 미국에서 온 동료 교수는 '권력과 책임 강독'이라는 세미나를 주도하면서 토론 주제로 유명한 소설과 희곡을 활용했다.

나는 그 똑똑한 중간 관리자들이 학교의 첫 시간에 들어왔을 때의 표정을 영원히 잊지 못할 것이다. 그들의 책상에는 《경영 회계》와 소포클레스의 《안티고네》라는 두 가지 텍스트가 놓여 있었다. 나는 그들에게 말했다. "소포클레스 희곡의 중심 주제인 가치, 신념, 정서 등은 관리자가 자주 만나는 회계 숫자만큼이나 중요하다. 그런 주제는 위대한 문학을 통해 가장 잘 탐구할 수 있고 표현할 수 있다. 바로 이런 이유 때문에 여러 세기가 지난 후에도 사람들은 소포클레스와 셰익스피어를 읽는다. 이런 작가들을 연구 주제의 고려 대상에서 제외한다는 것은 모든 조직의 핵심부에 자리 잡고 있는 인간성의 문제를 무시하는 일이다." 대강 이런 식으로 첫 시간을 가르친 것 같다. 나는 당시의 내 강의가 지금도 올바르다고 믿는다.

하지만 학습의 맥락을 제공해주는 소재로는 실제 생활만 한 것이 없다. 나는 중간 관리자들과 함께 공산주의 국가들과 미국을 방문해 그곳의 회사들을 연구하면서 서로 비교해보았다. 그것이 내가 해줄 수 있는 최선이었으나 나는 현실을 교실 속으로 가져올 수 없다는 것을 차츰 깨달았다. 교실에서 할 수 있는 것이라고는 현실을 분석하고 그것을 좀 더 훌륭하게 개념화하는 것뿐이었다.

런던 경영대학원의 교수들이 전부 미국 대학원을 다녔기 때문에 런던 경영대학원은 미국식의 전일제 교육을 실시했고 의학, 법률, 회계 등 직무 교육을 중시하는 영국식은 철저히 무시했다. 직무 교육을 다루는 교실에서는 이론보다 실천을 더 중시했다. 그렇다면 그야말로 실천적 학문인 경영학이 그렇게 하지 못할 이유가 무엇인가? 나는 경제개발부에 보낸 1987년 보고서에 관리자들의 교육이 강의실 수업은 부분적으로만 진행되고 그 나머지는 직장 경험으로 채워져야 한다고 썼다. 나는 개방대학 경영대학원을 위해 내가 고안한 여러 강좌들이 매우 흡족했다. 그 강좌는 학생들에게 모든 학습 내용을 현재의 작업 환경과 연결시키라고 요구했다. 관리자 경력 초기에 회계, 통계, 마케팅, 컴퓨터 같은 비즈니스 '언어들'을 배울 수 있었다. 그 후 풀타임 강좌에서는 관리자보다는 분석가나 컨설턴트가 될 수 있도록 사람들을 훈련시켜야 한다고 주장했다. 하지만 그때 나는 이미 경영대학원을 떠난 상태였다.

이태 전 나는 영국 북부지역 교육 컨퍼런스의 사회를 맡았다. 나라의 교육제도를 담당하는 정책 입안가와 행정가들을 위한 지도자급 컨퍼런스였다. 나는 연금술과 독립성을 강조하는 나의 교육관을 개진하겠다는 조건으로 사회를 맡겠다고 수락했다. 나는 기조연설에서 내가 연구한 많은 연금술사들이 학창 시절 개구쟁이였다는 것을 밝혔다. 그러니 현행 교육제도 내에서 더 많은 개구쟁이를 허용해야 하는 것이 아니냐고 말했다. 하지만 그 말에 동의해줄 청중은 그 자리에 별로 없었다. 그들은 그럴 경우 교실 내에서 학생들의 행동을 통제할 수 없다고 말했다. 사회를 맡은 나의 권위는 무참하게 손상당했다.

물론 그들의 말이 맞다. 일부 연금술사들이 학교 시절 개구쟁이였다고 해서 모든 개구쟁이 학생들이 나중에 연금술사가 되는 것은 아니다. 나는 단지 토론을 촉발시키고 싶었다. 어떤 공동체든 질서와 기강이 핵심 요소이기는 하지만 학생들의 호기심, 모험심, 실험 정신 등을 더 권장해야 하는 것이 아니냐고 말하고 싶었다. 또 그런 실험들 중 일부가 성공하지 못한다 해도 그리 걱정할 바는 아니라고 말하고 싶었다. 만약 그렇게 온건하게 말했더라면 그들은 그 자리에서는 동의한다는 듯이 고개를 끄덕거렸을지 모르나 그 후에는 깨끗이 잊어버렸을 것이다.

●

나는 학교가 인생을 미리 실험해보는 안전한 장소가 되어야 한다고 생각한다. 누구나 가지고 있지만 시험에서는 드러나지 않는 재능을 발견하는 곳, 자기의 과제와 다른 사람에 대한 책임을 배우는 곳, 필요한 것이 무엇이고 그것이 언제 필요한지를 깨닫는 곳, 인생과 사회에 대한 가치와 신념을 탐구하는 곳이어야 한다고 확신한다. 내가 볼 때 그런 것들이야말로 지식 위주의 교과 과정보다 더욱 매력적인 교육이다.

가르치는 사람이라면 학생들 모두에게 황금 씨앗을 주어야 한다. 음악가, 기업가, 사회사업가인 어니스트 홀은 세계적인 첼리스트 파블로 카잘스가 이런 글을 쓴 적이 있다고 말했다.

"왜 우리는 학생들에게 그들의 본질을 가르치지 않는가? 우리는 학생들에게 이렇게 말해야 한다. "넌 네가 누구인지 아니? 넌 하나의 경이로움이야. 넌 독특한 아이야. 이 세상 어디에도 너하고 똑같이 생긴 아이는 없어. 네 몸을 한번 살펴봐. 다리와 팔, 귀여운 손가락, 그것들이 움직이는 모양 등 모두 하나의 경이로움이야. 넌 셰익스피어, 미켈란젤로, 베토벤 같은 사람이 될 수 있어. 네게는 어떤 것이든 해낼 수 있는 능력이 있어. 넌 정말로 하나의 경이로움이야."

이제 기업은 그 누구도 단독으로 소유하기 어려워졌다.
아이디어를 제품으로 바꾸는 사람들의 집단(기업)이 누군
가가 임의로 소유할 수 있는 재산이라 보는 것은 낡아빠
진 사고다. 앞으로 더 많은 프리랜서들이 자신의 지식을
철저히 통제하기 위해 회사를 상대로 수수료를 청구할
것이다. 그렇게 되면 정의하기 애매모호한 지적 재산을
소유한 벼룩들이 그것을 코끼리들에게 임대하는 일이 갈
수록 더 많아질 것이다.

2

인터넷 시대의

기업 문화

자본주의의 과거, 현재, 미래

새로운 경제와
그리 새롭지 않은 경제

회사의 소유주가 누구인가 하는 문제는 중요하지 않다.
중요한 것은 개인의 에너지, 특징, 창조 정신이다.
그 나머지는 소음에 불과하다.

나는 일반적인 제도와 회사의 세계를 목표로 교육받았고 졸업
후 그 세계로 나아갔다. 다시는 가난하게 살지 않겠다고 결심한
내가 보기에 재정적으로 풍족한 생활을 영위하는 방법은 회사에
입사하는 것뿐이었다. 당시 그렇게 생각하는 사람은 나뿐만이 아
니었다. 그때는 회사원의 시대였다. 회사는 사람들이 삶에서 바
라는 것, 즉 안정적인 생활, 승진, 보람 있는 일을 할 기회를 주었
다. 그런 제도가 그대로 지속된다면 그보다 좋은 생활은 없을 것

이었다. 하지만 국가라는 경계가 무너지고 통신수단이 발달하고 경쟁이 치열해지면서 회사들은 급격한 변화를 겪게 되었다.

내가 회사 생활을 처음 시작했을 무렵의 기업 세계는 이제 영원히 사라져버렸다. 새로운 회사들은 전혀 다른 곳이 되었고 그러한 변화는 앞으로도 계속 이어질 것이다. 이 장에서는 과거의 회사 모습을 돌아보면서 미래의 코끼리들이 직면할 도전을 살펴볼 예정이다.

과거의 코끼리

●

하얀 청삼을 입고 있는 아름다운 태국 소녀를 선실 침대에 누운 채 쳐다보면서 나는 내가 혹시 꿈을 꾸고 있는 것은 아닐까 생각했다.

"나는 도나예요."

그 환영이 말했다.

"아니, 나는 셸이에요. 당신을 맞으러 왔어요."

이것이 셸이라면 앞으로의 생활은 내가 생각한 것보다 훨씬 좋을 것 같았다.

나는 1956년 정기외항선을 타고 싱가포르에 도착했다. 당시 말레이 반도와 영국령 보르네오를 담당하던 셸 싱가포르 지사의 마케팅 담당 수습사원으로 부임한 것이었다.

도나는 그 당시 셸이 해외 사원들에게 해주던 자상한 배려 중 하나였다. 그녀는 내가 현지 사정을 익히는 며칠 동안 '환영자 겸 안내자'로 임명된 사람이었다. 그 후 나는 쿠알라룸푸르로 급파되었고 다른 남자 사원 한 명과 함께 회사 숙소를 배정받았다. 그 일도 나에게는 충격이었다. 나는 말레이시아 숙소가 어떻게 생겼는지 잘 알지 못했지만 구식 식민지풍의 멋진 2층짜리 가옥이리라고는 예상하지 않았다. 그 집에는 정원이 딸려 있었고 정원사와 아마(일하는 아주머니)가 있었다.

당시 셸은 사회학자들이 말하는 '총체적 조직'이었다. 직원의 생활을 처음부터 끝까지 챙겨주었다. 셸은 심지어 자체 럭비팀을 만들어 그해 주州 럭비 대회 챔피언 팀에게 도전할 정도였다. 해외 지사의 1백50명 직원 중 하나이며 대졸자 연수사원(회사 업무와 그 지역의 사업 환경을 전혀 모르는 무식한 사원을 돌려서 부르는 말)인 나는 그야말로 별 볼일 없는 신입사원에 지나지 않았다. 그러던 중 현지 축구 시합에서 결승골을 우연히 터트리자 주목을 받았다. 그 다음 날 아침 지사장이 집무실로 나를 불렀다.

"핸디, 우리와 함께 일하게 되어 반갑네."

나는 그제야 셸 동남아 지사의 일원이 된 것이었다. 회사는 나를 어디에 배치해야 할지 여전히 모르는 것 같았지만 말이다. 쿠알라룸푸르의 부장은 '정상이 아니다.'라고 치부될 정도의 상식 밖 인물이었다. 그는 내가 사업과 관리를 배우려면 자기를 두 달 정도 졸졸 따라다니는 것이 가장 좋은 방법이라고 생각했다. "구석에 조용히 앉아 있기만 하고 누군가가 들어와도 아무 말도 하지 마. 그냥 듣고 배우라고. 내가 출장을 갈 때는 나를 따라오되 입은 다물고 있어. 그러면 얼마 지나지 않아 자네가 보고 들은 것에 대한 자네 생각을 들어줄 테니까."

그것은 코끼리 생활로 들어가는 훌륭한 신고식이었다. 나는 내가 오래된 전통을 물려받고 있다는 것을 알았다. 셸이 20세기 초부터 이 지역에서 사업을 해왔다는 말을 귀에 못이 박히도록 들었다. 싱가포르에 있는 지사장 관사는 총독(당시 싱가포르는 식민지령이었다.) 관사 못지않았다. 나는 돈을 가지고 다닐 필요가 없었다. 내 이름을 쓰고 그 밑에 '셸'이라고 덧붙이기만 하면 됐다. 거래처는 그 영수증을 어디에 보내야 하는지는 물론 대금이 어김없이 지불되리라는 것 또한 알고 있었다. 회사 생활에는 지켜야 할 수준이 있었다. 셸은 평균적인 회사보다 한 수 위여야 했다. 꼼꼼하고, 안전하고, 효율적이어야 했다. "셸은 믿을 수 있습니다."라는 입간판의 선전 문구가 전하는 메시지는 고객들뿐 아니라 사원들에게도 적용됐다. 나는 평범한 회사원이 아니라 거대한 조직의 대표자였다. 그것은 정말 기분 좋은 일이었다. 하지만 모든 것이 만족스럽지는 않았다. 어느 날 저녁 나는 고무 농장의 관리인을 만났다. 대화 도중 그가 셸의 유일한 경쟁사와 사이가 완전히 틀어져 셸 쪽으로 석유 공급원을 바꾸려 한다는 말을 했다. 내가 이 정보를 부장에게 보고하자 부장은 당황했다. 우리가 경쟁사에게 다른 일을 그만큼 떼어주지 않는 한 그 경쟁사의 일을 빼앗아올 수 없다는 것이었다. 메이저 석유회사들은 '현상 유지' 관행에 따라 움직이고 있고 그래서 특정 지역의 시장 점유율이 늘 일정하게 유지된다는 얘기였다. 불법적 거래처럼 보이는 이 현상에 대해 부장은 그런 안정성이 있기 때문에 장기 계획이 가능하고 모든 사람의 비용을 낮출 수 있다고 둘러댔다.

하지만 그로부터 일주일 뒤 그 낮은 비용을 달리 보게 되는 일이 생겼다. 부장이 내게 일거리를 주기 위해 내년도의 각종 윤활유 가격을 뽑아보라고 지시했다. 신입사원인 내가 그런 일을 할 수 있겠느냐고 묻자 그가 미소를 지으며 말했다.

"오, 걱정할 필요 없어. 회계부에서 알려주는 각 등급별 인상폭과 판매부에서 알려주는 이익금 퍼센티지를 기존 가격에 곱하기만 하면 돼. 간단한 계산이야."

"하지만 그건……."

나는 내가 무슨 말을 하려는지 확실치 않은 상태에서 입을 열었다.

"우리가 원하는 만큼 비용을 책정해 이익을 늘린다는 뜻 아닙니까. 그건 공정하지 않은 것 같은데요."

"그게 바로 비즈니스야. 자네도 곧 알게 될걸세."

부장이 대답했다. 회사가 바로 그런 식으로 비즈니스를 하기 때문에 나의 복리후생을 그토록 잘 돌봐주고 또 회사의 주주들을 만족시킬 수 있었던 것이다. 또한 그렇게 해서 직원들을 위한 모든 일, 즉 운전사와 요리사 심지어 영화 상영 장치까지 마련된다는 것은 놀랄 일도 아니었다. 회사의 높은 수준이 그렇게 유지되고 있었다. '그런 비용이 어쨌다는 거야. 그것은 우리의 이익을 더욱 높일 뿐인데.'라는 마음가짐이 팽배했다.

애덤 스미스가 사업가 두세 명이 모이면 반드시 담합하려는 경향을 보인다고 말했지만 평소에 신사처럼 보이는 사람들이 대중을 그렇게 속여도 괜찮다고 생각하는 건 정말 알다가도 모를 일이었다. 그들은 손쉬운 회사 생활이라는 명분, 나아가 주주를 만족시킨다는 명분 아래 그런 일을 버젓이 해치우고 있었다. 1950년대의 말레이 반도에서는 그것이 손쉬우면서도 이익을 올려주는 일이었다. 하지만 시장이 점점 팽창하고 '현상 유지'에 대해서 아는 바가 조금도 없는 새로운 경쟁사가 등장하면서 그런 관행은 사라졌다. 그러자 회사의 각종 사업은 아웃소싱되기 시작했고 비용은 대폭 절감되었으며 이익은 얇은 조각처럼 박해졌다. 그때 나는 이미 다른 회사로 옮겨가 있었다.

독점의 문제

●

쿠알라룸푸르 사무실에서 부장의 얘기를 들은 후에 나는 각종 독점과 과점 상태를 의심의 눈초리로 살폈다. 그리고 실제 들어간 비용—아무리 그 비용이 높다고 하더라도—이상으로 가격을 책정할 수 있는 입장에 있다면 그것을 남용하기가 얼마나 쉬운지 깨달았다. 사업을 하는 사람이라면 누구나 자신의 제품이 소비자들에게 선택되기를, 경쟁으로부터 벗어나기를 바란다. 하지만 매우 독창적이거나 뛰어난 제품에만 자기가 원하는 가격을 매길 수 있다. 나는 실물 경제라는 가장 좋은 방법으로 경제학을 배웠다. 그 후 나는 내가 체험한 것이 카를 마르크스가 행한 분석의 핵심이라는 것을 알았다. 자본주의적 경쟁은 필연적으로 자본의 집중을 가져온다는 것. 하지만 당시 나는 마르크스를 읽지 않았다. 그때 이래 나는 공개경쟁과 공개시장을 철저하게 믿는 신봉자가 되었다. 그것만이 경제의 각 분야에서 공정성을 제대로 보장할 수 있다.

나는 국가가 모든 것을 좌지우지하던 공산주의 시절의 헝가리를 방문한 적이 있다. 그때 그 나라에는 비료 공장이 두 곳이나 있었다. 규모의 경제를 이뤄 비용을 절감하려면 공장 하나면 충분할 텐데 왜 이런 작은 나라에 공장이 둘이나 있느냐고 물었더니 돌아온 대답은 이러했다. 공장이 하나뿐이면 정부에서 공장을

●

운영하는 이상적인 비용을 파악할 수가 없다. 비교 대상이 없으므로 비용을 알아낼 길이 막막하기 때문이다. 공장이 두 곳 있으면 서로 견제가 돼 이상적인 비용을 알아낼 수 있다는 것이었다. 이렇게 공산주의 체제 아래서도 경쟁은 효용이 있다.

국가의 독점기업을 민영화하는 데 골몰하고 있는 정부들이 헝가리의 교훈을 귀 기울여 듣지 않는 것은 정말 안타까운 일이다. 국가 독점기업이 민영 독점기업이 되어버리면 주인만 바뀔 뿐 그 누구에게도 좋을 게 없다. 1990년대 영국 정부는 철도 사업을 민영화하면서 일련의 독점기업들을 만들어냈다. 그리고 선택의 여지가 없어진 철도 여행자들의 편의를 돌보는 일도 철도 조정관에게 일임했다. 민간 철도회사들은 조정관을 상대로 자기네 비용을 합리화할 수만 있다면 비용 이상의 가격을 제멋대로 책정할 수 있었다. 그것이 철도를 운영하는 가장 좋은 방식이 아님은 분명했다.

나중에 알게 된 사실이지만 독점은 상업 분야에만 국한되지 않았다. 나는 그 사실을 대학이라는 공공 영역으로 옮겨가서도 발견했다. 대학에서도 가격을 책정하거나 계획을 세울 때 코스트 플러스 방식(cost-plus, 실제 들어간 비용 외에 적정한 이익을 추가하는 방식 – 옮긴이)을 기본으로 삼고 있었다. 공공 부문의 조직은 사실상 독점조직이다. 정부의 감시관이나 조정관은 정확한 감사 자료가 없는 탓에 피감사 조직에서 제시하는 비용을 객관적으로 점검하지 못한다. 만약 돈을 대는 기관이 정부라면 비용을 절감하려는 시도에는 아무런 유인책도 없다. 이때 비용 절감은 어떤 이득도 챙기지 못하고 소득만 줄이는 일이기 때문이다. 예를 들어 대학 총장이나 병원장이 해당 기관의 비용을 낮추었다고 해서 좋아할 사람이 정부에는 하나도 없다. 그건 공연히 예산만 삭감하는 결과를 가져오므로 누구도 원하는 바가 아니다.

하지만 소비자에게 좋은 (기업에게는 그렇지 못하겠지만) 뉴스가 있다. 새롭게 태동한 경제에서는 경쟁이 필수적이라는 사실이다. 모든 분야에서 진입 장벽이 붕괴됐다. 정부의 도움이 있건 없건 경쟁은 공공 부문에도 스며들고 있다. 교육, 건강, 지방 정부 등의 분야에서 사기업이 점점 더 훌륭한 서비스를 제공하고 있으므로, 공공 부문도 가난한 사람의 수호자라는 역할을 초월해 이런 추세에 적절히 대응해나가야 한다. 새로운 회사들이 아무리 규모가 크고, 사업 범위가 넓다고 해도 수십 년 전의 석유회사가 한 것처럼 가격을 제멋대로 책정하지는 못한다. 또한 그런 대규모 회사를 조직해 전처럼 느긋하게 운영할 수도 없다.

그 당시 대기업들은 직원들에게 오늘날에는 생각조차 할 수 없는 예측 가능성을 제공했고 느긋하게 미래까지 계획했다. 당시는 장기 계획이 유행하던 시절이었다. 대기업의 장기 계획은 농사와 비슷해 1년 앞을 미리 내다보는 것이었다. 농사를 짓는 과정에서 나쁜 날씨를 겪기도 하듯이 대기업 내에 사소한 돌발 사태는 언제나 있었지만 충분히 제압할 수 있었다. 나는 이런 회사들을 '아폴로형 회사'라 불렀다.

아폴로형 회사
●

회사 조직을 다룬 나의 첫 번째 책에서 나는, 아폴로는 대기업의 수호신이며 그는 논리와 질서의 신, 조화의 신 그리고 역설적이게도 양들의 신이라 주장했다. 나는 고대 그리스 신들을 동원해 기업의 문화와 스타일을 서술했다. 대학에서 고전을 공부한 덕분이기도 했지만 결정적으로는 친구인 로저 해리슨에게서 아이디어를 얻었다. 우리는 어느 여름 메인 주의 숲속에 앉아 기업을 어떻게 분류할 것인가를 놓고 한참 동안 대화를 나눴다.

나는 그때 아이디어를 제공해준 그가 늘 고맙다. 그 그리스 신들의 특징을 기업에 적용한 개념은 나의 새로운 경력에 이정표를 제시했다. 그 덕에 나는 기업 운영 방식을 서술하는 사용자 친화적 방식을 발견했고 또 기업들이 왜 상황에 따라 다르게 행동하는지 그 이유를 파악할 수 있었다. 나는 당초 회사가 각각 다른 것은 당연하다고 생각했다. 그래서 MIT의 슬론 경영대학원에 들어갔을 때 대통합의 경영학 이론 같은 것이 존재하기를 바랐다. 의사 결정과 조직 편성의 검증된 법칙 같은 것이 있어서 경영

●

의 모든 문제를 단칼에 설명해주고, 경영학을 배우면 바로 현실에 적용 가능하리라 생각했다. 하지만 곧 그것이 부질없는 생각임을 깨닫고 의문이 생겼다. 그런 이론이 없다면 회사의 문제점들을 어떻게 파악할 수 있는가?

나는 여기서 비유를 바탕으로 회사의 성격과 운영 방식을 이해할 수 있다고 생각했다. 고대 그리스 신들을 차용해 나는 《올림포스 경영학》이라는 책을 썼다. 이 책에는 네 명의 신이 등장한다. 카리스마적 리더를 상징하는 제우스, 논리와 질서를 상징하는 아폴로, 팀워크를 상징하는 전쟁의 여신 아테나, 창조적 개인을 상징하는 디오니소스가 그들이다. 각각의 신은 저마다 장점이 있다. 회사는 늘 이 네 유형이 섞여 있는데, 관건은 혼합의 정도다.

40년 전에는 아폴로형 회사가 유행이었다. 가지런한 수직과 수평 라인에 놓인 네모난 상자(직위와 지휘 계통)로 이루어진 조직표가 회사의 로고였고, 간결함을 강조하는 환원주의는 그 방법론이었다. 아폴로형 회사는 회사 일을 여러 조각으로 나눠 그 조각들을 논리적, 위계적 관계로 배정한다. 그때 조직원이 그 논리를 제대로 이해하고 자신의 역할을 매뉴얼대로 해낸다면 최대 효율의 산출량이 나올 것이다. 이것은 순수한 형태의 관료제다.

아폴로주의자들은 회사란 모든 조각이 제자리를 찾아들어가는 열차 시간표 같은 상태가 가장 이상적이라 생각한다. 열차 시간표의 전제 조건은 열차가 규정된 노선을 규정된 시간에 굴러가고, 일체의 변화나 기관사의 재량 따위는 인정하지 않는 것이다. 비상사태가 발생할 수도 있는데 이때는 아테나형 기동타격대가 새로운 노선과 기관차를 마련한다. 물론 조직표의 상층부에 제우스형 리더도 있고 작은 틈새에는 디오니소스형의 창조적인 개인들도 몇 명 있겠지만 회사의 전반적인 힘은 계획과 통제를 강조하는 아폴로형의 규율, 규칙, 체제에서 나온다.

아폴로형 회사들은 그들이 살고 있는 세계가 안정되어 있고 예측 가능할 때에는 잘해나간다. 미래는 과거의 연장이므로 작업 계획, 예산 편성, 통제가 용이하다. 회사는 평생은 아닐지라도 몇 십 년에 걸친 경력을 직원들에게 보장한다. 위계질서 내에서 프로그램된 역할을 제대로 수행할 수 있도록 필요한 훈련과 경험을 개인에게 제공하는 것이다. 회사는 인재를 자체적으로 양성하고 그 과정에서 애사심과 자부심을 함양시킨다. 내가 다녔던 셸이 그런 회사였다. 나는 종종 셸을 영국 육군에 비교했다. 육군인 만큼 당연히 예하 연대도 있었다. 나는 동남아 연대에 배속되었고 이 연대에서 다져놓은 우정과 인간관계는 내가 셸에 근무하는 동안 변함 없이 이어졌다.

40년 전 일본의 회사들은 아폴로 원칙의 훌륭한 사례다. 회사가 평생 고용을 보장하는 대신 사원은 애사심, 상급자에 대한 존경, 회사의 결정을 무조건 따르는 복종 등을 보여야 했다. 이런 회사들은 널리 존경을 받았으나 나는 아폴로형 성격이 아니었다. 그게 문제였다. 입사 후 몇 개월이 지나지 않아 나는 내가 셸이라는 회사에 맞지 않다는 것을 알았다.

당시 열성적인 사원이었던 나는 업무 과정을 소상히 알고 싶어 안달이었다. 그래서 회사의 주력 제품인 케로신(등유)의 유통 구조를 직접 파악하기로 마음먹었다. 당시 케로신은 말레이시아 전역에서 전등용으로 쓰이고 있었다. 나는 말레이시아 북쪽 지역에 대용량의 케로신 저장 시설을 건립해 지금처럼 육상을 이용한 소형 로리가 아니라 대형 철도 차량을 이용하면 수송비를 크게 절감할 수 있다는 사실을 발견했다. 곧 품의서를 작성해 예쁜 서류철에 넣어 영업 이사실을 찾았다. 획기적인 제안을 한다는 생각에 득의만만한 표정을 지으며 이사에게 다가갔다.

"이사님, 흥미로운 품의서를 하나 가지고 왔습니다. 케로신의 새로운 유통 구조를 제안하는 것입니다."

이사는 내가 내민 서류를 쳐다보지도 않았다.

"핸디, 자네 입사한 지 얼마나 됐나?"

"6개월 됐습니다."

"우리가 이 나라에서 영업을 한 지는 얼마나 되었다고 생각하나?"

"50년인가요?"

"정확하게 55년이지. 자네의 6개월 경험으로 55년 경험을

개선할 수 있다고 생각하나? 자, 가서 다른 유익한 일이나 알아
보게."

　나는 시키는 대로 했다. 업무 대신 사교 생활에 열중했고 회
사 내에서는 고개를 푹 숙이고 다녔으며 상급자들에게 좋은 아
이디어를 제시하겠다는 생각은 저만치 밀어놓았다. 나는 아폴로
형 세계에 갇힌 디오니소스였다. 나는 지금 셸을 깎아내리는 발
언을 하고 있는데, 그 당시 아래에서 본 위 세계는 정말 그러했
다. 그렇다고 해서 당시의 셸이 내 친구들이 근무하던 다른 회사
들과 크게 달랐다는 얘기는 아니다. 다만 자유시장의 거대 기업
이 중앙통제의 전체주의적 국가(거대 기업들이 몹시 싫어하는)를 닮았
다는 기괴함에 입이 딱 벌어질 따름이었다.

안톤 체호프에게 배우다
●

이것은 벌써 40년 전 이야기다. 현재의 코끼리들이 그렇듯 셸은
많이 달라졌다. 생존하려면 변하지 않을 수 없다. 하지만 변하지
않은 회사들도 많다. 40년 전 〈포춘〉 500대 기업 리스트는 오늘
날 크게 달라졌다. 과거 그 리스트에 들어 있던 이름들 중 다수를
지금은 찾아볼 수 없다. 그 회사들은 사라져버렸거나 도산했거나
남에게 넘어갔다.

●

아폴로형 회사들은 동요하는 세계에서 살아남기 어렵다. 아폴로형 회사들이 변화를 싫어하는 것이 아니라 과격한 변화보다 점진적인 변화를 좋아한다는 뜻이다. 아폴로형 회사는 과거를 무시하기보다는 과거를 바탕으로 현재를 구축하기를 좋아한다. 아폴로형 인간은 계획된 변화 또는 변화의 관리를 즐겨 이야기하는데, 남들이 보기에 그것은 자기모순적 개념이다. 아폴로 회사들은 새로운 조직을 관리할 때 조직 속에서 성장한 사람들을 선호한다. 그들은 이 격동하는 시대를 헤쳐나가는 데 어떤 연속성을 추구하는 것이다.

하지만 그것은 결코 성공하지 못한다. 상자 안에 들어가 있으면 상자 밖을 상상하기가 쉽지 않다. 안톤 체호프의 《벚꽃 동산》은 1백 년 전에 쓰인 희곡이지만 그 도덕적 요소는 오늘날에도 유효하다. 《벚꽃 동산》은 경제적 파탄에 직면한 옛날 부잣집 이야기다. 그들에게 재산이라고는 현재 살고 있는 집을 빼고는 상업적 가치가 별로 없는 커다란 벚나무 과수원이 전부다. 사업가 친구가 과수원을 휴일 별장 지역으로 개발하면 현재 살고 있는 집을 보존할 수 있다고 말한다. 부잣집은 그 얘기에 귀 기울이지 않는다. 그건 말도 안 되며 그들의 과거를 모욕하는 일이라는 것이다. 마침내 외부인이 그 과수원을 사버리고 그들은 쫓겨난다. 체호프는 이 희곡을 코미디라 부르지만 더 정확하게 말하면 《벚꽃 동산》은 우리 시대의 비극이라 할 수 있다.

나는 지난 2000년에 영국의 대표적인 유통 업체인 막스 앤드 스펜서의 중역들이 체호프의 이 연극을 보았는지 궁금했다. 소매 업계의 제왕이었던 막스 앤드 스펜서는 2000년에 들어와 방향을 잃고 헤매고 있었다. 고위 경영진을 개편했지만 아무 효과도 없었다. 그러자 외부인인 네덜란드 사람이 영입돼 키를 잡았다. 막스 앤드 스펜서가 그토록 소중히 여겼던 소매 영역(벚꽃 동산)은 결국 외부인에게 팔려 다른 어떤 것(휴일 별장 지역)으로 바뀔지 모른다. 이처럼 아폴로형 회사는 자기 자신이라는 상자 밖으로 나가 사색하고 행동하는 법을 모른다. 어쨌든 네 신들의 새로운 혼합으로 아폴로형 회사는 지위를 그런대로 유지하겠지만 전과 같은 압도적 위상을 지키기는 어려울 것이다.

오늘날의 회사는 완전히 다른 곳이 되었다. 이런 현상은 이미 뚜렷해졌다. 수많은 좌절을 겪었지만 내 젊은 날의 근무처였던 셸은 그래도 끈기 있게 버티고 있다. 회사를 평생의 공동체, 일하는 가정으로 여기는 개념이 완전히 사라져버린다면 그것은 그것 나름대로 참 애석한 일일 것이다.

오늘날의 코끼리

●

지난 40년 동안 나는 기업의 조직표가 바뀌는 양상을 지켜보았

●

다. 조직표는 상자로 이루어진 피라미드 꼴에서 항공사의 기내 잡지에서 볼 수 있는 항공망도航空網圖 모양으로 바뀌어갔다. 항공망도는 중심축과 집합점을 연결시키는 거미줄 같은 그물로 되어 있는데 색깔이 다른 줄은 파트너 항공회사의 운항 노선을 가리킨다. 나는 회사 언어가 명령어에서 계약과 협상의 언어로 바뀌는 것을 지켜보았다. 회사는 더 이상 인간 부품으로 구성된 기계가 아니고 개별적인 야망을 가진 개인들의 공동체로 인식된다. 이제 재능에는 개인의 이름표가 달린다. 고객도 전처럼 시장을 구성하는 익명의 한 부분이 아니라 이름을 가진 사람들로 등장한다. 이러한 세계는 아폴로가 더 이상 통치하지 못한다.

다른 사람들과 비슷하게 나도 한때는 내 집의 페인트칠을 직접 했다. 그리고 몇 년 동안 야채를 직접 길러 먹었다. 나는 가난했고 그런 일을 스스로 할 수 있음을 자신에게 입증하려 했다. 하지만 나는 그런 일을 잘하지 못했다. 사실 현실적인 비용을 따지면 내가 키운 야채는 동네 슈퍼에서 사는 것보다 비용이 많이 들었다. 나에게 그건 잡일이었지 여가 활동이 결코 아니었다. 마침내 나는 내가 가장 잘하는 일에 집중하고 남들로부터는 그들이 제일 잘하는 것을 돈 주고 사는 것이 최선임을 알게 되었다. 설혹 그들의 일당(청구 금액)이 동일한 시간의 내 수입보다 더 많다고 할지라도 그들이 나보다 그 일을 더 빨리, 더 잘해낸다면 합당한 비용을 지불해야 한다. 그게 이익이기 때문이다.

오늘날 회사의 사정도 이와 별반 다르지 않다. 삼엽 조직형 회사(회사의 3분의 1은 핵심 직원, 또 다른 3분의 1은 하청업자, 마지막 3분의 1은 파트타이머와 전문 조언가 등의 비상근 인력으로 구성된 회사)를 주장하던 당시에 나는 성공한 다국적 기업 사장이 한 말을 즐겨 인용했다. 그 사장은 이렇게 말했다.

"나는 1/2×2×3=P라는 공식을 가지고 있어요. 5년 안에 현재 가지고 있는 핵심 직원을 절반으로 줄여라. 그게 생산성과 이익을 올려줍니다. 그들이 전보다 두 배 더 열심히 일해 두 배 더 보수를 타가고 기존 가치의 세 배를 생산하는 겁니다. 이렇게 하면 반드시 이기게 되어 있어요."

"하지만 직원의 절반이 회사를 그만두어야 하는군요."

내가 중얼거렸지만 내 말은 그의 귀에 닿지 않는 듯했다.

이제 그 공식이 어디에서나 실현되고 있다. 코끼리들은 한때 경쟁 업체였던 기업들을 합병하거나 인수하고 있으며 동시에 철저하게 다운사이징하고 있다. 은행, 정유회사, 제약회사, 자동차회사, 보험회사 등 그렇게 하지 않는 회사가 없다. 가장 큰 코끼리인 제너럴 일렉트릭은 잭 웰치의 지휘 아래 수많은 회사를 합병했고, 그것도 모자라 또 다른 거대 코끼리인 하니웰을 인수해 업계 최대의 합병 작업을 완료했다. 하지만 잭 웰치는 자신이 인수한 회사의 직원과 조직을 사정없이 감축해 '중성자탄 잭'이라는 별명을 얻기도 했다.

합병의 결과로 매출액은 크게 늘어났지만 직원 수는 많이 줄었고 해고당한 직원들 상당수가 비정규직으로 전락했다. 핵심 세력에 그대로 남아 있는 운 좋은 직원들은 근무시간이 더 길어진 대신 기업의 과실을 더 많이 나누어 가졌다. 그들에게는 봉급 이외의 옵션과 보너스가 듬뿍 주어졌다. 이런 회사들이 5년 전을 되돌아본다면 위에서 말한 공식이 통용되었다는 사실을 발견할 것이다. 설사 그들이 이런 공식을 듣지 못했거나 또 의도적으로 그런 계획을 하지 않았더라도 결과는 마찬가지였으리라.

"그렇다면 5년 후에는 어떻게 될까요?"

나는 인력 공식을 내놓은 다국적 기업 사장에게 물어보았다.

"동일한 결과가 나올 겁니다. 하지만 이번에는 기간이 5년이 아니라 4년으로 단축될 테죠."

그의 말이 과연 맞을까? 아마도 그럴 것이다. 과거의 아폴로형 회사들은 이러한 사실을 '뒤늦게' 발견하고 있다. 만약 다른 회사가 어떤 일의 전문성을 살려 당신 회사보다 더 싸고 더 훌륭하게 그 일을 해낸다면 당신 회사가 그 일을 직접 하기보다는 대행시키는 것이 당연히 더 좋다.

"나이키는 개념을 판다"

●

내가 '뒤늦게'라고 말한 것은 일부 구식 산업은 늘 그런 식으로 일을 해왔기 때문이다. 예를 들어 건설 업체들은 늘 전문 업자들을 하청으로 고용했다. 출판업은 언제나 버추얼 기업이었다. 저자 선정을 제외한 나머지 업무는 모두 하청을 주는데 이런 관행은 현재도 마찬가지다. 그래서 나와 내 아내는, 우리 부부도 15개국에서 제작하고 30개국에서 판매하며, 봉급표에 오른 직원은 단 한 명도 없는 상태로 이스트 앵글리아의 별장에 본사를 둔 다국적 기업이라고 가끔 농담을 나눈다. 물론 우리는 '생산 파트너'인 출판사들과 그 출판사들의 도움이 없으면 그렇게 해내지 못한다. 우리가 생산하고 소유하는 것은 우리 부부가 공동으로 만들어내는 말과 사진 속에 깃든 지적 재산권이다.

'생산 파트너'라는 말은 나이키 회사가 동남아의 저가 생산 업체를 지칭하는 완곡 표현이다. 나이키는 대표적인 버추얼 회사다. "나이키는 개념을 판매한다."라는 말은 미국의 사회비평가 제러미 리프킨이 미국 내의 아웃소싱 현상을 지적하면서 한 말이다. 나이키가 세계 최대의 신발 제조 업체이기는 하지만 이 회사는 이렇다 할 공장도, 기계도, 장비도, 부동산도 없다. 나이키가 꽉 잡고 있는 것은 회사 전체를 단단히 결속해주는 정보 시스템뿐이다.

●

물론 가장 멋진 아이디어는 소비자들이 고객을 위해 일하도록 하는 것이다. 그래서 소비자가 고객에게 아무런 금전적 부담을 주지 않고 고객의 쇼핑 파트너가 되는 것이다. 셀프서비스 주유소라는 아이디어가 처음 나왔을 때 나는 셸의 마케팅 부서에 근무하고 있었는데 나를 포함한 회사 사람들 모두 그 아이디어가 말도 안 된다고 생각했다. 누가 자동차의 기름 탱크를 채우기 위해 일부러 차에서 나와 그 냄새나고 지저분한 주유총을 집어들까? 그렇게 하려면 고객에게 상당한 가격 할인을 해줘야 할 것이라 생각했다. 하지만 그럴 필요가 전혀 없었다. 고객들은 기다리지 않고 자신이 직접 주유할 수 있어 좋아했다. 할인 따위는 할 필요가 없었다. 개념상으로 보면 주유소에서 인터넷까지는 한 걸음에 불과하다. 이제 회사들은 고객에게 자사 웹사이트를 이용해 주문을 해달라고 요청한다. 제너럴 일렉트릭은 전화 주문을 처리하려면 건당 5달러가 드는데 온라인 주문은 20센트밖에 들지 않는다고 견적을 뽑았다. "고객 여러분, 감사합니다. 하지만 할인은 기대하지 마세요." 영국의 이지제트 항공사는 온라인 예약 시 할인을 해주었으나 곧 온라인 예약이 아닌 예약은 받지 않겠다고 말했다. 그래도 불평하는 사람은 아무도 없었다.

다른 사람에게 하청을 줄 수 있는 건수는 그야말로 무제한이다. 이례적인 파트너십의 새로운 가능성이 속속 생겨나고 있다. 이제 컨설팅 회사들은 조언만 하는 것이 아니라 경영 기술도 제공하고 있다. 물론 업무를 과도하게 세분하면 누가 무엇을 책임지는지 불분명해지기도 한다. 다시 말해 업무를 세세히 분산하고 하청을 많이 줘 본체가 거의 보이지 않는 회사는 어떤 불평불만이 터져나올 경우 책임 회피의 좋은 구실을 만들 수 있다는 것이다.

프랜차이즈는 분산형 기업의 가장 구체적인 형태일 것이다. 리프킨의 설명에 따르면 프랜차이즈는 현대 기업의 도래 이후 가장 중요한 새로운 비즈니스 조직 형태라고 한다. 그는 현재 미국 소매업의 35퍼센트 이상을 프랜차이즈가 차지하고 있다고 말한다. 당신이 생각해낸 모든 사업이 프랜차이즈 대상이 될 수 있다. 미용실, 운전학교, 개인교습 서비스, 스포츠 캠프 등 리스트는 무궁무진하다. 도시, 마을, 상가에 마치 복사물 같은 가게들이 증가하면서 세상은 빠른 속도로 비슷해지고 있다. 나는 이런 현상이 별로 마음에 들지 않는다. 하지만 프랜차이즈는 회사가 사람을 더 쓰지 않고 자본을 더 투자할 필요 없이 비약적으로 조직을 성장시킬 수 있는 좋은 방법이기도 하다. 따라서 모든 나라에서 해마다 수천 개의 신규 소규모 기업이 생겨난다. 프랜차이즈는 벼룩들을 위한 학교이자 벼룩들이 기업가로 가는 첫걸음이 될 수 있다.

●

인간관계 경제학

이러저러한 방법으로 버추얼 기업을 지향하는 것은 새로운 경영 방식이다. 실물 자산을 당신의 손익계산서에서 떼어내 다른 사람의 책임으로 떠넘겨라. 직원들도 마찬가지로 봉급표에서 떼어내 다른 사람에게 넘겨라. 가장 낮은 가격에 서비스를 받고 싶다면 당신의 일을 인터넷 경매 사이트에 올려라. 회사를 분해하라. 당신 자신의 디자인 팀과 정보 시스템만 챙기고 나머지는 가능한 한 하청을 줘라. 하지만 사업 활동과 '파트너'의 새로운 체인 관리는 직접 다뤄야 한다. 이 문제는 그 일이 얼마나 어려울지 잘 모르기 때문에 비용 측면으로만 평가할 수 없다. 경영은 따지고 보면 다양한 의제들 사이에서 벌어지는 일련의 협상이다. 여기에는 한 가지 위험이 따르는데, 전문가를 영입하려고 너무 서두르다가는 계약만 무성할 뿐 실체는 없는 허깨비 회사가 될 수도 있다는 점이다. 특별히 잃을 게 없다는 생각에 신중함을 잃고 마는 것이다. 아무리 좋은 아이디어라 할지라도 너무 극단적으로 밀어붙이면 부채가 된다.

물론 현실에서 기업은 칼 같은 원리와 원칙으로 자기 자신을 되돌아보지 못한다. 좋든 싫든 회사는 이름이 있는 개인들의 공동체고, 그 개인들은 저마다 개별적인 필요에 의해 계약을 맺고 있는 것이다. 이들 개인은 '인적 자원'이나 '노동력'에 불과한 존재가 결코 아니다.

　동남아시아에서 돌아온 나는 런던 본사에서 근무하게 되었다. 그때 내가 내보내는 모든 문서가 'MKR/34'라는 부서명으로 발송된다는 것을 발견했다. 그 아폴로형 타워에서는 조직표상의 보직이 채워져 있는 이상 MKR/34에 누가 근무하고 있는가가 그리 중요하지 않았다. 회사 사무실 문에 있는 플라스틱 명판에는 양각으로 커다랗게 새긴 부서명 아래에 내 이름이 작은 글씨로 기입되어 있었다. 그 당시 유행하던 이론적 언어로 말해본다면 나는 '잠정적 역할 수행자'일 뿐 독특한 개성을 지닌 개인이 아니었다. 내 사기는 떨어졌고 매일 아침 출근해 익명의 또 하루를 맞는 내 어깨는 자연히 축 처졌다.

　회사가 분산될수록 독특한 개인들 사이의 신뢰는 더욱 중요해진다. 이른바 R경제가 되는 것이다(R은 '인간관계Relationships'의 머리글자). 따라서 문제는 직함이 아닌 이름을 부를 수 있고 정말로 믿고 의지할 수 있는 개인을 몇 명이나 알고 있느냐다. 쉰 명 내지 1백 명쯤? 분명 1천 명 정도는 아닐 것이다. 또한 이메일이나 화상회의로만 만남이 이뤄지면 사람을 언제 사귈 것인가? 나는 내가 관리자 연수회나 모임에 끊임없이 연설 초청을 받는다는 사실이 은근히 놀랍다. 지금 같은 버추얼 시대에 관리자들이 무슨 여유가 있어서 멀리 떨어진 해변 리조트까지 와 파워포인트 강연을 듣는 것일까? 그런 것은 사무실이나 집에서 이메일로 충분히 청취할 수 있지 않은가? 사실 관리자들은 내 연설을 듣기보다는 서로 만나기 위해 그런 모임에 나온다. 그러니까 나는 그들의 여행 경비를 합법화시켜주기 위한 도구에 불과하다.

사람들이 직접 만나야 하는 경우는 인간관계를 형성할 때뿐이다. 의사소통 중 70퍼센트가 시선 접촉, 어조, 몸짓 언어 등에 의존하고 나머지 30퍼센트가 말로 결정된다.

오늘날의 회사들이 일을 효율적으로 해나가고자 한다면 팀원들이 서로의 이름을 모두 알고 있는 소규모 운영 단위를 만들어야 한다. 또 항공망도의 서로 다른 부분에서 중요한 역할을 하는 사람들 간에 대면 접촉이 있어야 한다. 원격통신 비용이 늘어나는데도 여행 비용은 줄어들지 않고 오히려 늘어나는 것이 회계부서 사람들에게는 의아하게 보일지 몰라도 전혀 이상한 일이 아니다. 상대방을 제대로 이해하고 상대방의 은밀한 이메일 메시지를 더 수월하게 해독하려면 상대를 개인적으로 잘 알아야 하는 것이다.

나는 최근에 알게 된 수피(이슬람교의 범신론적 신비주의 – 옮긴이)의 가르침에서 큰 감명을 받았다. 다음과 같은 가르침이다.

"당신은 하나를 이해하기 때문에 둘을 이해한다고 생각한다. 왜냐하면 둘은 하나 '그리고' 하나의 결합이기 때문이다. 여기에서 정말로 중요한 것은 '그리고'의 역할을 이해하는 것이다."

오늘날 분산형 회사들은 이 자그마한 연결어('그리고')의 의미를 새롭게 발견하고 있다. 이제 고객들도 개인적 욕구와 특성을 지닌 이름 있는 존재가 되었다. 이름이 곧 돈이다. 사람들은 독특한 개인으로 대접받기 위해 돈을 쓴다. 리츠칼튼 호텔의 투숙 절차를 밟으면서 나는 "핸디 씨의 재방문을 기다리며"라는 문구가 적힌 봉투를 건네받았다. 그 안에는 내가 6개월 전에 깜박 잊고 놓고 간 세면도구 가방이 들어 있었다. 낡고 볼품없는 물건이었지만 호텔 측의 자상한 배려에 감동을 받았다. 모두 컴퓨터로 처리된 일이었겠지만 그래도 감동적이었다. 아마존과 기타 유사 업체들은 소비자의 과거 매입 실적을 기준으로 그의 기호에 맞춘 제안을 계속해오고 있다.

이러한 맞춤 서비스는 고객 유인책 이상의 의미를 지닌다. 자, 사람들을 있는 그대로의 개인으로 한번 파악해보라. 사람이란 80년 동안의 잠재적인 현금 축적처고, 회사는 그 축적된 돈의 일부를 원한다. LTV(Life-Time Value, 평생 가치)는 새로운 마케팅의 표어가 되었다. 만약 회사가 사람들을 끌어당길 수 있다면 그 회사는 80년 동안 지속되는 현금 흐름에 더욱 유리하게 접근할 수 있다. 당신의 이름을 아는 것은 겨우 시작에 불과하다. 은행들이 돈 없는 대학생들에게 값싼 이자로 학자금을 융자해주는 이유가 무엇일까. 나중에 성공해 부자가 되면 자기 은행을 애용해달라는 뜻이다. 항공사들은 항공 마일리지로 당신을 붙들려 한다. 모든 회사들이 소비자인 당신을 자신들의 세계에 붙들어두기 위해 브랜드 선호도를 만들어내려고 애쓴다. 그렇게 당신은 공짜 판촉물을 점점 더 많이 얻는다. 가령 당신이 당신의 이름, 주소, 직업만 제시하면 공짜 소프트웨어 프로그램이 도착하는 것이다. 이처럼 당신이 그들에게 LTV에 대한 접근권을 인정해주면 그들은 당신과 개인적 관계를 계속 이어나가려 애쓸 것이다.

자상하고 점잖은 시대는 갔다

테크놀로지는 파트너십과 사람들의 새 물결에 힘을 실어주었다. 그 물결은 계속 밀려오고 있다. 빠른 혁신 속도, 시장 개방 압박, 치열한 경쟁 등이 회사에게 군살 없고 유연할 것을 요구하고 있다. 이러한 상황에서 아이디어와 지식은 전보다 더 중요해졌다. 아이디어와 지식은 기계 속에 존재하는 것이 아니라 개인의 머릿속에 들어 있다. 그 결과 회사라는 형태는 개인화되었고 그 안에서 독특한 개인 집단이 부상했다. 새로운 코끼리는 내가 한때 알았던 셸과 사뭇 다른 존재라 관리하기가 더욱 까다롭다.

낡은 것은 새로운 것에 자리를 내주고 물러나야 한다. 나는 지금에서야 나의 셸 근무 시절을 약간의 향수와 함께 되돌아본다. 나는 그 회사에 딱 들어맞는 존재가 아니었다. 하지만 그곳은 다정했고, 비록 나중에 안 사실이지만 학교 사회보다 덜 정치적이었다. 학교 사회는 훗날 실체를 접한 종교계에 비해 한결 신사적이었다. 나는 입사 초반에는 셸이 나의 평생을 책임진다는 사실이 기뻤으나 곧 그들이 나의 인생을 대행한다는 전제 조건에 짜증이 났다. 주제넘은 전제 조건이기는 했지만 그들은 애정 어린 자상함과 적절한 배려 속에서 그 조건을 내걸었다. 이전의 코끼리들은 이제는 과거가 되어버린 시대로 돌아갔다. 이제 와서 회고해보니 그 시대는 여러 면에서 자상하고 점잖은 시대였다. 따라서 그 시절을 알고 있는 많은 이들이 그때를 아쉬워한다.

미래의 코끼리
●

옛 스타일의 코끼리는 영원히 사라져버렸지만 대기업은 여전히 필요하고 또 그 활동 범위는 전보다 더 크고 막강해졌다. 대부분의 사람들은 대기업과 함께 일하면서, 즉 그들에게 물건을 사고 팔거나 그들을 관리하고 관리당하면서 이런저런 방식으로 관련을 맺는다. 대기업의 미래는 분명 모두와 관계가 있다.

하지만 앞으로 대기업은 과거의 대기업과는 사업 방식이나 습성에서 완전히 다른 조직이 될 것이다. 대기업은 개혁을 해야 한다. 자신들을 위해 일하는 사람들을 자본주 못지않게 존중해야 하고 또 시장의 법칙이 정의와 윤리보다 아래에 있다는 것을 잊

●

지 말아야 한다. 이렇게 하지 않으면 대기업의 앞날은 위험 그 자체가 될 것이다.

새로운 코끼리는 다음과 같은 네 가지 중대한 도전에 직면해 있다.

▶ 기업의 규모를 계속 키우면서도 소기업적 · 개인적 분위기를 유지하는 것.

▶ 창조성과 효율성을 융합하는 것.

▶ 번영을 이루면서도 사회적으로 용인받는 것.

▶ 회사의 주주는 물론이고 아이디어의 소유자에게 충분한 보상을 하는 것.

첫 번째 도전, 연방주의

2000년 9월 국제연합 사무총장인 코피 아난은 뉴욕에서 열린 밀레니엄 정상회담 후반에 전 세계 지도자들을 상대로 연설을 했다. 그는 20세기에 배운 최대의 교훈으로 "중앙통제 체제는 더 이상 통하지 않는다."라는 것을 꼽았다. 그 말을 들은 누구도 회담장을 박차고 나가거나 비평을 가하지 않았다. 이제 그것은 누가 봐도 자명한 진리다. 판단이 느린 사람들도 결국에는 알아차린다. 과거의 도그마를 포기하는 것인지도 모른다. 회사의 움직임도 세상의 움직임과 다를 것이 없다. 옛것을 포기하는 것이 물론 좋은 출발이기는 하지만 그렇다고 그것이 무엇을 할지 가르쳐주지는 않는다.

앞으로 몇 십 년 동안 새로운 코끼리들이 직면해야 할 문제는 각양각색의 파트너 체인망(네모꼴의 피라미드가 아니라 항공망도와 같은 것)을 어떻게 관리할 것인가다. 게다가 그 체인망을 관리하는 직원들이 저마다 생각과 야망을 가진 개인이라는 점을 감안하면 코끼리 기업의 경영자들이 안고 있는 문제가 얼마나 복잡한지 잘 알 수 있다. 그러므로 컨설턴트들은 그렇게 생겨나는 회사 조직이 기본적 구조틀matrix 이상을 갖춰야 한다고 말한다. 나는 그들이 아주 복잡한 네트워크 같은 것이 되리라 전망한다. 동시에 그런 네트워크를 연방federation이라 부르고 싶다. 연방은 첫 번째 도전에 대한 나의 처방전으로, 조직이 크면서도 작아야 할 필요를 강조한다.

연방주의Federalism는 인간적 규모의 공동체를 거대 규모의 복합체와 연결시키는 검증된 방식이다. 하나의 마을, 하나의 시장, 하나의 생태계, 하나의 정치 체제를 갈수록 더 지향하고 있는 세계를 상대하기 위해서는 거대 규모의 복합체가 필수적이다. 반면 개인의 정체성을 확인할 수 있는 소규모의 조직이나 공동체의 존재도 필요하다. 이 두 필수 사항을 종합하려면 연방주의가 제격이라고 생각한다. 그러므로 연방주의가 무엇이며 어떻게 작동하는지 알아두는 것이 중요하다. 나는 정부나 기업은 물론이고 보건, 교육, 자원봉사 분야에도 연방주의가 반드시 필요하다고 본다.

불행하게도 연방주의는 영국에서 제대로 인정받지 못하는 정치제도다. 원조라고 할 수 있는 미국도 사정은 비슷하다. 미국은 일찍이 1780년대에 연방제의 장점을 연설한 《연방주의자 The Federalist》라는 훌륭한 논문집이 나온 국가인데도 연방제에 대한 대접은 아직도 소홀하다. 하지만 연방제는 전 세계에 침투하면서도 지역적으로는 소기업으로 남기를 바라는 회사 조직을 파고드는 경영 형태다. 경쟁력을 중시하는 기업이 선도하는 지역에서는 국가 혹은 국가의 일부분이 그 기업의 뒤를 따르고 있다. 영국UK은 언젠가 영국 연방이 될 것이다. 독일과 스페인은 이미 연방제 국가다. 이탈리아와 프랑스도 곧 그렇게 될 것이며, 따라서 유럽은 연합체의 느슨한 형태인 연방제로 바뀔 것이다. 그 결과 현재 75개의 환경 – 지역으로 나뉘어 있는 유럽 세계는 앞으로 연방제 국가가 연결된 형태로 변모할 것이다.

영국인들이 두려워하는 것처럼 연방주의는 중앙주의를 내세우는 제도가 절대 아니다. 연방주의는 새로운 군주, 새로운 압제를 거부한 미국 식민지가 택한 방식이다. 또한 캐나다와 오스트레일리아도 선호한다. 연방주의는 어느 한 기관이 나머지 기관을 일방적으로 억압하지 못하게 하려는 의도적 장치다.

사실 연방주의는 중앙주의인 동시에 탈중앙주다. 중앙에서 할 수 있는 기능과 결정은 중앙에 남겨두고 나머지 기능은 지역에서 모두 처리하도록 하는 것이다. 이때 어떤 기능과 결정을 중앙에서 할 것인지 판단하는 것이 가장 중요하다. 중앙은 전체를 위해 중앙이 해야 할 일의 일부를 지역에 위임해 분산화를 유도할 수 있다.

연방주의 덕분에 독립적인 기관은 자신들의 정체성을 잃지 않고 다른 조직과 협동할 수 있다. 주권은 분할이 불가능하고 공유 역시 불가능하다는 주장은 이제 근거 없는 얘기다. 텍사스 주는 텍사스 주이면서도 여전히 미국일 수 있다. 바바리아는 나름의 정체성과 의회를 갖고 있지만 여전히 독일이면서 나아가 유럽인 것이다. 내 고향 아일랜드 사람들은 아일랜드가 새로운 유럽의 일원이라고 해서 자신을 덜 아일랜드적이라 느끼지 않는다. 이렇게 볼 때 연방주의는 각양각색의 파트너들을 한데 아우르고 소유권 패턴을 전체 속에서 유기적으로 엮어낼 수 있는 이상적인 장치다.

그러나 연방주의는 각 부분이 상호의존적일 때 성공할 가능성이 높다. 다시 말해 각 부분이 개별적으로 행동하기보다는 커다란 조직의 일부로 행동할 때 더 잘 돌아가는 것이다. 별도의 회사들을 함께 묶어놓은 기업군(그룹)은 진정한 연방이 아니기 때문에 쉽게 모였다가 쉽게 흩어진다. 세계에서 여섯 번째로 큰 시장 규모를 갖고 있는 캘리포니아는 하나의 독립 국가라 해도 무방할 정도지만 그렇게 하자면 주 정부가 자체 방위와 외교를 책임져야 한다. 캘리포니아는 그런 엄청난 부담을 지느니 차라리 미국의 일부로 남아 있는 게 낫다.

외국인으로 주제넘은 일일지 모르지만 나는 미국 잡지인 〈하버드 비즈니스 리뷰〉에 연방제의 다섯 가지 전통적 원칙을 설명하는 논문을 기고하면서 그것이 어떻게 기업에 적용될 수 있는지 해석한 적이 있다. 먼저 원칙을 숙지하는 것이 중요하다. 원칙을 존중하지 않으면 연방제는 성공할 수 없다.

다섯 가지 원칙들 중 가장 중요한 보완성은 권력을 행동 가까운 곳에 놓아주는 것이다. 보완성의 원칙에서 보자면 상급자나 중앙에 있는 사람이 지역의 결정 사항을 훔쳐가는 것은 도덕적으로 잘못된 것이다. 나를 포함해 많은 관리자들이 종종 이 원칙을 위반해 주위 사람들의 사기를 떨어뜨리고 그들의 권한을 빼앗는데 이건 반드시 경계해야 한다. 또한 보완성의 원칙은 국가의 권리를 지탱해주는 것이기도 하다. 두 번째로는 복수 시민권의 원칙이 있다. 복수 시민권은 한 사람이 소단위와 대단위에 동시에 소속되어서 두 단위 모두에서 소속감을 느끼는 상태를 말한다. 권력 분리의 원칙은 어느 한 기관이 입법, 사법, 행정의 기능을 독점하지 않도록 하는 것이다. 그 외에 기본법의 원칙과 공통 화폐의 원칙은 조직 전체를 단단하게 엮어준다.

연방주의는 여러 번의 시행으로 검증된 정치적 장치다. 사람들은 이 제도가 어떻게 돌아가며, 또 무엇이 애로점인지 잘 알고 있다. 연방제를 도입한다는 것은 그 회사가 하나의 공동체임을 인정하는 것이며 동시에 과거의 엔지니어링(직원 조종) 언어를 버렸음을 뜻한다. 연방 기구는 일방적인 명령으로 다스려지는 조직이라기보다는 선도하고 영향을 주고 설득하는 조직이다. 연방 기구의 구성원은 자신의 미래에 대한 발언권을 얻기를 바라고 신임받기를 원하며 성장할 기회가 주어지기를 희망한다.

연방제는 기업에만 적용되는 모델이 아니다. MIT 유학에서 돌아온 나는 내가 연방제적 기관에 몸담고 있다는 것을 깨달았다. 런던 대학교는 런던 경제대학, 임페리얼 칼리지, 런던 경영대학원(내가 근무했던 곳) 등 약 30개의 소속 기관을 거느린 연방제적 기관이다. 경영대학원에 근무한 사람들은 상당한 자유를 누렸다. 하지만 런던 대학교라는 이름과 학위를 사용하기 위해서는 어떤 권리는 포기해야 했다. 반면 대학 측은 몇 가지 권리를 갖고 있었다. 가령 경영대학원 신입생들이 대학의 전반적 수준에 미치지 못하면 입학을 거부할 수 있었다. 당시 프로그램 디렉터로 근무하던 나는 대학의 그런 권리를 부당한 간섭으로 보았으나 그건 내가 연방제의 정신을 미처 이해하지 못했기 때문이었다. 이해는 관용을 낳는다.

●

영국의 국가보건의료서비스는 연방제를 지향하는 기관이다. 준자치적인 호스피털 트러스트와 의사들의 실제 활동을 살펴보면 잘 알 수 있다. 이들은 공동의 규칙으로 결속되어 있으며 참여 기관들은 서로의 서비스를 원활히 교환한다. 만약 규칙이 제대로 준수되지 않는다면 그 이유는 참여자들이 일련의 원칙을 갖춘 정치 형태인 연방제를 잘 인식하지 못했기 때문이다. 나아가 스스로를 그런 제도의 일부분으로 인식하지 않았기 때문이다. 전국 규모의 자치단체는 결국 연방제로 갈 수밖에 없다. 참여자의 대부분이 자원봉사자일 때 그들은 자신이 하는 일에 지역적 발언권을 강하게 요구한다. 이 경우 중앙의 명령 체제나 통제 체제는 통하지 않는다.

"지방 조직에서 지방 대표를 뽑고 난 후 그 대표들이 전국 기관을 조직하고 거기서 예하의 사람들에게 지시를 내리는 것이 아주 중요해요." 성공을 거둔 어느 자선단체장이 말했다. "지역의 일은 지역 사람들이 가장 잘 알아요. 중앙에서 내가 할 일은 그들을 돕는 것이지 그들의 일에 간섭하거나 그 일을 대행하는 것이 아니에요." 이렇게 말하는 자선단체장은 자기도 모르게 연방주의자가 된 것이다. 앞으로 이런 사람이 더 많이 필요하다.

두 번째 도전, 연금술

●

두 번째 도전인 창조성과 효율성을 융합하는 것의 해결안은 잘 관리된 연금술이다. 혁신과 사업가 정신은 요즘같이 격변하는 시대에 회사가 살아남기 위한 필수 사항이다. 역사가 아널드 토인비는 스물하나의 실패한 문명을 검토한 끝에 패망의 원인을 이렇게 진단했다. "'중앙집권화된 소유권'과 '변화하는 상황에 대한 부적응'이 해당 문명의 붕괴를 가져왔다."

나는 코끼리 기업의 중앙집권화를 볼 때마다 우려를 떨칠 수가 없다. 조그마한 송사리, 벼룩, 소기업이 대기업 시스템에 혁신의 정신을 불어넣어 그들이 화석화하는 것을 막을 수는 없을까?

내 아내는 인물 사진 작가다. 1997년 나와 아내는 공동 작업을 했다. 아내는 창조적인 사람들을 만나 사진을 찍고 싶었고, 나는 기업, 예술, 공동체 등을 창업한 진취적 사업가들의 동기와 배경이 궁금했다. 아내와 나는 그들이 무에서 유를 창조한 사람, 철광석을 황금으로 바꾼 사람이라는 점에 착안해 그들을 연금술사라고 불렀다. 연금술사라는 말은 진취적 사업가란 말보다 더 은유적이고 그럴듯하게 들렸다. 우리가 그들에게서 발견한 이상주의를 잘 포착한 단어였다. 우리는 이 공동 프로젝트를 《홀로 천천히 자유롭게》라는 책으로 출간했는데, 이 책에서 아내는 같은

●

사람을 여러 각도에서 찍은 인물 사진으로 '다중' 초상을 만들어 냈다. 아내는 "모든 인물에게는 다중적 측면이 있기 때문에" 그것을 사진으로 표현해보고 싶었다고 말했다. 나는 인물 각각의 짧은 전기와 그들의 인생 스토리, 인생의 목적 등을 간결하게 설명하는 글을 썼다.

이들 스물일곱 명의 사진을 살펴보면서 나는 이런 연금술사들이야말로 코끼리 회사를 춤추게 만들 벼룩 집단이라는 것을 알았다. 사실 코끼리 기업에는 복지부동한 사람들이 너무 많다 (과거의 나도 그랬다). 그들은 새로운 것은 시도할 생각을 하지 않고 그저 자기 앞에 밀려오는 일만 근근이 처리한다. 하지만 연금술사들은 다르다. 그들은 자기 앞에 밀려오는 일을 수동적으로 처리하는 것이 아니라 스스로 일을 적극적으로 만들어내고 또 그런 일을 성취하는 커다란 차이를 보여준다. 연금술사에게는 다음과 같은 세 가지 특징이 있다.

첫째, 열정적이다. 내가 만난 모든 연금술사들은 열정을 간직하고 있었다. 기업이든 극단劇團이든 낙후된 공동체의 재개발 사업이든 자신이 하는 일에 엄청난 열정이 있었다. 바로 이런 열정 때문에 그들은 두 번째 특징을 지닌다.

연금술사가 지닌 두 번째 특징은 매달리는 능력이다. 설혹 현실이 자신의 꿈과는 다른 방향을 가리키고 있어도 그들은 꿈을 놓지 않는다. 이들의 이런 능력은 낭만파 시인 키츠가 말한

'부정적 능력negative capacity'과도 통한다. 키츠는 형제들에게 보낸 편지에서 이 능력을 이렇게 설명했다. "사실이나 이성에 연연해하지 않으면서 불확실성, 신비, 회의 속에서 편안하게 있을 수 있는 능력을 나는 부정적 능력이라고 부른다네." 키츠에게 부정적 능력은 곧 창조성과 같은 말이다. 모든 현실이 다른 방향을 가리킬 때에도 자신의 꿈에 매달리는 끈기와 오만에 가까운 자신감. 내가 만난 연금술사들은 이런 성향이 있었다. 그러나 부정적 능력도 연금술사의 마지막 특징이 없으면 가치가 생기지 않을 것이다.

세 번째 특징으로 연금술사들은 제3의 눈을 가지고 있다. 그들은 남들과는 다른 눈으로 사물을 본다. 내가 즐겨 인용하는 사례는 지금은 유명 디자이너면서 레스토랑 경영주로 활약하고 있는 테런스 콘런이 제시한 것이다. 테런스가 처음부터 부자는 아니었다. 런던에 거주하는 빈털터리 청년이었던 테런스는 친구 한 명과 함께 자신들처럼 가난한 젊은이들이 외식할 수 있는 있는 저가 음식점을 운영하기로 결심했다. 영국 음식의 수준이 형편없었던 1950년대의 일이었다. 테런스는 식당업의 요령을 익히기 위해 파리로 가서 어느 식당의 접시닦이로 일했다. 얼마 후 파리에서 돌아와 친구에게 이렇게 말했다. "만고불변의 진리를 하나 발견했어. 그건 주방장들이 하나같이 개새끼라는 거야!" 그들은 제3의 눈으로 사태를 명확히 판단하고 주방장 없는 식당을 개업하기로 했다. 그리하여 런던 최초의 수프 주방이 탄생했다. 테런스의 식당은 거대한 수프 가마가 늘 설설 끓고 있는 가운데 단 두 명뿐인 종업원이 프랑스식 빵과 당시 런던에 두 번째로 도입된 에스프레소 커피메이커에서 뽑은 커피 등을 내놓았다.

연금술사들은 현재의 시스템에 도전하고, 아이디어를 과감하게 추진하고, 자신의 꿈을 밀어붙이는 부정적 능력을 어디서 얻는 걸까? 아내와 나는 그들의 개인적인 역사에서 연금술적인 전례를 발견하지 못했지만 유전적 요소가 관련된 것은 아닐까 싶었다. 어린 시절 부모로부터 실험 정신과 기업가 정신을 권유받은 것도 나중에 큰 역할을 하는 듯했다.

그러나 더욱 중요한 것은 연금술사 대부분이 적당한 시기에 황금 씨앗을 부여받았다는 사실이다(내가 나의 고전 선생으로부터 받은 것처럼 말이다). 그들이 존경했던 교사, 첫 번째 상급자, 목사, 대부 등이 그들의 재능을 알아보고 그들이 어떤 분야의 특별한 사람임을 일깨워준 것이다. 연금술사들 중 한 사람인 디 도슨은 이렇게 말했다. "내가 A학점을 받았을 때 생물 선생님은 내가 그 과목에서 가장 뛰어난 점수를 받았다고 말해주었어요. 그래서 내가 똑똑한 사람이라는 걸 알게 되었지요." 이런 격려에 힘입어 그녀는 아이 셋을 둔 서른 살의 주부였는데도 의과대학에 진학해 우수한 성적으로 졸업했고 영국 최초로 신경성 식욕부진아를 위한 치료원을 자기 집에 설립했다.

마지막으로 연금술사들은 실험 정신과 창조성을 강조하는 분위기에서 힘을 얻는 것으로 보인다. 우리는 조사 대상을 런던에 거주하는 사람으로 한정했다. 20세기 말의 런던이야말로 창조 정신이 활발히 꽃핀 도시라 생각했기 때문이다. 우리가 접촉한 일부 인사는 "도시의 활력에 감명을 받아" 런던으로 옮겨왔다고 말했다. 세계의 다른 곳, 가령 샌프란시스코의 실리콘 밸리와 베이 에어리어, 유럽의 바르셀로나와 더블린, 오스트레일리아의 시드니 등에도 개혁 정신을 표방하는 그룹들이 있다.

　　나는 연금술사들의 말을 귀 기울여 듣는 중에 그들이 코끼리와 일하면서 어떻게 살아남았는지 궁금해졌다. 그들의 정열은 주로 아이디어의 소유라는 사실에서 비롯했다. 그들은 그 아이디어의 법적, 심리적 소유주였다. 그들의 정체성은 주로 그들의 이름을 달고 있는 프로젝트와 긴밀히 연결되어 있었다. 과연 대기업은 창조적 개인에게 실험 공간을 제공하고 최종 결과물에 대한 공로를 인정하며 법적 소유권을 부분적으로 허용해줄까? 실험이 계획대로 되지 않았을 때도 그 낭비를 용인해줄까? 인사고과 인터뷰 대신에 황금 씨앗을 심어줄까?

　　만약 오늘날에도 아폴로형 기업 문화가 그대로 존속한다면 위 질문에 대한 답변은 "아주 부정적"일 것이다. 아폴로형 기업 문화에서 창조성은 질서 정연한 효율성을 방해하기 때문이다. 논리적인 관점에서 보자면 창조성과 실험 정신은 지저분하고 반갑지 않은 손님이다. 하지만 연방적 구조는 독립 단위로 하여금 전체 조직에 영향을 주지 않으면서도 혁신적인 행동을 하도록 허용한다. 실험 그룹을 배양하고, 필요한 곳에 황금 씨앗을 뿌리고, 젊은 사람들에게 창조적이 될 것을 권유한다. 이렇게 하면서도 본류 조직의 정연한 흐름은 유지하는 것이다.

어떤 기업들은 회사 외곽에 자체의 창조적 집단을 만들고 있다. 제록스는 미국 캘리포니아 주 팔로알토에 그 유명한 파르크를 설치했다. 하지만 그 집단에서 나온 가장 창조적인 아이디어인 퍼스널 컴퓨터의 개념을 무시하는 우를 범하기도 했다. 이처럼 지사의 아이디어가 늘 본사에서 환영을 받는 것은 아니다.

어떤 회사들은 사내에 벤처 캐피털 은행을 설립하고 그럴듯한 아이디어를 제시한 집단에게 자금을 대주고 있다. 예를 들어 J.P. 모건은 랩모건을 발족시켰다. 랩모건은 자본금 10억 달러 규모의 이금융 부서로 회사 내외에서 나오는 좋은 아이디어를 재정적으로 지원하는 기관이다. 모건은 이런 기구를 설치해 보수적이라 알려진 자사에 많은 연금술사가 몰려들기를 기대하고 있다.

또한 회사들은 대학에서 개발한 과학적 발견들을 널리 이용하기 위해 그들과 긴밀한 관계를 맺고 있다. 경제활동으로 북적거리는 활발한 도시에서는 새로운 아이디어를 가진 대학, 적절한 금융 지원, 창조적인 예술 공동체, 창조적 집단을 지원하는 의사소통 인프라 등이 훌륭히 어우러지고 있다. 회사는 이런 조건을 자체적으로 만들어내지 못하므로 관련 단체로부터 도움을 받아야 한다.

1998년 우리 부부는 싱가포르 정부로부터 그들의 인력계획 정책 초안을 검토해달라는 제안을 받았다. 좀 더 사업가적인 문화를 창조하고 싶다고 했다. 싱가포르는 창조적 집단을 만들어내는 여러 조건들 중 재정과 의사소통 인프라만 제대로 갖추고 있었다. 인구 4백만의 도시에는 전문적인 예술 단체가 없었다. 최초의 화랑이 최근에야 문을 열었다. 또한 대학에는 과학 연구 시설이 없었다. 싱가포르는 바쁜 도시이기는 하지만 창조성이 피어나는 도시는 아니었다. 싱가포르 정부가 우리에게 자랑한 진정한 의미의 진취적 사업가는 캘리포니아와 더블린에서 자기 사업을 시작했다가 나중에 그중 일부를 싱가포르로 이전해온 사람이었다.

싱가포르 정부는 과연 개혁적인 정부답게 자신들의 문제점을 인정하고 교육제도의 우선순위를 재조정해 핵심 커리큘럼을 30퍼센트 정도 줄였다. 그리고 그 자리에 실험 정신이 자랄 수 있게 했다. 그들은 멋진 예술 공연장을 지었으나 그곳에서 공연할 예술가를 아직 양성하지는 못했다. 우리의 주된 방문 목적인 인력계획을 살펴보니 그 계획은 20년 앞을 내다보는 것이었다. 이렇듯 창조적 집단을 조성하려면 시간이 걸린다.

대부분의 나라에서 가장 큰 문제는 대표적 코끼리인 정부의 유연성(연금술)이 없다는 것이다. 영국 정부는 중앙 싱크탱크(이 기관의 이름은 정부가 바뀔 때마다 달라진다.)를 가지고 있으나, 행정부 내에서 연금술사를 양성해야 한다는 아이디어는 그들에게 낯설기 짝이 없다. 공무원들은 태생적으로 리스크를 싫어한다. 책임 소재를 가리는 것이 성공과 모험에 대한 포상이라기보다 실수에 대한 징벌을 의미하는 것이라면, 누구든 그렇게 소심한 사람이 되고 말 것이다. 그러니 단 하나의 중앙 '벼룩 소굴'보다는 벤처 캐피털 중심축을 설립하고 각 부서의 실험적 프로젝트에 재정을 지원해 실험이 중심을 넘어 변방까지 실시되면 더욱 좋지 않겠는가. 이때 내부에 상당한 연금술이 축적되어 있지 않으면 국외자들이 자신의 아이디어 공장을 가동할 때 그 아이디어를 시행할 책임이나 권한이 없기 때문에 그들은 미풍에 춤추는 벼룩에 지나지 않게 된다.

때로는 회사 전체가 창조성 넘치는 집단이 될 수 있다. 스티브 잡스가 지휘하던 초기의 애플은 매우 창조적인 회사였다. 스무 명 정도의 연금술사들로 구성된 애플은 세상을 바꾸겠다는 야망으로 가득 찬 벼룩들의 조직이었다. 그들은 정말 많은 것을 바꾸어놓았다. 우리가 지금 살고 있는 '포인트-앤드-클릭의 세계point-and-click world'는 그들의 작품이다. 하지만 그들의 성공이 그들을 코끼리로 만들어놓으면서 모든 것이 빗나가기 시작했다. 시애틀에 자리 잡은 빌 게이츠는 지금껏 많은 벼룩들을 백만 장자로 만들어주면서 건재하고 있고 세계에서 가장 덩치 큰 코

●

끼리 중 하나인 마이크로소프트사가 제대로 굴러가도록 감독하고 있다. 이들 벼룩 또는 연금술사들은 돈은 중요한 사항이 아니라고 말한다. 하지만 남들이 자신의 창조 정신과 추진력으로부터 소득을 올리는 꼴은 곱게 보지 못한다.

이런 이유로 지금까지 코끼리들은 성공이 입증된 연금술사들의 결과를 쉽사리 사들일 수 있었다. 그들은 때로는 연금술사를 내쫓고 그의 제품을 독차지하기도 했다. 그러나 연금술사들은 그런 식으로 쫓겨났기 때문에 새로운 발견을 또다시 해낼 수 있다. 무엇보다 연금술사들은 한 직장에 있다가 정년이 되어 은퇴한다는 것을 꿈조차 꾸지 않는다. 테런스 콘란은 일흔 살이 다 되어가지만 그의 아이디어는 갈수록 더 불타오른다. 영국의 개방대학 전신이었던 기관을 포함해 49개의 기관을 운영하기 시작한 사회사업가 마이클 영은 현재 80대인데도 3년 전 가장 야심 찬 프로젝트인 사회사업가 학교를 설립했다.

어떤 사람들은 할리우드가 할리우드라는 세계 자체를 조직하는 방식에서 아이디어를 발견한다. 그 방식은《존 호킨스의 창조 경제》에 잘 나와 있다. 호킨스에 따르면 할리우드의 중심은 카메라의 앞뒤에 있는 창조적인 사람들이다. 그들은 스튜디오(영화 제작사)에 고용된 것이 아니라 스튜디오로부터 수당을 받는 사람들이다. 오늘날 할리우드 스튜디오는 고위 경영진과 일반사무직들로만 구성되어 있다. 나머지는 전부 프리랜서로 자신의 회사를 통해 영화 제작에 참여한다.

영화 산업은 연금술의 정수라 할 수 있다. 이 산업의 핵심은 무無에서 다양한 아이디어를 얻고 또 그것을 제품으로 만들어내는 것이다. 할리우드 스튜디오에는 안정된 공식이나 운영 방식 따위가 있을 수 없다. 제작자는 영화의 소재를 찾아서 전 세계를 누비고 다니며 창조적인 벼룩들을 동원해 프로젝트에 투입하고 필요에 따라 인력을 적재적소에 배치한다. 또한 할리우드는 창조적 집단을 양성한다. 호킨스가 지적한 바와 같이 할리우드는 전 세계 영화 산업은 물론 전 세계 텔레비전 방영물 제작회사의 고향이기도 하다. 이 두 산업(영화와 텔레비전)이 영화 제작에 필요한 스타, 동물, 변호사 등 모든 자원을 지원하고 있다.

그러므로 일본의 거대한 코끼리인 소니와 마쓰시타가 할리우드에 진출해 컬럼비아 픽처스와 유니버설 스튜디오를 사들인 다음 크게 당황한 것은 당연한 일이었다. 그곳은 벼룩과 연금술사의 세계였기 때문이다. 연예 사업으로 큰 성공을 거둔 배리 딜러는 영화 산업에 대해 이렇게 말했다. "회사의 소유주가 누구인가 하는 문제는 영화 제작과 아무런 상관도 없다. 정말 중요한 것은 각 개인의 에너지, 특징, 창조 정신이다. 그 나머지는 소음에 불과하다." 다른 코끼리들도 이 조언에 귀를 기울여야 할 것이다.

●

세 번째 도전, 사회적 책임

●

코끼리의 덩치가 커질수록 사람들의 눈에 점점 더 띈다. 그들은 수익성과 사회적 책임이라는 상호 갈등하는 요구에 직면한다. 세금을 착실히 내고 있으니 그 나머지는 정부에서 알아서 할 일이라는 주장은 더 이상 통하지 않는 것이다.

엄격하게 말하면 국가는 이윤을 추구하지 않기 때문에 수치를 비교할 일이 없다. 하지만 대기업들이 국가보다 더 부유하고 힘이 더 세다는 것은 부인할 수 없는 사실이다. 사람들은 이런 새로운 기업국가(국가 규모의 기업)가 자본주 외에는 그 누구에게도 책임지지 않는 상황이 벌어질까 우려하고 있다. 대기업들이 빈 공장과 창고를 내팽개친 채 제멋대로 활동 국가를 옮겨가진 않을지, 막강한 재정 능력으로 관련 국가에 영향력을 행사하지는 않을지, 공동체와 환경에 대한 관심이 제스처에 불과한 것은 아닐지 우려하는 것이다. 나아가 궁극적으로 코끼리들이 그 누구의 통제도 받지 않는 사태가 오지는 않을까 걱정한다.

그런 걱정은 어떻게 보면 기우에 지나지 않는다. 우선 세계 50대 기업이 글로벌 경제에서 차지하는 몫이 점점 줄어들고 있기 때문이다. 1993년에서 1998년의 5년 동안 50대 기업의 세계 시장 점유율은 30퍼센트에서 28퍼센트로 떨어졌고 2020년까지는 15퍼센트까지 떨어질 것으로 예상된다. 또한 소위 다국적 기

●

업이라는 것도 무늬만 다국적일 뿐 알고 보면 해외지사와 파트너를 둔 일국一國 기업이다. 전 세계 여러 지역에 1천5백 개 지사를 둔 스웨덴과 스위스 소속의 엔지니어링 대기업인 ABB만이 진정한 의미의 다국적 기업이다. 셸 그룹도 속을 들여다보면 영국-네덜란드 회사에 지나지 않는다. 본국에 근거지를 두고 세금도 대부분 본국에 낸다. 따라서 셸은 본국 정부와 대중의 영향력 아래에 있다.

나를 포함한 많은 사람들이 우려하는 것은 코끼리들이 서로 인수합병해 ABB와 같은 이니셜 덩어리가 되어버리는 현상이다. 이제 ABB가 아세아 브라운 보베리Asea Brown Boveri의 줄인 이름이라는 것을 아는 사람은 거의 없다. 과거의 회사명에는 창업자와 소유주의 이름이 들어가 있었다. 그들은 이익이 아닌 다른 어떤 것을 표상했다. 회사들이 이니셜로 된 회사명을 사용한다는 것은 자신들의 과거와 의도적으로 단절하겠다는 뜻이다. 그 과정에서 그들은 개성을 잃어버리고 익명의 상태가 되어 사람들의 레이더망에서 사라져버린다.

이에 못지않게 우려스러운 것은 코끼리들이 무수히 복제되는 현상의 문화적 여파다. 프랜차이즈 회사는 소매시장을 급격히 신장시키기 위해 프랜차이즈를 남발한다. 이 현상의 역설은 이렇다. 더 많은 소비자들에게 다가가기 위한 장치인 프랜차이즈의 물결은 개성적인 소규모 가게들을 사라지게 했다. 이런 이유로 도시는 복제된 가게들이 늘어서면서 점점 더 닮은꼴이 되어 간다. 세상을 스타벅스로 만들고 있는 것이다. 2000년에 일어난 글로벌화 반대 시위는 글로벌화의 문화적 오염에 대한 저항이기도 했지만 동시에 세계무역기구WTO나 국제통화기금IMF 같은 국제기구의 권력을 향한 저항이기도 했다.

이러한 시위가 입증한 것은, 사실이든 아니든 대중의 인식이 대단히 중요하다는 것이다. 고객과 예비 직원은 입맛이 점점더 까다로워지고 있다. 몬산토는 씨앗을 만들지 않는 '자살 씨앗'을 제3세계 농부들에게 판매하려고 시도하다가 비난의 십자포화를 맞았다. 농부들이 그 다음 해에도 몬산토에서 씨앗을 사게 하려는 속셈이었다. 몬산토는 그 싸움에서 졌고 결국 회사 이름에 먹칠을 하고 말았다.

명성을 지켜주는 브랜드 이미지는 이렇듯 깨지기 쉬운 것이다. 셸이 1990년대에 북해의 환경을 오염시키고 나이지리아의 인권을 침해해 자사 명성에 먹칠한 사례를 생각해보라. 셸의 그런 행태에 앙심을 품은 독일의 한 운전자가 셸 주유소에 총알 세례를 퍼부으리라고 누가 상상이나 했겠는가. 이후 셸은 용감하게 선언했다. "우리는 회사로서의 우리 자신을 냉철하게 돌아보았습니다. 우리는 우리가 목도한 것을 유감스럽게 생각하고 있습니다." 이 사건으로 셸은 자신들이 선량해야 할 뿐만 아니라 선량하게 보여야 한다는 것을 깨달았다.

이제 대기업들은 사회적 책임을 재규정해야 한다. 이익금의 일부를 떼어 가난한 사람들에게 돌려주는 것만으로는 충분하지 않다. 회사가 이익을 얼마나 올리고 그 수익금으로 무엇을 할 것인가 궁리하는 것만이 다가 아니다. 회사를 얼마나 정직하게 운영하며 서로 다른 이익단체의 요구를 얼마나 균형 있게 들어주는지가 중요하다.

환경과 사회봉사 감사 결과를 공표하고 이 두 가지 기준에 대한 기여도가 회사 재무제표의 맨 아랫줄에 표시되어야 한다. 이제는 그렇게 하는 것이 선진 대기업의 표준 절차가 되어가고 있다. 젊은 중역 그룹의 권유를 받아들여 BP는 'BP British Petroleum, 영국 석유 회사'가 '석유를 넘어서Beyond Petroleum'를 의미한다고 발표했다. 대단히 파격적이고 멋진 아이디어인 만큼 BP는 그 멋진 표어에 상응하는 실질적인 결과를 내놓아야 할 것이다.

대기업의 이런 움직임은 직원들이 주주의 이익을 늘려주는 것 외에 자신의 시간과 노동에 대한 보람을 느끼고자 한다는 강력한 표시다. 자신이 세상을 더 좋은 곳으로 만들기 위해 일한다고 느끼고 싶은 것이다. 회사들이 약간의 자선 행위로 명성을 살 수 있었던 시대는 지났다. 사람들은 이제 회사들이 돈을 얼마나 버는지가 아니라 그 돈을 '어떻게' 버는지에 집중한다. 국가 예산보다 더 많은 매출을 올리면서 그 돈이 만들어지는 방식에 대해서는 책임을 지지 않겠다는 것은 언어도단이다.

최근 들어 영국 정부는 연기금 관리공단들을 상대로 연간 사업 보고서에 윤리적 가치를 반드시 포함시키라고 지시했다. 그리고 이러한 의무조항이 개정 회사법에도 포함될 듯하다. 이런 공식적 책임조항은 회사 경영자들에게 그들이 단지 돈 버는 기계가 아니라는 것을 분명히 상기시킨다. 회사는 공동체 안에 존재하는 또 다른 공동체이므로 그 공동체에서 사업을 할 수 있는 권리를 스스로 획득해야 한다. 내가 알고 있는 연기금 관리공단의 경영자들은 윤리적 가치가 포함된 의무조항을 환영했다. 그렇게 하면 다른 회사들도 따라하지 않겠느냐는 것이었다. 결국 회사들은 주주보다는 고객과 직원들의 압력 때문에 공식적 활동을 책임질 것으로 보인다. 여기에 그린피스 같은 외부 압력단체도 힘을 행사할 것이고 경영자의 양심도 한몫할 것이다. 영국에는 해마다 '딸을 직장에 데려가는 날'이 있다. 이 운동의 취지는 딸들에게 직장 분위기를 보여주자는 것이지만 결과가 전혀 다르게 나타나기도 한다. 아빠와 함께 직장에 출근했던 열네 살의 딸은 아빠가 직장 내에서 우선시하는 것들을 보고 깜짝 놀랐다고 말했다. "집에서와는 완전히 딴판이었어요." 그녀의 아버지는 딸의 지적에 충격을 받았다. 그는 직장에서의 자신이 가정에서 보이는 자신과 늘 일치하는 인물이 아님을 인정했다. 그는 농담 삼아 이렇게 말했다. "나 자신에게 좀 더 진실해지기 위해서 내 딸을 회사에 고용해야겠어요."

딸을 데리고 직장에 출근하지 않아도 늘 자신에게 진실한 사람이 되어야 한다. 그리고 그런 직장 문화를 하루 빨리 정착시켜야 한다.

네 번째 도전, 아이디어를 가진 개인

요즘은 지적 재산, 즉 회사를 움직이는 아이디어, 기술, 지식 등이 대부분 회사의 핵심 자산으로 인정받고 있다. 이제 고용 계약 하나만으로 지적 재산권의 소유자인 직원이 그 권리를 회사에게 넘겨주기를 기대할 수는 없게 되었다. 그들의 권리는 회사의 법적 소유주인 주주의 그것과 균형을 이룬다.

과거에 사람들은 재산이 무엇인지 분명하게 알고 있었다. 그것은 눈으로 보고 손으로 만지면서 평가할 수 있는 것이었다. 재산은 팔 수도 있고 빌려줄 수도 있고 사용할 수도 있고 소유주 마음대로 파괴할 수도 있었다. 하지만 특허나 저작권의 형태를 띠고 있는 지적 재산에는 그런 행위를 모두 적용시킬 수 없다. 내가 설혹 어떤 아이디어를 당신으로부터 사들인다고 해서 그것을 파괴할 수는 없다. 왜냐하면 당신이 그것을 여전히 소유하고 있기 때문이다. 회계사들이 잘 알고 있듯이 지적 재산의 가치를 계산하는 유일한 방법은 회사의 시장 가격에서 물질적 자산의 가치를 빼는 것뿐이다. 어떤 물건을 다른 물건의 반대 개념으로 규정하는 것은 흡족한 방법이 절대 아니다. 그런 방법은 그 물건이 실재하지 않는 것, 혹은 기계 속에 존재하는 유령 같은 것처럼 느껴지기 때문이다. 이런 비가시성非可視性 때문에 이 새로운 형태의 재산권은 사람들에게 혼란을 안겨주고 있다. 볼 수도 없고 셀 수도 없는 것에 어떻게 권리를 주장할 수 있느냐는 것이다. 하지만 품질관리의 대가인 W.에드워즈 데밍이 말한 것처럼 기업에서 중요하다고 여겨지는 것들 중 97퍼센트는 셀 수 없는 것들이다.

물론 오늘날의 사람들이 기업에서 중요한 것을 수치로 나타내려는 노력을 포기했다는 뜻은 아니다. 데이비드 보일은 자신의 책《숫자의 횡포》에서 측정 장치 몇 가지를 소개했다. 가령 자산 운용 성과 공시 기준GIPS, 토마스 신용장TOMAS L/C, 유럽품질관리제EFQM, 친환경 건축물 인증BREEAM 같은 것이다. 또한 최근 들어서는 윤리사회책임시스템SA8000, 지속가능성 보고서 가이드라인 입안 연구센터GRI, 이해관계자 참여 국제표준AA1000과 같은 사회적 측정 기준이 도입되기도 했다. 또 어떤 학자들은 열한 가지 수량 기준으로 문화를 수치로 측정하려고 시도하기도 했다. 하지만 이런 선의의 시도들은 데밍이 옳았음을 증명해주는 것으로 끝났다. 정말로 중요한 것은 숫자로 표기할 수 없다는 것이다. 또는 〈포춘〉의 토머스 스튜어트가 말했듯이 "와인의 품질을 말하기보다는 와인 병을 세는 것이 훨씬 쉬운" 것이다. 이 새로운 재산권은 만질 수 없을 뿐만 아니라 취약하기까지 하다. 셰익스피어의 《오셀로》에서 오셀로는 단 한 번의 실수를 저지른 다음 이렇게 외친다. "명성, 명성, 명성. 오, 나는 나 자신의 불멸의 부분을 상실하였도다. 이제 내게 남은 것은 짐승 같은 것뿐." 이러한 외침은 보팔 대참사 이후의 유니언 카바이드, 자살 씨앗 사건 이후의 몬산토, 북해 환경오염 사건 이후의 셸이 외쳤을 법한 외침이다. 이러한 대참사는 그들의 명예는 물론 주가에도 치명타를 입혔다.

따라서 새로운 코끼리들이 자체 연금술사를 양성할 생각을 강하게 하고 있는 지금, 지적 재산은 그들 사이에서 뜨거운 감자다. 특히나 연금술적 아이디어를 내놓은 사람은 거기서 발생한 결과의 일정 부분을 자신의 몫으로 요구할 것이다. 그들은 시간이란 기술을 제공하지 않고 오로지 돈만 내놓은 주주에게 모든 이익이 돌아가야 하는 것이 과연 옳은지 의문을 제기할 것이다. 고용 계약을 맺었다고 해서 내가 고용 기간 동안 생각해낸 아이디어가 반드시 고용주 것이어야 한단 말인가?

나는 연금술사들이 점점 더 저술가인 나처럼 변해갈 것이라 생각한다. 그들은 자신의 아이디어로 발생한 소득 흐름에서 일정 부분을 주식이나 옵션의 형태로 요구할 것이다. 필요하면 그런 보상을 사전에 협상하자고 나올지도 모른다. 내 얘기를 해보자면 나는 내가 영향을 미칠 수도 없는 출판사의 미래 주가에 기대를 걸기보다는 내 책에서 나오는 소득 흐름의 일정 부분을 갖는 것을 더 좋아한다. 이미 미국 회사들의 총 주식 중 30퍼센트가 약속된 주식 옵션에 묶여 있다. 주식 옵션은 기업 회계에서 비용으로 잡히지 않기 때문에 아주 값싼 보상 방식이다. 게다가 재능 있는 사람들에게 보상하는 방식치고는 위험하면서도 의심스러운 형태다.

경제학자 존 케이가 이미 지적한 바와 같이 빌 게이츠는 마이크로소프트사의 주식을 25퍼센트 소유하고 있고, 그 직원들은 15퍼센트 정도를 소유하고 있다. 만약 회사의 주가가 현재의 수준보다 10퍼센트 정도 오르면 직원 주주들의 주가는 약 70억 달러 더 올라가게 되는데, 이것은 마이크로소프트사의 연간 매출 이익과 맞먹는 수치다. 만약 이 금액이 직원 봉급으로 잡힌다면 회사 이익은 사라져버린다. 연금술사에 대한 보상이 이런 자유로운 옵션 이상의 것이 되어버리면 회사에 직접 돈을 댄 주주들(회사의 소유주)이 반발하고 나설 것이다. 하지만 회사의 많은 자산들이 만질 수도 없고 볼 수도 없는 것, 즉 단 하루 만에 사직 예고를 하고 퇴사할 수도 있는 직원들의 머릿속에 들어 있는 것으로 구성되어 있다. 이 마당에 주주들이 회사를 '소유'하고 있다는 것이 무슨 큰 의미가 있을까. 사치 앤드 사치의 이사회가 회사명을 제공한 사람인 모리스 사치를 사장직에서 해고했을 때 사치는 그 결정에 순순히 복종한 대신 브리티시 에어웨이스와 마르스 같은 주요 거래처와 핵심 직원을 데리고 나갔다. 그 직후 회사의 주식이 절반으로 떨어졌고 사치 앤드 사치의 주주들은 반토막이 된 회사를 소유하게 되었다. 사실 주주의 소유권이 어떤 것인지에 대해서는 명확한 정의를 내릴 수가 없다. 내가 셸의 주식을 약간 갖고 있다고 해서 그 회사 사무실을 임의로 쓸 수 있는 것도 아니고 비상시에 돈을 빌려달라고 요구할 수 있는 것도 아니다. 그 회사의 사람들을 소유한 것은 더더욱 아니다. 그 회사에는 주주인 나나 다른 사람이 소유한 노예는 단 한 명도 없고 단지 법과 계약에 의해 규정된 권리를 가진 직원들만 있는 것이다.

앞으로는 주주가 회사를 소유한다는 신화가 사라질 것이라 예상한다. 주주는 임대권 소유자 같은 성격으로 자신의 돈에 대한 임대료만 요구할 수 있을 뿐이다(이 경우 임대료는 회사 수익에 따라 가변적이다). 또한 주주는 채무불이행의 경우를 제외하고 회사를 판매하거나 폐쇄할 권리는 없다. 주주는 돈을 내놓고, 다른 사람은 시간, 기술, 아이디어, 경험을 제공한다. 이런 것들도 주주의 투자 자금 못지않게 각종 임대료를 받을 수 있다. 이제 기업은 그 누구도 단독으로 소유하기 어려워졌다. 아이디어를 제품으로 바꾸는 사람들의 집단(기업)을 누군가가 임의로 소유할 수 있는 재산이라 보는 것은 낡아빠진 사고다.

언제나 그렇듯이 통제할 수 없는 경제 상황이 변화의 지렛대로 작용할 것이다. 이미 시장에는 자본이 흘러넘친다. 1999년 미국 회사들은 벤처 캐피털로 500억 달러를 끌어들였는데 이는

149

1990년에 비해 스물다섯 배나 많은 것이다. 또한 같은 해 미국 회사들은 증권시장에서 70억 달러의 신규 자금을 조달했는데 이는 1990년에 비해 열다섯 배 많다. 1990년대에 미국 증권시장이 붐을 이룬 것은 투자처를 찾아 떠도는 자금이 그만큼 많았기 때문이다. 설혹 전 세계의 증권시장이 곤두박질치더라도 유동자금은 여전히 그대로 남아 있을 것이다. 그 결과 주주들은 전처럼 막강한 권한을 갖지 못하게 되었다. 돈보다는 아이디어가 부족하기 때문이다.

한편 점점 더 많은 사람들이 자신의 지식이 판매 가능한 가치임을 알게 되었다. 그들은 이제 시간당 계약인 임금이나 봉급을 받고서 그 지식을 팔려고 하지 않는다. 그들은 이익의 일정 비율을 보장하는 수수료나 로열티를 요구한다. 지불된 시간에 비례해 주어지는 돈이 봉급이라면 수수료는 지불된 시간과는 상관없이 생산된 일에 주어지는 돈이다.

피고용자(직원)는 임금을 받는다. 프리랜서는 수수료를 청구한다. 프리랜서는 자신의 노하우로 만들어낸 결과물을 판매할 뿐 노하우 자체를 판매하지는 않는다. 반면에 직원은 일의 결과가 아니라 시간을 회사에 팔아버림으로써 그 시간을 이익으로 전환시키는 노하우까지 암묵적으로 함께 팔아버리는 것이다. 앞으로 더 많은 프리랜서들이 자신의 지식을 철저히 통제하기 위해 회사를 상대로 수수료를 청구할 것이다. 그렇게 되면 정의하기 애매모호한 지적 재산을 소유한 벼룩들이 그것을 코끼리들에게 임대하는 일이 갈수록 더 많아질 것이다.

　브라질의 리카르도 세믈러는 자신의 독창적인 회사 셈코에 근무하는 직원들에게 정액 봉급, 로열티, 수수료, 주식 옵션, 목표 달성부 보너스 등 열한 가지의 서로 다른 보수 조건을 선택하게 한다. 직원들은 형편에 따라 여러 조건을 적절히 뒤섞을 수도 있다. 2천3백50명의 직원을 고용하고 있는 셈코는 실은 벼룩들의 느슨한 연방제다. 본부는 벤처 자본가, 엄마닭(mother hen, 과보호적인 태도로 대하는 사람－옮긴이), 컨설턴트 등의 개념을 뒤섞어놓은 기능을 담당하고 있다. 셈코는 직원들에 대한 신뢰가 너무 지나치다 싶을 정도로 과감한 인사정책을 실시하고 있다. 하지만 앞으로 점점 더 많은 회사들이 셈코의 뒤를 따를 것이고, 직원들을 서로 비슷한 인력이 아니라 저마다 개성을 갖춘 독특한 개인으로 취급해 각각 다르게 봉급을 지불할 것이다.

　회사가 그런 메커니즘으로 돌아가려면 개인들을 적극적으로 끌어안는 것이 중요하다. BBC 사장으로 영입된 존 버트는 봉급을 받는 임원이 아니라 자기 소유의 개인회사 명의로 고용 계약에 서명했다. 그는 시대를 앞서갔다. 기업계와 사회는 그 사실을 알고 깜짝 놀랐다. 독특한 재능을 가진 사람들은 앞으로 10년 이내에 이런 방식으로 고용 계약을 맺을 것이다. 앞으로는 개인의 대리인이나 변호사를 통한 고용 계약도 자주 이뤄질 것이다.

●

또한 현재 스타급 운동선수나 배우, 저자들에게 표준 규범으로 적용되고 있는 대리인을 통한 계약이 더 활발히 채택될 것이다. 이렇게 되면 회사는 골치 아프겠지만 변호사들은 일이 많아질 것이다. 벼룩들이 중요한 재산권을 갖고 있는 세상이므로 코끼리들은 이런 방식에 적응하지 않을 수 없다. 세믈러는 지난 6년 동안 셈코의 직원 이직률이 1퍼센트 미만이었다고 자랑했다.

그렇다면 앞으로 회사는 벼룩 집단의 연방체가 될까? 어떤 사람들은 사람들 모두가 그런 식으로 살기를 바란다고 말한다. 독립되어 있으면서도 자기 자신보다 큰 어떤 조직에 속해 있는 것이다. 런던 경영대학원 교수인 나이젤 니컬슨은 자신의 책 《인간이라는 동물을 관리하기 Managing the Animal》에서 인간의 두뇌 회로는 오래전 선조 시대부터 특정 상황에서 특정 행동을 하도록 "미리 정해져 있다"고 말했다. 니컬슨은 그 상황을 이렇게 설명한다. "석기시대에서 경영자를 만들어내는 것은 가능하지만 경영자에게서 석기시대를 만들어내는 것은 불가능하다." 이러한 신-다윈주의적 세계관 속에서 가장 이상적인 회사는 소규모 운영 단위, 유연한 위계제와 리더십, 개인의 개성을 존중하는 팀 프로젝트 방식으로 움직여야 한다. 또한 다양성을 강조하지만 높은 신뢰감과 참여의식을 배양해야 하며, 자기비판적이지만 개인의 성취를 인정하는 보상을 아끼지 말아야 한다. 앞으로 회사들은 이런 회사가 되려고 노력해야 한다.

●

사람들은 이런저런 방식으로 벼룩이 되려는 성향을 갖고 있다. 그런데 회사라는 조직 탓에 논리적 상자(조직도표상의 보직) 속으로 본능을 우겨넣었고, 학교 교육으로 인간성보다 이성을 더 존중하도록 설득당했다. 하지만 이제 코끼리들은 경제적 압력 때문에 직원들을 개인적 경제 단위로 인정하는 방향으로 점차 나아가고 있다. 그렇다면 회사들은 이제 회사 운영을 인간성의 흐름에 발맞춰 모든 사람에게 혜택이 돌아가게 해야 하지 않을까? 만약 사태가 이런 방향으로 진행되지 않는다면 국면이 전환되어 지적 재산권의 소유자인 핵심 직원들이 회사를 인질로 잡고 보상금을 요구하는 일이 생기지 않을까? 그것은 어쩌면 노동자가 생산의 수단을 장악해야 한다는 마르크스의 희망과 예언이 아주 기이한 방식(마르크스가 예상했던 것과는 전혀 다른 방식)으로 실현되는 일인지도 모른다.

달라지는 기업 문화와 개인

오늘날의 충성심은
첫째가 자기 자신과 자신의 미래에 관한 것이고,
둘째가 자기 팀과 프로젝트에 관한 것이며,
마지막이 회사에 관한 것이다.

코끼리든 벼룩이든 사람들 모두는 경제 전반을 하나의 배경으로 삼아 활동하고 있다. 인터넷과 그것이 일으킨 여러 가지 가능성 때문에 많은 사람들이 무한한 유연성과 무제한의 성장이 가능한 새로운 형태의 경제를 예측하고 있다. 새로운 테크놀로지 개발에 힘입은 미국 경제의 엄청난 성장은 이런 생각을 뒷받침하는 듯하다. 하지만 늘 그렇듯이 실제 상황은 그렇게 유토피아적이지 않다. 새로운 경제는 과거의 몇 가지 규칙을 답습하고 있는 것으로 드러났다. 이익은 무제한 늘릴 수 있는 것이 아니며 주가는 올라가는가 하면 내려간다. 새로운 테크놀로지가 새롭고 멋진 시설과 도구를 가져다준 것은 분명하다. 그러나 이런 것들은 잠시 동안 즐거움을 줄 뿐 세상을 바꾸어놓지는 못할 것이다. 물론 그중 어떤 것은 굉장한 파급효과를 가져올 대단히 새로운 테크놀로지다.

디지털 혁명의 그늘

다음과 같은 말은 일리 있어 보인다. "사람들은 보통 다섯 살이 되기 전에 발생한 테크놀로지의 변화는 하나의 규범으로 삼는다. 서른다섯 살 이전에 발생한 테크놀로지에는 흥분하고 새로운 가능성의 문을 열어준다. 그러나 서른다섯 살 이후의 테크놀로지에는 당황하고 난처해한다."

그렇게 때문에 요즘 어린아이들은 컴퓨터와 휴대전화를 자연스럽게 받아들인다. 디지털 혁명은 20대의 기업가가 주도하고 있으며 나머지 세대들은 의심스러운 눈초리로 그것을 바라본다.

인생 후반기를 보내고 있는 나는 새로운 테크놀로지를 열광적으로 받아들이는 사람이 될 것 같지는 않다. 기술의 변화는 창조 정신의 결과이면서 되돌릴 수 없는 것이기 때문에 테크놀로지의 개발을 중단시킬 수도 없고 그렇게 해서도 안 된다. 잠시 당황과 흥분의 시기를 거친 다음 이런 기술 변화를 일상생활에 받아들여 마치 그것이 생활의 일부분였던 양 살아나갈 것이다.

사회 초년생 시절 쿠알라룸푸르에서 셸의 마케팅 보조로 일하던 무렵, 셸에서는 어느 지역에 부임하면 그곳에서 통상 3년을 근무해야 했다. 나는 크리스마스 때 아일랜드의 집에 국제 전화를 걸면 아주 멋지리라 생각했다. 하지만 국제 전화를 거는 것은 간단하지 않았다. 몇 주 전에 전화 예약을 해두어야 했고 또 예약 날짜에 전화기를 들면 전 세계의 교환대에서 교환대로 전화가 연결되는 동안 하염없이 기다려야 했다.

"봄베이에서 카이로로 연결합니다. 거기서 런던으로 연결해 주세요." 이런 식으로 연결되어 아일랜드 우리 집까지 닿기 직전에 고향 마을 우체국장인 존스 부인이 수화기 너머에 등장했다.

"핸디 씨예요? 당신 부모님이 전화를 기다리고 있어요. 여긴 날씨가 아주 추워요. 당신이 있는 곳은 날씨가 어때요?"

나는 존스 부인의 안부 인사에 서둘러 대꾸했다.

"실례입니다만 존스 부인, 당신의 목소리를 듣게 되어 아주 기쁩니다. 하지만 전화 시간이 5분으로 제한되어 있으니 얼른 부모님과 통화하고 싶은데요."

그러면 그녀는 마지못해 전화를 연결시켜주었다. 지구 반대편에 있는 사람과 통화하는 일이 흔하지 않던 시절의 일이다.

현재 내 딸은 뉴질랜드에서 일하고 있다. 우리 부부는 매일 딸에게 이메일을 보내고 일주일에 한 번씩 전화 통화를 한다. 또 1년에 두 번씩 런던이나 뉴질랜드, 아니면 중간 지점에서 만난다. 나의 40년 전 직장 생활을 생각하면 격세지감이 느껴지면서 동시에 통신시설에 일대 혁명이 일어났다는 것을 절감한다. 사람들은 이런 기술 변화를 자연스럽게 받아들인다. 그래서 나는 지금 런던에서 유로스타를 타고 파리로 가서 점심식사를 하듯 언젠가는 금성으로 우주여행을 떠나는 것도 흔한 일이 될 것이라 예상해본다.

나는 또한 기술 변화의 유혹에도 깊은 인상을 받았다. 뭔가 신기한 것이 존재하면 사람들은 그것을 사용해보고 싶어 한다. 지금은 단 하루 만에 쿠알라룸푸르에서 런던까지 비행기로 날아와 회의에 참석하는 것이 가능해졌다. 24시간 내내 전 세계를 상대로 비즈니스를 할 수 있어 모두들 그렇게 하고 있다. 그렇게 사람들은 자신을 탈진시킨다. 내가 최초로 독립적으로 부서를 운영해본 것은 사라왁에 있는 셸의 마케팅 회사였다. 당시에는 지역 사업본부나 싱가포르에 있는 나의 상사에게 직접 연결되는 통화 라인이 없었기 때문에 현지 책임자가 알아서 부서를 관리해야 했다.

어쩌면 그게 더 좋은 방법이었는지도 모른다. 회사의 상급자들이 나를 평가할 수 있는 자료라고는 경영 실적뿐이었으니까. 사태가 아주 심각해지기 전에는 찾아오는 데에만 이틀이 걸리는 그런 오지를 방문하겠다는 중역은 별로 없었다. 당시 나는 스물네 살로 휘발유와 등유의 차이도 제대로 모르는 신출내기였지만 그래도 업무를 재빨리 배웠다. 실수를 해도 사람들이 눈치 채기 전에 그것을 시정할 시간이 있었다. 상급자들의 감시와 감독이 엄격한 오늘날에 그렇게 실수를 바로잡는 것은 아마도 불가능할 것이다. 그러므로 오늘날 회사에서는 사원들이 실수하는 일이 전보다 적겠지만 그에 비례해 배우는 것도 적고 책임 의식도 적은 것이다.

변하지 않은 문제
●

초창기의 전자 소매업이나 B2C는 기술전문가들의 예측과는 다르게 그리 성공적이지 못했다. 가령 당신이 사들이려는 것이 정보나 조언 또는 그와 유사한 상품인 비행기 항공권, 호텔 예약, 주식 등이라면 디지털 소매업은 비교적 성공을 거둔 셈이다. 하지만 여기에는 프라이버시와 비밀 보장이라는 문제가 아직도 미해결로 남아 있다. 반면 당신이 원하는 게 직접 배달해야 하는 구체적인 물건이라면, 상황은 사람들이 물건을 박스에 넣어 트럭에 싣고 시간에 맞춰 배달처에 나타나던 과거의 그 시스템과 별반 달라지지 않았다. 그 상황은 과거의 우편 주문이나 내 어린 날의 아일랜드 목사관 물건 배달과 크게 다르지 않다. 어머니는 일주일에 한 번 더블린 잡화상에 전화를 걸어 물건을 주문했는데 그러면 그 가게의 배달차가 매주 금요일 아침 우리 집에 물건을 배달했다. 그런데 주문한 것 중 꼭 한 가지 정도는 '재고 없음' 또는 '잘못 배달된 물건'이었다.

온갖 화려하고 요란한 스포트라이트를 받았던 초기 닷컴 회사들의 경영 문제는 기존 기업들의 당면 문제와 별반 다르지 않은 것으로 판명되었다. 웹사이트를 디자인하는 것은 신나는 일이었다. 하지만 닷컴 기업의 창업자들은 그들의 사업 아이디어를 구체적인 사업 계획으로 만들어내야 했다. 그들은 잠재적인 투자자, 은행, 벤처 자본가를 찾아다니면서 그 아이디어를 팔아야 했다. 하지만 돈을 가진 사람들은 언제나 그렇듯이 회의적이고 조심스러웠으며, 막연한 꿈만 믿고 자신의 돈을 내놓는 것을 망설였다. 또한 힘들게 돈을 확보했다고 해도 마케팅과 홍보 문제가 남아 있었다. 그 외에도 창고 관리, 유통, 전화 상담센터 운영 등 골치 아픈 문제들이 줄줄이 이어졌다. 이렇게 하자면 과거 기업들이 했던 바와 똑같이 인력 고용, 물류 관리, 인력 연수를 실시해야 하는 것이다.

나는 초창기 영국 경매 사이트인 퀵셀의 창업자 얘기를 들은 적이 있다. 그가 말하기를 자신이 당면한 문제는 비즈니스 아이디어나 테크놀로지와는 전혀 상관없다는 것이었다. 진짜 골치 아픈 문제는 직원들이 정시에 출근하지 않는 것이었다. 또 다른 디지털 소매업체 사장은 영국 북부에 위치한 전화 상담센터의 젊은 직원들을 대상으로 도무지 동기 유발을 할 수가 없다고 불평했다. 직원들이 매력적인 회사에 입사해서도 따분한 일을 하고 있다고 생각해 회사에 좀처럼 정을 붙이지 못한다는 것이었다. 그런 이유로 한 해 이직율이 30퍼센트가 넘었고, 이 때문에 당초 사업 계획서에서는 감안조차 하지 않은 비용 손실이 생겼다고 했다. 또 다른 닷컴 기업 사장은 이렇게 말했다. "젊은이의 혈기가 경험 부족을 메우리라고 생각한 게 잘못이었습니다. 나는 창업 멤버들을 모조리 해고해야 했습니다."

또 다른 닷컴 창업자는 비즈니스의 어느 부분에서 흑자가 나고 어느 부분이 적자인지 내게 말해주지 못했다. 그 사장은 너무 바쁜 나머지 재정 통계를 제대로 하지 못하고 있었다. 그 사장의 부하 직원들은 계속해서 연소 속도(초기 자본금이 모두 소진되는 시간)에 대해서만 말하고 있다고 불평했다. "그들은 회사의 장래나 사장인 나를 믿지 못하고 있어요." 나는 그들의 걱정이 타당하다는 생각이 들었다. 인력과 돈 관리는 디지털 세계의 성공을 결정짓는 중요한 선결 조건이기 때문이다. 아무리 변해봐야 결국은 그게 그거다. 아무리 새로운 세계라 할지라도 그 자체의 새로운 기술뿐만 아니라 과거의 낡은 기술도 필요한 것이다.

〈이코노미스트〉는 디지털 세계의 전반적인 상황을 검토하고 그 세계를 다룬 여러 책들을 종합해 디지털 기업을 관리하는 열 가지 기술을 아래와 같이 소개했다.

- ▶ **속도** 모든 것이 전보다 더 빠르게 이루어진다. 관료제는 의사 결정 속도를 지연시킨다.
- ▶ **좋은 사람** 숫자는 줄이고 능력은 높여라.
- ▶ **개방성** 투명성이 효과를 발휘한다.
- ▶ **협동** 팀은 건물을 쌓아올리는 벽돌이다.
- ▶ **기강** 문서와 표준 절차가 효율성의 핵심이다.
- ▶ **원활한 의사소통** 진행 중인 사건에 대해 잘 알고 있어야 한다.
- ▶ **콘텐츠 관리** 정보의 80퍼센트는 불필요한 것이다.
- ▶ **고객 집중** 모든 고객을 하나의 개인으로 대우하라.
- ▶ **지식 관리** 알고 있는 것을 서로 나눠라.
- ▶ **솔선수범하는 리더십** 말하는 것을 실천하고 온라인 상태를 유지 하라.

나는 이 열 가지 리스트에 별로 감명받지 못했다. 비록 순서 의 차이는 있을지언정 이 리스트는 내가 지난 30년 동안 회사와 경영자에게 줄기차게 요구한 바로 그것이었기 때문이다. 디지털 세계의 경영은 결국 상식의 문제다. 정말로 어려운 것은 구체적 인 실천이다.

체험 경제의 중요성

과연 디지털 세계가 얼마나 새로운 것인가? 이 문제를 곰곰이 생각하던 중 나는 《19세기 인터넷 텔레그래프 이야기》라는 책을 쓴 톰 스탠디지의 강연을 접했다. 왕립 예술학회에서 있었던 그 강연 직후의 토론에서 스탠디지는 우리가 전에 이미 이런 일을 겪었다고 말했다. 전보는 1840년대에 발명되었다. 그때 거미줄 형태의 전보망이 기하급수적으로 늘어났다. 전보는 새로운 회사와 새로운 비즈니스 모델을 만들어냈고 전에는 상상할 수 없을 정도로 회사의 업무 속도를 가속화시켰다. 회사들은 이 새로운 테크놀로지를 받아들일 수밖에 없었다. 정보의 과부하와 가정생활을 침해한다는 불평불만이 터져나왔다. 새로운 형태의 범죄가 생겨나 관련 규약과 암호를 제정해야 했다. 전신사들은 대화방에서 의사소통을 하면서 농담을 하고 소문을 교환하고 장기를 두었다. 그러다가 먼 도시에 있는 전신 교환사들 사이에 로맨스가 생겨나기도 했다.

스탠디지는 전보 체제에 관해 많은 과장된 말이 떠돌아다녔다고 했다. 어떤 사람은 이렇게 말했다. "지구상의 모든 사람들이 하나의 지적知的 형제애로 뭉칠 것이다." 관련 전문가들은 새로운 평화의 시대를 선언했다. "과거의 편견과 적대감이 이전 그대로 존재하는 것은 불가능하다. 이 도구를 통해 지구상의 모든 국가들이 사상을 자유롭게 교환할 수 있기 때문이다."

하지만 사태는 전문가들의 예측대로 돌아가지 않았다. 세상은 곧 이 새로운 도구에 적응했고 생활은 이전 그대로 흘러갔다. 오늘날 통신기술의 새로운 개발 제품이 속속 등장해도 사람들은 그것을 곧 당연하게 여길 것이다. 톰 스탠디지는 이렇게 결론지었다. 빅토리아 시대의 사람들이 다시 환생한다면 비행기는 신기하게 여기겠지만 인터넷은 옛날부터 있던 것의 변형이라고 생각할 것이라고. 빌 게이츠가 솔직히 시인했듯이 기본적 건강 유지나 영양 상태 등에 비한다면 보편적인 인터넷 접속은 우선순위 리스트에서 한참 처진다. 제네바에 있는 어떤 민간 금융회사가 〈이코노미스트〉에 다음과 같은 광고를 냈다. 그 회사는 "우리는 지난 2백 년 동안 온라인으로 일해왔습니다. 다르게 말하면 우리의 고객과 직접 상담해왔습니다."라는 제목으로 이렇게 주장했다. "우리는 가장 최신의 데이터와 의사소통 기술을 마스터했습니다. 그러나 이런 기술적 개혁은 자신감, 인접성, 반응성 등 인간관계의 가치를 강화하는 보조수단이며 이러한 인간관계야말로 우리 사업의 핵심인 것입니다."

이 광고의 숨은 뜻은 매우 중요하다. 크게 볼 때, 새로운 테크놀로지는 이미 발생한 것을 강화하는 것일 뿐 대체하는 것이 아니다. 오늘날 친숙한 직업의 대부분은 앞으로 20년 후에도 그대로 존속할 것이다. 물론 그 직업의 품질이 새로운 테크놀로지로 강화되기는 할 것이다. 가령 디지털 소매업체의 웹사이트 뒤에는 제품 창고와 유통 시스템이 받쳐줘야 하고 다운로드되는 모든 전자책의 시작에는 저자가 있어야 한다. 배관공과 전기공은 좀 더 하이테크 쪽으로 이동하겠지만 20년 후에도 여전히 존재할 것이며 의사, 간호사, 기타 전문직들도 마찬가지로 건재할 것이다. 주방은 완전 자동화되어 휴대전화에서 전송하는 메시지에 따라 맞춤 음식을 차려낼 것이다. 하지만 사람들은 여전히 외식을 할 것이다. 부자가 될수록 좋은 물건은 물론 좋은 체험을 사들이려 할 테니까.

연극 관람, 여행, 외식, 축구 경기 관람 등 소위 체험 경제가 오래전에 실물 경제를 앞질렀다. 1980년에는 2억 8천7백만 명의 사람들이 해외여행을 했다. 2020년이 되면 16억 명 혹은 전 세계 인구의 20퍼센트가 해외여행에 나서리라 예상된다. 영리한 마케팅 담당자들은 평범한 활동도 하나의 체험으로 이벤트화한다. 쇼핑은 이제 가족 외출의 멋진 구실이 되었다. 항공사는 일이 바쁜 기업의 중역을 여기에서 저기로 옮겨주는 일만 담당하는 것이 아니라 수면, 사색, 연예 등의 휴식 공간을 제공한다. 항공사들은 이렇게 말한다. "우리와 함께 여행하는 체험을 즐겨보세요."

이렇듯 체험 경제에서는 회사들이 물건을 사고파는 것이 아니라 경험이나 추억을 사고판다. 앞으로 20년 동안 사람들은 더 많은 가처분 소득을 확보하게 될 것이다. 그리고 그 돈을 처분할 대상을 찾을 것이므로 체험 경제의 규모는 더욱 늘어날 것이다.

앞으로 경제는 새로운 테크놀로지에게 지원받을 것이고, 사람 중심의 서비스가 주를 이룰 것이다. 실제로 체험에 더 많이 투자할수록 더 많은 사람들이 그 체험에 가담한다. 고급 호텔들은 손님들의 온갖 비위를 맞추기 위해 그들이 채용한 직원 수를 자랑한다. 테크놀로지가 사회를 더욱 부유하게 만들면, 역설적으로 더 많은 인간적 관계가 고용을 창출한다. 전에는 하인들이 했던 일을 이제는 직원들이 품위를 갖추고 해주는 것이다. 그런 일이 하나의 의무로 여겨지는 것이 아니라 이익을 올리는 사업으로 인식되기 때문이다. 1백 년 전만 해도 요리사, 운전사, 청소부, 정원사는 '가정의 하인'으로 분류되었다. 고용 통계에서 이들이 가장 큰 그룹을 차지했다. 현재 국가의 공식 통계에는 이런 카테고리가 이미 사라졌지만 운전사, 요리사, 청소부라는 직업은 여전히 존재해 필요한 사람들에게 서비스를 제공한다. 단지 이제는 '요리사 주식회사', '운전사 파견업' 등의 표현에서 보다시피 독립 기업 형태를 취하고 있다는 점이 다르다.

콘텐츠를 제공하는 개인들

●

사회가 점점 부유해지자 사람들은 좀 더 유기적인 제품과 환경

●

친화적인 방식에 눈을 돌리게 되었다. 수제품이 고급 제품으로 인식되고 전통적인 제품이 양호한 제품으로 인정받는다. 수공업자들과 새로운 스타일의 장인들은 휴대전화를 이용해 본사의 상황을 체크하고 회사의 주가를 살펴보지만, 그들이 하는 일은 수 세기 동안 이어져 내려온 일과 똑같고 앞으로도 그럴 것이다. 어쩌면 더욱 복고적인 취향으로 돌아갈지도 모른다.

가령 내가 지금 짓고 있는 시골 별장의 별채를 예로 들어보자. 나는 환경적인 이유로 대마大麻를 이용해 벽을 쌓았다. 대마에 석회석을 섞으면 훌륭한 보온재와 단열재가 되며 또 소음을 잘 흡수한다. 게다가 자연적인 분위기가 나므로 보기에도 좋다. 대마는 들에서 자라는 것이기 때문에 순수 그 자체다. 하지만 대마와 석회의 혼합물을 지지목 사이에다 사람 손으로 직접 부어넣어야 하고 또 굳을 때까지 지켜보아야 한다. 이것은 아주 오래된 노동집약적 건축방식으로 16세기 튜더 왕조 시대 사람들이 목조 가옥을 짓는 방법과 별반 다르지 않다.

어떤 제작 업체들은 제품을 시장에 직접 출하하는 것보다는 총괄적인 서비스 체험을 제공해야 사람들이 지갑을 열 것이라 말한다. 제품은 개인적 서비스의 제공이라는 장막 뒤에 얼굴을 감추고 있다. HP는 컴퓨터 하드웨어에 필요한 조언과 자문을 지원한다. 유니레버는 청소기 제품을 가정에 판매하기 위해 가정내 청소 서비스를 제공하는 실험을 하고 있다. 셸은 자사 화학제

품의 판매를 촉진하기 위해 실험적 세탁소를 운영한다. 이제 당신은 자동차뿐만 아니라 카펫까지도 임대하라는 권유를 받고 있다. 에어컨을 사지 말고 에어컨 기능을 해주는 서비스를 사라. 소유는 따분한 것, 접촉이야말로 중요한 것이라고 제러미 리프킨은 《소유의 종말》에서 말한다.

컴퓨터는 모든 것을 개인화함으로써 체험의 수준을 한 단계 높였다. 화면 위에 있든 메일에 저장되었든 누군가가 당신에게 보낸 메시지에는 당신의 이름이 들어 있다. 하지만 아무도 속지 않는다. 진정으로 개인적인 것이 되려면 사람과 사람의 접촉이 있어야 한다. 다시 말해 모든 체험의 밑바탕에는 견고한 무언가가 도사리고 있어야 한다. 좋은 연극이 없다면 극장은 공허한 체험의 장이고, 살 만한 물건이 없다면 쇼핑은 좌절의 경험일 것이다. 사람들은 콘텐츠가 핵심이라고 말한다. 지식과 아이디어가 콘텐츠의 대부분을 제공하는 정보 시대에는 그런 콘텐츠를 제공해줄 개인이 필요하다. 규모의 경제와 든든한 자금력이 필요한 테크놀로지는 코끼리 회사들이 통제할 것이다. 그러나 그것도 콘텐츠가 없으면 궁극에는 가치가 없어진다. 콘텐츠는 구체화된 아이디어고, 아이디어는 혼자 또는 집단으로 존재하는 개인으로부터 나온다.

그러므로 과거에도 그랬지만 재능은 귀중한 것이며 미래에는 더욱 귀중해질 것이다. 연봉은 점점 더 오르고 있지만 재능 있는 벼룩들 모두가 자신의 지적 재산을 코끼리에게 팔아넘기지는 않는다. 전통적인 대기업에 근무하던 네 명의 젊은이가 퇴사해 런던에서 혁신적인 스타트업을 시작했다. 하지만 그들의 잠재력을 충분히 실현하려면 그들의 능력을 벗어나는 재력이 필요했다. 그래서 그들은 아깝지만 회사를 대기업에 팔아야겠다고 생각했다. 어느 대기업이 그 스타트업에는 관심이 없고 네 명의 젊은이에게만 관심이 있다고 말했다. 만약 그들이 대기업에 입사한다면 50만 파운드를 선불로 지급할 테니 그 돈으로 스타트업 원투자자들의 돈을 돌려주라고 했다. 네 명은 그 제의를 일언지하에 거절했다. 그들에게는 자유가 더 소중했던 것이다.

새로운 형태의 부익부 빈익빈

●

재산도 까다로운 문제다. 새로운 세상에서 아이디어, 정보, 지능은 새로운 부의 원천이다. 이러한 부는 종류가 다르다. 나는 내가 알고 있는 것을 당신에게 모두 줄 수 있다. 하지만 그런 다음에도 땅이나 현금과는 다르게 그 지식을 여전히 소유한다. 지능 또한 범위를 정하거나 말뚝을 치기 어려운 개념이다. 그것은 남에게 덜어주거나 재분배할 수 없다. 측정되지 않기 때문에 세금을 매길 수도 없다. 사람들은 간혹 타인에게 자신의 아이디어를 내

●

보이고 싶어 한다. 또는 혼자 간직하고 싶어 하기도 한다. 하지만 당신의 아이디어를 가시적인 모양이나 형태로 만들 수 없다면 그에 대한 특허를 어떻게 신청할 수 있을 것인가?

이처럼 자신이 생산한 것의 소유를 주장하기가 점점 더 어려워지고 있다. 이런 상황은 변호사들에게 재미있는 일거리와 이익을 많이 안겨다줄 것이다. 앞으로는 소유보다 접속이 더 중요해질 것이다. 또 어떻게 보면 비소유적 재산의 세계가 경제를 활성화시킬지도 모른다. 왜냐하면 그것은 이렇다 할 재산이 없는 사람도 포함하기 때문이다. 최근에 미국 법은 유전자의 특허를 인정했다. 그런 특허를 가진 회사나 기관은 연구나 신제품 개발을 위해 그 유전자를 필요로 하는 사람에게 일정 수수료를 부과할 수 있다. 사람들은 자신들이 발견했다고 주장하는 지식에 접속해오는 사람에게 일정한 접속료를 받아 챙길 수 있게 되었다. 만약 이 법률이 지속된다면 발견과 발명의 구분이 아주 모호해질 것이다. 유전자는 발명된 것이 아니다. 그것은 늘 거기에 있었다. 단지 따로 분리되거나 명명되지 않았을 뿐이다.

지금까지는 특허가 오로지 발명품에만 주어졌다. 다행스럽게도 찻잎을 처음 발견한 사람들은 그 이파리를 특허 내겠다는 생각은 하지 않았다. 만약 그런 특허가 진작 있었다면 오늘날 차를 마시는 사람은 그 숫자가 훨씬 적었을 것이다. 모든 찻잎 재배자가 로열티를 지불해야 한다면 찻값이 지금보다 훨씬 올라갔을 테니 말이다. 유전자든 식물이든 새로 발견된 자연의 한 조각에 대한 특허권이 인정된다면 비소유적 재산의 세계라는 비전은 산산조각 나고 말 것이다. 어떤 사람은 그 덕분에 지금보다 더 부자가 되겠지만 나머지 사람들은 지금보다 더 가난해질 것이다.

어떤 사람들은 정보와 지식이 거의 무료로 공급되는 세계는 모든 사람에게 기회의 평등을 가져올 것이므로 접속료를 부과해 그런 가능성을 위태롭게 하면 절대 안 된다고 말한다. 이렇듯 사회가 지식을 어떤 유형의 재산으로 취급할 것이냐에 따라 자유주의자들의 꿈은 실현될 수도 있고 영구히 죽어버릴 수도 있다. 지식을 무료로 유지한다면 인도의 외딴 마을 사람들도 캘리포니아 별장의 부자 못지않게 외부 세계에 손쉽게 접속할 수 있을 것이다. 모든 사람들이 자동차 회사들이 연합해 세워놓은 구매 중심축에 접근해 자신들의 제품을 동시에 진열할 수 있다면 독점 체제는 단번에 붕괴할 것이다. 지식의 소나기는 부자와 가난한 사람, 가까이에 있는 사람과 멀리 있는 사람을 따지지 않고 공평하게 내릴 것이다. 이렇게 된다면 모든 사람을 위한 공평한 교육은 하나의 현실태가 될 것이다.

그러나 어떤 사람들은 이런 새로운 정보의 원천이 과거의 부의 원천과 마찬가지로 가난한 사람과 부유한 사람을 구분하는 수단이 될 것이라 우려한다. 설혹 새로운 정보가 공짜라 할지라도 부유한 기업들만 이 웹의 전초기지인 포털에 접근하는 능력을 갖고 있기 때문이라는 것이다.

그러므로 디지털 세계는 착잡한 축복이라 할 수 있다. 많은 것이 더 빠르게 움직이고 더 저렴해지겠지만 예기치 않은 부작용도 있을 것이다. 하지만 하늘에서 만나(manna, 이스라엘 민족이 40일 동안 광야를 방랑하고 있을 때 여호와가 내려주었다고 하는 양식 – 옮긴이)가 공평하게 내리지 않는다고 해서, 또 그 맛이 마음에 들지 않는다고 해서 사람들 마음대로 하늘로 되돌려 보낼 수는 없다. 불가피한 것은 무시할 것이 아니라 받아들이는 법을 배워야 하고, 그것을 너무 지나치게 좋아하지도 말아야 한다. 늘 그래왔듯이 사람들은 결국 적응할 것이고 궁극적으로 생활, 사랑, 웃음은 계속될 것이다. 설혹 주변기기들이 그간 알아왔던 것보다 더 이국적이고 더 디지털적이라 할지라도 봄의 냄새는 여전히 달콤할 것이다. 정보는 거대한 쇳덩어리나 자동차보다 환경에 피해를 덜 입힐 것이기 때문에 오히려 봄의 냄새가 더욱 향기로울지도 모른다. 그리고 사랑, 질투, 야망과 탐욕, 자존심과 동정심, 죽음과 인생의 의미 등을 다루는 셰익스피어의 연극은 더욱 많은 감동을 줄 것이다. 그런 것들이야말로 영원히 사라지지 않는다.

단절적 테크놀로지

•

새로운 테크놀로지의 약속에 유혹되는 것이 피상적인 일이라면 새로운 테크놀로지를 무시해버리는 것은 손쉬운 일이다. 하지만 진실은 어쩌면 그 중간쯤에 있는지도 모른다. 비록 컴퓨터의 지원은 받겠지만 많은 유형의 일들이 앞으로도 계속될 것이다. 하지만 어떤 일은 영원히 사라져버릴 것이고 새로운 일이 많이 창조될 것이다. 앞으로 20년 후 더욱 멋진 명칭으로 바뀔 수는 있어도 도시 계획가, 건축가, 디자이너 등의 직업은 여전히 남아 있을 것이다. 한 젊은 여인은 나에게 이렇게 말했다. "나는 건축가 수업을 받았습니다. 하지만 지금은 나 자신을 공간 치료사라고 부르고 있어요."

더욱 중요한 것은, 사람들이 의사소통 및 정보의 획득과 교환에 관한 완전히 새로운 방식을 알게 되었다는 사실이다. 그 효과가 지속적으로 쌓이면 사람들의 일하는 방식을 크게 바꾸어놓을 것이다. 그런 의미에서 볼 때 인터넷은 현재의 과장된 선전을 실제로 실현해 이 세상을 영원히 바꾸어놓는 '단절적 테크놀로지(disruptive technology, 연속적 테크놀로지인 대부분의 기술과 달리 자동차, 텔레비전, 인터넷 등은 기존의 어떤 기술과도 연결이 되지 않는 단절적 기술임 – 옮긴이)'일지도 모른다. 그러한 변화들의 첫 번째 조짐이 이미 나타나고 있다. 산업 전체가 재편되어 관련 기업들에게 엄청난 파

•

급효과가 미치고 있는 것이다. 한 기업에게 나쁜 소식은 종종 다른 기업에게 좋은 기회가 된다. 혼란의 와중에서 가능성을 엿보기는 정말 어렵지만 창조성은 혼란에서 태어난다.

무엇보다도 이전 산업의 중간, 즉 허리 부분이 사라지고 있다. 내가 깊이 관여하고 있는 출판 업계야말로 그 구체적인 사례다. 현재 저자인 나와 독자인 당신 사이에는 일련의 과정과 조직이 있다. 일반적으로 저자의 대리인과 출판사가 있다. 또한 출판사는 책의 편집이 끝나면 디자이너와 인쇄 업체를 선정해 최종 제품인 책을 만들어낸다. 그러면 완성된 책은 유통업자의 창고 혹은 도매상으로 갔다가 최종적으로 서점에 도착해 독자의 선택을 기다린다.

그러나 현재 이러한 유통 체인 중에서 저자와 독자를 빼놓고 그 중간에 끼어 있는 것들은 존립이 위태롭다. 동시에 저자와 독자의 연결 방식에는 다양한 옵션의 범위가 생겨났다. 먼저 아마존 닷컴의 사례에서 보듯이 서점을 없앨 수 있다. 출판사는 도매상과 서점(실물이든 가상이든)을 가볍게 뛰어넘어 전자 출판을 시도할 수도 있다.

만약 저자인 내가 대담한 성격이라면 그 모든 과정을 뛰어넘어 내 글을 웹사이트에 올려놓고 나서 다운로드하려는 사람들에게 소정의 수수료를 받을 수도 있다. 또한 여기서 한 발 더 나아가 누군가가 내 글에다 논평을 덧붙인 다음 그것을 그대로 유통

시킬 수도 있다. 마치 중세의 필사본이 유통되면서 내용이 덧붙여지는 것이나 하이테크 세계에서 컴퓨터 시스템인 리눅스가 개발되는 것처럼 말이다. 그렇다면 이런 결과로 나온 책은 누구 소유인가? 그것은 리눅스처럼 누구나 공짜로 사용할 수 있는 것이 될까? 그렇게 된다면 저자인 나는 저작권료를 어떻게 받을 것인가?

이처럼 업계의 중간 부분이 사라지는 현상에 중간배제라는 멋진 이름이 붙었다. 그리고 신규 업체들이 그 비어버린 중간에 손쉽게 끼어들 수 있게 되었다. 어떤 현상에 전문적 용어까지 붙었다면 그 현상이 확실히 벌어지고 있다는 의미다. 이제 모든 정보 기업들이 중간배제 현상을 목격하고 있다. 인터넷 화면이나 휴대전화 화면에서 당신이 원하는 형태로 모든 뉴스를 얻을 수 있기 때문에 신문이나 소식지는 쓸모없게 되었고 실제로 많은 사람들이 그 필요를 느끼지 못한다.

하지만 그런 문제에 직면한 사람은 그들만이 아니다. 코끼리들은 그들이 익숙하고 또 성공을 거두었던 세계와는 아주 다른 세계에 어떻게 적응할지에 관한 문제에 직면해 있다. 지금까지 효과가 좋았던 평생의 습관을 하루아침에 바꾸기는 정말 어렵다. 그러므로 모든 기업은 근간이 되는 사업 아이디어를 재점검해 현재 상황에도 타당한지, 또 지금까지 돈을 벌어온 방식이 여전히 유효한지 살펴보아야 한다.

허리가 사라진다

●

중간배제 현상은 계속되고 있다. 컴퓨터나 전화로 주식을 사고팔
수 있기 때문에 주식 브로커는 더 이상 필요하지 않다.

가장 획기적이고 가장 중요한 중간배제 현상은 바로 금융제
도의 간소화다. 스마트카드가 등장해 개인 화폐의 한 형태가 될
것이다. 많은 기업들이 은행보다 더 값싸고 효율적으로 대부 계
획을 실시하고 있다. 포드 자동차 회사는 자동차로 얼굴을 가린
은행이라는 말이 있다. 자동차(와 할부 판매)를 하나의 매개로 사
실상 돈놀이를 하고 있다는 것이다. 데이비드 하웰은 자신의 책
《오늘날의 변방The Edge of Now》에서 이렇게 주장했다. "이미 존재
하고 있는 개인 결제 시스템은 중앙은행의 결제 시스템을 불필
요하게 만들었다. 중앙은행은 더 이상 은행 간 결제를 지원하기
위해 지불준비금을 보유할 필요가 없게 되었다." 그렇다면 경제
가 통제 불능의 상태로 들어갔다는 말인가?

어쩌면 이미 그렇게 되었는지도 모른다. 런던 금융시장에서
하루에 거래되는 돈의 양이 영국의 1년치 재화 및 서비스의 양과
맞먹는다. 이 때문에 중앙은행이 환율을 통제하려는 시도는 거의
무의미해보인다. 그렇다면 이들 중앙은행은 1년에 한 번 정기회
의를 통해 이자율의 수준을 결정하는 것 말고는 할 일이 없어지
는 것이 아닐까?

●

과감하게 생각해본다면 제품의 원천과 최종 소비자 사이에 낀 모든 세력은 중간에 해당한다. 앞으로 20년 동안 거의 모든 직장이 중간배제 현상의 일부가 될 수 있다. 온 세상의 정보가 손가락 끝에 있기 때문에 컴퓨터의 지원을 받는 DIY Do-It-Yourself의 가능성에는 제한이 없다. 당신은 자동차를 웹상에서 사고 중고차를 경매 사이트에서 팔면 되기 때문에 자동차 대리점을 방문할 필요가 없다. 그런데도 왜 자동차 대리점이 필요할까?

그 이유는 해석이 없는 정보는 자료에 불과하기 때문이다. 정보를 유익한 지식으로 전환하려면 철저한 분석, 맥락의 이해, 해당 분야에 대한 전문 지식 등이 필요하다. 그리고 시간과 에너지를 들여야 한다. 대부분의 사람들은 인생의 많은 분야에서 자기 자신을 교육할 시간이나 여력이 없다. 따라서 많은 산업들의 중간은 여전히 필요하겠지만 그 존속 형태는 크게 바뀔 것이다. 물품을 배달하는 조직은 안내인, 해설가, 교사 등으로 대체될 것이다. 주로 개인이거나 소기업인 이들은 인터넷상에서 움직이면서 방대한 자료를 소비자의 필요에 따라 적절히 가공할 것이다. 중간 지대의 일은 여전히 남아 있겠지만 그 형태는 다를 것이다. 만약 과거의 경험이 어떤 지침이 될 수 있다면 그 중간 지대의 일은 지금과는 다른 사람과 다른 조직이 해낼 것이다.

더 넓게 말해서 전통적 기업들의 중간배제 현상은 그 비어버린 중간을 새로운 방식으로 채우는 기회를 제공한다. 그러나 현재 전통적 산업에 종사하고 있는 사람들은 앞날의 변화에 재빨리 반응할 것 같지 않기 때문에 신규 세력이 그 빈 공간을 파고들 것이다. 그러므로 당신은 상자(인식의 틀) 안에서 안주하지 말고 상자 밖으로 나가 그것을 어떻게 다시 디자인할 것인지 살펴야 한다. 빈 중간을 메울 새로운 세력은 종종 관련 업계 밖에서 올 것이므로 그들이 오고 나서야 관련 업계 종사자의 눈에 띈다. 변화는 우회로를 따라오므로 익숙한 길을 가는 기존의 종사자들을 완전히 제쳐버린다. 돌이켜보는 것은 부고 작성자에게나 필요하다. 너무 늦기 전에 이런 분명한 것을 보기 위해서는 코끼리에게 벼룩(그의 등을 긁어서 괴롭히는)이 있어야 한다.

국가의 중간배제 현상

●

사람들이 비물질 또는 버추얼이 되어가는 세상에 적응하면서 중간배제는 기업뿐만 아니라 사회 내에서도 벌어진다. 버추얼 세계에서는 국경이 점점 사라진다. 가령 나는 컴퓨터로 어떤 자료를 다운로드받을 때 그게 어느 나라에서 오는지 알지 못한다. 그렇다면 내 출판사의 계약서에 들어 있는 지역권 조항의 의미는 무엇인가? 히틀러의 《나의 투쟁》은 독일에서 금지 서적이지만 독일 사람들은 아마존닷컴에서 그것을 살 수 있다.

●

사실 내 수입의 일부는 이미 비물질 또는 버추얼 상태가 되었다. 그 수입은 다른 나라의 출판사들이 내 책을 번역 출판하는 '권리'의 형태로 발생한다. 내가 세무서나 세관에 신고하지 않는 한 그 수입에 대해 아는 사람은 아무도 없다. 하지만 아쉽게도 소액이기 때문에 솔직하게 신고하고 있다. 하지만 아주 큰 금액이라면 신고하지 않으려는 유혹에 빠질 수도 있다. 이렇게 볼 때 세무서 당국은 납세자의 성실 신고를 바탕으로 세금을 거두어들이는 방식으로 나아가야 한다.

소득세는 소속 회사의 도움을 얻어 원천징수되기 때문에 지금까지 가장 거두어들이기 쉬운 세금이었다. 하지만 점점 더 많은 일이 독립된 계약자로 일하는 작은 회사나 개인에게 주어지고 있기 때문에 원천징수의 편의성은 많이 사라질 것이다. 이탈리아 같은 나라들의 정부는 보이지 않는 수입을 징세하는 것보다는 주택처럼 볼 수 있고 셀 수 있으며 이동하지 않는 물건에 소득세를 물리는 방향으로 조세 원칙을 이행하고 있다. 하지만 재산세는 한계가 있다. 또한 부가가치세 같은 판매세는 역누진적(이 세제는 부자보다 가난한 사람에게 피해가 더 크다.)이기 때문에 필연적으로 인플레를 가져오고, 그렇게 되면 모두가 손해를 본다.

정치가들은 처음엔 아무도 눈치 채지 못하는 신종 '비밀세'를 잘 생각해낸다. 대표적인 것이 주식, 외환 등의 거래교환소를 통해 흐르는 돈에 세금을 부과하는 것이다. 하지만 이렇게 하기 위해서는 모든 나라가 동일한 바탕에서 움직이는 조건을 확보하려는 국제적인 협약이 필요하다. 말하자면 국가 간 조세 평준화가 이루어져야 한다는 말이다.

또한 정치가들은 납세자가 조세를 선선히 받아들이게 하는 방법을 잘 발견한다. 그것은 구체적인 담보 사항을 내놓는 방식으로 징세를 어떤 구체적 목적에 결부시키는 것이다. 예를 들어 소득세를 건강세, 교육세, 경찰세, 방위세 등등으로 나누는 것이다. 정부는 담보 형태의 징세를 싫어한다. 그것은 정부의 손을 묶어놓을 뿐만 아니라 세금의 용처를 분명하게 밝히도록 강요하기 때문이다. 하지만 사람들의 현금 흐름을 감시하는 값비싼 방법을 동원하지 않고서 납세자에게서 돈을 받아내는 방법은 이것밖에 없다.

나는 여기서 조세 체계를 재정비해야 한다고 얘기하려는 것이 아니다. 앞으로는 기업은 물론 사회도 개인화될 것이라는 전망을 구체적으로 예시하기 위해 조세 체계의 난처한 장래를 짚어본 것뿐이다. 사람들은 앞으로 점점 더 개인적인 벼룩이 될 것이고 관료제 정부 기관들은 영향력을 점점 더 잃을 것이다. 따라서 사람들의 자발적인 협조가 없다면 사회는 붕괴할지도 모른다. 사람들은 국가 규모보다는 지역 규모에 더 기여할 것이며 잘 알지도 통제하지도 못하는 관료제보다는 소속감을 느끼는 회사나 조직에 더 기여할 것이다. 간단히 말해서 민주주의가 제대로 돌아가려면 국가는 지금보다 더 지역화돼야 한다. 앞으로 몇 십 년 후면 국가 또한 중간배제 현상의 희생물이 될지도 모른다.

사라지는 직장
·

기업들이 중간배제 현상과 씨름하는 동안 직장 개념도 바뀔 것이다. 전일제 평생 직장에서 근무하는 영국 노동인구가 절반도 안 된다는 사실은 주위에서 벌어지고 있는 변화의 규모를 실감케 한다. 그런데도 사람들은 그것을 자신의 문제로 받아들이지 않는다.

대학을 졸업하고 셸에 입사했을 때, 전 세계에서 활동하는 유서 깊은 회사에 입사했다는 사실보다는 직장을 갖게 되었다는 것이 더 기뻤다. 그래서 부모에게 편지를 썼다. "나의 생활은 해결되었습니다." 나는 셸이 나의 연수와 발전을 책임지고, 나의 능력을 최대한 발휘하고 또 잘 배울 수 있는 보직을 부여하고, 나와 가족의 재정적 필요를 지원하고, 나의 이력을 전반적으로 기획해 줄 것으로 믿었다. 회사의 사원모집 안내서를 너무 믿어서는 안 됐지만 아무튼 회사는 그렇게 해주겠다는 의도를 밝히고 있었다. 신입사원 시절 셸에서 만났던 직원들은 평생 그 회사에서 근무해왔고 다른 데 가겠다는 생각은 조금도 없는 사람들이었다. 지금 와서 돌이켜보니, 셸의 고위직도 아닌 중간 간부 몇 명을 만난

·

것으로 그 회사에 나의 평생을 맡길 생각을 한 것이 참으로 놀라울 따름이다.

당시의 셸이 제시했던 직원 경력 관리는 이제 알아볼 수 없을 정도로 바뀌었다. 요즘 회사들은 그런 제안을 하지 않으며 또 직원들도 요구하지 않는다. 후기 산업 사회에서 일은 재빨리 재창조되고 있다. '고용 가능성'은 '프리랜서처럼 생각하는 것'을 의미하게 되었고 많은 직원들이 그렇게 이해하고 있다. '유연성'은 아무에게도 장기간에 걸쳐 그 어떤 것을 보장하지 않는다는 뜻이다.

오늘날의 충성심은 첫째가 자기 자신과 자신의 미래에 관한 것이고, 둘째가 자기 팀과 프로젝트에 관한 것이며, 마지막이 회사에 관한 것이다.

오늘날 코끼리 기업에서 일하는 사람들은 자기 자신을 새로운 전문직 종사자라 생각한다. 자신을 과거의 건축사, 변호사, 교사와 같이 생각하면서 자신의 이력이 현재 몸담고 있는 회사의 범위 너머로 얼마든지 뻗어나갈 수 있다고 생각한다. 한 사회학자는 이들을 가리켜 '로컬'이 아니라 '코스모폴리탄'이라고 했다.

요즘은 대기업에서 오래 근무해도 부모 세대에게 주어졌던 은퇴 계획은 보장되지 않을 것이다. 새로운 이력은 이미 그 기간이 짧아졌다. 예를 들어 프랑스에서는 쉰다섯 살과 예순네 살 사이의 남자들 중 38퍼센트만이 유급 직장에 속해 있고, 전 유럽의 수치도 이에 육박하고 있다. 정규 직장은 대부분 쉰네 살에서 끝나므로 많은 사람들이 그 후 30년이 넘는 은퇴 생활을 해결해야 하는 것이다. 현재 운영되고 있는 개인연금이나 국민연금 그 어느 것도 이런 긴 세월 동안 안락한 생활을 보장해주지 못한다. 이제 엄연한(어쩌면 좋은 것일지도 모르는) 진실은 이런 것이다. 사람들은 정규 직장의 생활이 끝난 후에도 일을 계속해야 하는데 그것은 정규 직장의 연속이 아니라 이런 일, 저런 일을 그러모아 만든 '포트폴리오' 일이 될 것이다. 일은 사람들을 건강하고 유익하게 만들고 또 부모의 은퇴 생활 지원이 버거운 자녀들의 부담을 덜어준다. 어쩌면 장래의 어느 시점에 은퇴라는 말은 사라져버릴지도 모른다.

한편 역설적이게도 기업들은 인재 손실을 우려한다. 자유를 추구하는 독립적인 직원들은 회사 밖의 생활이 너무나 매력적이라 생각해 회사를 자꾸만 그만둔다. 이런 식으로 회사의 인재와 혁신 세력이 심하게 유출되는 것이다. 한 거대 다국적 기업의 회장은 사석에서 내게 이렇게 말했다. "야망 있는 젊은이들이 회사에 들어오려 하지 않아요. 설혹 입사를 한다 해도 오래 머무르지 않습니다. 이런 분위기를 가능한 한 빠른 시일 내에 바꾸어놓는 게 나의 가장 중요한 일이라고 생각해요."

인재를 회사 내에 잡아두기 위해서 기업들은 현재의 직무 범위를 넘어서는 발전 기회를 사원들에게 제공하기 시작했다. 그들은 재능 있는 직원들이 바라는 것이 안식년이라는 사실을 발견했다. 내가 아는 두 남녀는 서로 다른 대기업의 중요 보직에서 근무하다가 어떤 계기로 만나 결혼했다. 그들은 결혼 첫해를 전 세계를 여행하면서 보내기로 했다. 그래서 아파트도 처분하고 직장도 그만둔 후 아무런 사전 계획 없이 날짜 미정인 전 세계 항공권만 들고 떠날 예정이라고 말했다.

"정말 대단하군. 경력을 이제 시작하는데 회사를 그만두다니."

내가 감탄하자 그들이 말했다.

"아, 그건 문제없어요. 여행에서 돌아오면 회사에서 연공서열 상실 없이 우리를 다시 받아주기로 했어요."

미래에는 인생이 좀 더 구획적이 될 것이다. 힘들고 어려운 회사 프로젝트 뒤에는 안식년이 따라올 것이다. 안식년의 일부 비용은 회사에서 부담하고 나머지는 개인이 부담할 것이다. 런던 경영대학원의 슬론 프로그램에서 안식년을 맞은 회사 관리자 스무 명을 받아들였을 때, 등록금과 각종 비용을 회사에서 부담했다. 이제 그 프로그램은 규모가 두 배로 커졌고 등록금도 다섯 배나 올랐으며, 각 그룹의 절반 이상이 자비 부담이다. 최초로 프로그램을 시행할 때에는 입학생이 모두 남자였다. 하지만 지금은 여자 삼 분의 일, 남자 삼 분의 이 정도로 비록 반반은 아닐지라도 그에 가까워지고 있다. 이런 비율이 되어가는 것은 당연하다. 정보와 서비스 계통의 일에서 여자의 취업이 늘고 있고 또 싫든 좋든 남자가 육아와 가사에 투입하는 시간이 늘어나 남녀의 생활이 점점 비슷해지고 있기 때문이다.

　게다가 휴대전화, 컴퓨터, 인터넷 등은 사람들의 일하는 방식과 장소를 바꾸어놓고 있다. 그 결과 회사들은 사무실이 과연 필요한가를 따져보고 있다. 사무실은 주당 168시간의 노동이 이뤄지는 장소로 준비된 공간인데, 많은 직원이 주당 12시간 이하, 또 어떤 경우에는 우편물을 수거하는 공간으로만 활용하고 있다. 빌 게이츠는 2050년이 되면 노동 인구의 50퍼센트가 집에서 일하리라 예측했다. 이와 관련한 놀라운 정보가 있다. 2000년에 영국 고용청이 실시한 조사에 의하면 영국 노동인구의 23퍼센트가 이미 주당 여러 시간을 집에서 근무하며, 그 밖의 38퍼센트도 그렇게 하기를 희망한다는 것이다. 더욱 놀라운 것은 그들의 사장도 재택근무를 환영한다는 사실이다. 노동의 미래는 훨씬 더 가까이 와 있으며 빌 게이츠의 예측은 2050년보다 훨씬 이전에 실현될지도 모른다.

　그러므로 미래의 사무실은 지금처럼 칸막이가 있고 근무자 이름이 붙은 자그마한 공간이 무수히 들어선 형태가 아니라 골프장의 클럽하우스와 비슷할 듯하다. 클럽은 멤버와 초청객들만 들어갈 수 있는 곳으로 클럽 내부의 각 방은 식사, 회의, 독서 등 기능에 따라 나누어지고, 개인별로 배정되는 것이 아니라 모든 멤버에게 공개되는 것이다. 특정 목적으로, 또는 특정 기간 동안 개인적인 용도로 방을 예약하는 것은 가능하지만 문 위에다 자신의 이름을 붙여놓지는 못한다(물론 클럽의 비서나 사무장은 예외겠지만). 회사의 직원들은 회의, 네트워크(대인관계) 형성, 이런저런 형태의 개인적인 일 등을 위해 클럽하우스를 이용할 수 있지만 개인 사물을 갖다놓지는 못한다. 물건을 보관하면 비용이 너무 많이 들기 때문이다. 점점 더 많은 회사 직원들이 고객에게 접근하기 위해 학교 교사가 학생들을 대하는 접근 방법과 비슷한 방식을 취할 것이다. 직원들은 고객과 일하기 위해 클럽하우스를 이용하지만 사전 준비와 활동 보고는 주로 집에서 한다. 그리하여 클럽하우스는 지원과 프리랜서를 모두 아우르는 네트워크의 중심축이 될 것이다. 따라서 어떤 프로젝트 팀에서 누가 정규직이고 누가 임시직인지를 구분하는 것이 어려워진다. 그 프로젝트가 진행되는 동안은 모두가 그 클럽하우스의 멤버.

사람들은 개인적인 공간 상실을 아쉽게 생각하겠지만 곧 새로운 근무 방식에 적응할 것이다. 그들은 자유의 가치를 배울 것이고 오늘날 많은 회사의 불문율인 눈도장 찍기에서 해방될 것이다. 개인적 공간의 상실에 대한 보상으로 회사는 클럽하우스를 편안하고 매력적이고 사치스러운 곳으로 꾸미고 또 좋은 음식, 운동 시설, 하룻밤 묵어가는 숙박 시설 등을 제공할 것이다. 이렇게 되면 회사의 건물 구조도 서서히 달라지고 그와 함께 도시의 스카이라인도 변할 것이다. 실제로 이제는 필요 없게 된 많은 회사 건물들이 도심 거주자들을 위한 아파트로 개조되고 있다.

물론 공장은 사라지지 않는다. 하지만 반복 작업의 많은 부분은 자동화 덕분에 사라질 것이다. 조립 라인 자리에 전화 상담 센터와 24시간 슈퍼마켓이 들어선다. 이제 일이 재미있다거나 개인의 성장에 도움을 준다고 생각하는 사람은 별로 없다. 일은 목적을 위한 수단일 뿐 특별한 경력이 되는 것도 아니며 인생의 중심은 더더욱 아니다. 그러므로 파트타임 일이나 교대제의 일이 더 인기를 끌 것이다. 왜냐하면 그것은 다른 재미있는 일을 할 수 있는 시간을 주기 때문이다. 일은 다양한 활동의 포트폴리오 중 한 부분을 차지할 뿐이다.

선택과 책임

●

고용의 세기를 마감하려는 사회 앞에는 과연 무엇이 펼쳐질까? 다양한 색깔로 구성된 일의 캔버스와 더 많은 사람을 위한 더 많은 선택이 놓여 있다. 그런 선택은 사람들에게 더 많은 책임감을 안겨줄 것이다. 파킨슨이 오래전에 설파한 것처럼 일은 스스로 확장해 빈 공간을 메워왔다. 놀라울 정도로 다양하게 확장되어 온 일들 중 일부는 유급이 아니라 무급이다. 과거의 코끼리 기업들은 아직도 존재하고 있으나 이제 아주 날씬해졌고 다양한 벼룩들, 소규모 독립 공급 업체, 하청 업체, 자문가, 컨설턴트, 신규 업

●

체 등에 둘러싸여 있다. 회사의 내부를 들여다보면 거기에는 자신의 미래를 스스로 책임지고 자신의 특별한 재능을 개발하며 자기 자신을 프로젝트와 팀 리더에게 판매하도록 요청받는 개인들이 있다. 이런 형태의 세계에서는 회사 안에 있든 혹은 바깥에 있든 독립된 재능을 바탕으로 사고하고 행동해야 할 필요가 있다.

현재 들어서고 있는 유연한 세계에서는 거의 모든 사람이 이런 식으로 방향 전환을 해야 한다. 나처럼 평생직장 생활을 교육받았고 생각했던 사람들은 자신의 이력을 자기 스스로 책임져야 하는 것을 커다란 도전으로 느낄 것이다. 도전을 무사히 헤쳐 나가는 사람들은 자유와 기회를 한껏 음미할 것이고 그렇지 않은 사람들은 회사 이후의 생활이 힘겹고 숨 막힐 것이다. 그런 사람들일수록 내가 겪은 것처럼 자기 자신을 판매하고 자기 자신의 값어치를 결정하는 방법을 배워야 한다. 자신의 학습과 능력 개발을 조정하고 자신의 여러 삶들 사이에서 균형을 잡는 방법을 배워야 한다. 이런 것을 가르쳐주는 학교는 아직까지 없다. 당신보다 앞서간 선배들의 힘겨운 경험과 교훈으로부터 어렵사리 배워야 하는 것이다.

새로운 자본주의와
딜레마

좀 덜 피곤한 형태의 자본주의는 없을까?
나는 그런 것을 찾아보고 싶다.

나는 한때 자본주의가 지저분한 단어라고 생각했다. 이런 생각은
내가 그 제도의 일부분이 되어 생활비를 벌기 직전까지 변치 않
았다. 하지만 회사 생활을 하면서 많이 달라졌다. 대부분의 사람
들은 자기 자신을 자본가라고 생각하지 않는다. 그러나 오늘날
전 세계 어디에서나 일하는 사람들은 암묵적으로 자본주의의 기
본 이념을 받아들이고 있다. 미래를 내다볼 때 자본주의는 이미
세계의 실질적인 종교가 되었다.

미국의 사회역사가인 프랜시스 후쿠야마는 모든 사회가 결국에는 자유민주주의와 자유시장 자본주의가 결합한 사회로 진화할 것이라 예측했다. 그는 이것을 '역사의 종말'이라 불렀다. 후쿠야마의 책은 승리를 자축하는 책이 아니다. 그는 역사의 끝에 나타날 현상에 그리 환호하지 않는다. 우선 한 가지 사례를 꼽자면, 민주정부라면 유권자들이 원하는 것을 먼저 주어야 재선할 수 있다는 주장이다. 설혹 그것이 사회 전체의 장기적인 이익에는 도움이 되지 않더라도 말이다. 그는 미래 사회의 주민들을 햇빛 아래 드러누워 간질여주기를 기다리는 개와 비슷하다고 비유한다. 그런 정치를 초점 집단 정치라 부른다.

나는 민주주의나 자본주의가 역사적 필연이라는 후쿠야마의 논리에 동의하지 않는다. 자본주의 체제 내의 결함 때문에 자본주의가 와해되어 그보다 훨씬 못한 어떤 것이 사회에 나타날 위험은 언제든지 있다. 나는 한때 자본주의가 야기하는 불공정성 때문에 결국 민주주의가 자본주의를 파괴해버리고 통제적 사회주의 혹은 빈자의 독재정치로 되돌아갈지 모른다고 우려했다. 하지만 지금은 자본주의가 정치적 민주주의를 불필요하게 만드는 것이 아닌지 우려하고 있다. 사람들이 투표권보다는 시장이 더 많은 권한을 안겨준다고 생각하기 때문이다. 앞으로 몇 십 년이 더 지나면 사회가 어느 쪽으로 발전할지 확실히 알 수 있을 것이다. 하지만 그 이전에 자본주의의 결함을 보완하기 위한 조치를 취해야 한다고 생각한다. 그러나 아쉽게도 나의 이런 생각은 그저 하나의 희망일 뿐 현실은 그리 낙관적이지 않다.

　　자본주의에 대한 나의 견해는 세 군데의 다른 장소, 싱가포르, 미국, 인도의 케랄라 주에 대한 나의 경험으로부터 형성되었으며 물론 영국과 유럽의 경험도 가미되어 있다. 나는 이제 자본주의가 전 세계적으로 동일한 것이 아님을 확실히 알고 있다. 이제 문제는 그런 차이가 앞으로도 유지될 것이냐, 아니면 미국식 자본주의라는 한 가지 브랜드가 아주 강력해져서 나머지 자본주의 버전을 압도해버릴 것이냐다. 여기서 다양한 질문이 나올 수 있다.

　　미국식이든 무엇이든 자본주의는 전 세계의 가난한 사람들을 부유하게 할 것인가 아니면 더 가난하게 할 것인가? 자본주의가 개인들을 완전히 압도해 대중의 가치와 우선 사항을 왜곡시킬 것인가, 아니면 일부 사람들이 믿듯이 자유로 가는 유일한 길로 이어질 것인가? 자유와 평등은 양립 가능한가, 아니면 세상에는 제3의 요소인 박애가 필요한가?(프랑스 혁명이 내세운 자유, 평등, 박애라는 삼위일체의 혁명 정신은 아직도 그 해석이 분분하다).

　　나는 평생 동안 다양한 형태의 자본주의 문화권에서 생활하고 일했지만 아직도 앞서 던진 질문들에 시원한 답변을 얻지 못했다. 그러나 이제 답변을 찾아야 한다. 만약 그렇게 하지 못하면 코끼리와 벼룩의 세계는 붕괴할지도 모른다.

싱가포르가 영국을 앞지르다

●

나는 셸에 다닐 때 싱가포르에서 매우 영국적인 형태의 자본주의를 만났다. 말레이반도에서 근무하던 1년차의 어느 날 나는 싱가포르 지사에 출두하라는 지시를 받았다. 지사장이 나를 보고 싶다는 전갈이었을 뿐 이유는 듣지 못했다. 그때나 지금이나 회사들은 불필요하게 신비스런 분위기를 풍기길 좋아한다. 내가 뭘 잘못했는지 생각하며 지사에 도착하자 지사장이 이렇게 말했다.

"런던 본사에서 이 지역에 경제전문가를 두라는 지시를 내렸어. 자네가 이 보직을 맡아서 지금부터 해보게."

내가 대꾸했다.

"하지만 저는 경제학을 전공하지 않았는데요. 대학에서 라틴어와 그리스어를 공부했습니다."

"그래도 자네는 학위가 있지?"

"네."

"그래, 그러면 됐어."

지사장은 그렇게 말하더니 그만 가보라고 했다. 나는 시내의 서점에서 《경제학 독학서》라는 작은 판형의 노란 책을 한 권 사서 읽었다. 나는 학위가 자격이 아니라 앞으로 더 열심히 공부하라는 허가증이라는 것을 그때 알았다. 그 다음 주 싱가포르 지사에는 그 유명한 파킨슨 법칙의 파킨슨 교수로부터 '석유의 미

●

래'라는 세미나에서 연설할 사람을 보내달라는 초청이 들어왔다. 당시 파킨슨 교수는 싱가포르의 신생 대학에서 학생들을 가르치고 있었다. "자네가 회사의 경제전문가 아닌가. 그러니 자네가 세미나에 참석하도록 하게." 지사에서 내게 일방적으로 지시했다.

그때 또 하나를 깨달았다. 뭔가를 배우는 가장 좋은 방법은 그것을 가르치는 것이라는 사실이다. 물론 그런 선생에게서 배워야 하는 학생들은 괴롭겠지만 나는 그 후 가르침이야말로 내 생각을 발전시키는 탁월한 방법이라 생각해오고 있다.

머지않아 알게 된 사실이지만 런던 본사에서 경제전문가를 배치하라고 한 배경은 이러했다. 런던의 셸 그룹 본사는 점점 더 전문적인 예측을 내놓고 있었다. 당시는 1956년이었는데 과거의 추세에 바탕을 둔 막연한 추측의 시절이 끝나가는 중이었다. 본사는 지역과 카테고리별로 나뉜 외국의 GDP(시내에서 산 작은 경제학 책은 이것이 국내총생산Gross Domestic Product의 약자라는 것을 알려주었다.) 예측치를 원하고 있었다. GDP에는 사람, 직업, 생산 및 거래된 재화 등의 통계 수치가 많이 들어가는데 그때까지 아무도 그런 항목에 돈의 숫자를 집어넣어 전체적인 경제 산출량을 얻으려 시도하지 않았다. 이제 '경제전문가'인 내가 그런 일을 재주껏 열심히 해야 할 판이었다.

내가 그 일을 썩 잘해냈다고는 생각하지 않지만 그래도 그 과정에서 부와 부의 창조에 대해 많은 것을 배웠다. 그것은 당시 싱가포르에 주재하고 있던 식민 행정가들의 관심을 확 잡아끌 정도의 주제는 아니었다. 행정, 법률, 방위 등이 그들의 주된 관심사였다. 나중에 생각해보니 당시 싱가포르 식민 당국은 과거의 공산주의 체제와 별반 다르지 않았던 것 같다. 가장 중요한 것은 계획과 통제였지 진취적 사업가 정신이나 개인적 동기 부여는 아니었던 것이다.

당시 싱가포르는 잘 돌아가는 무역 중심지였다. 그곳에서 물건은 별로 생산되지 않았다. 싱가포르는 공손한 하인들과 소규모 가게 주인들로 이루어진 도시였다. 일하러 온 외국인들을 빼면 그곳 사람들은 대부분 가난했다. 나는 싱가포르가 경제적으로 크게 성장하리라 보지 않았고 새로 독립국가가 된 말레이시아와 연계하는 것이 더 좋은 방법이라 내다보았다. 당시의 나는 부의 창조가 투자, 의욕에 넘치는 숙련된 노동력, 정부의 인프라 투자, 고등교육 등에 달려 있다고 생각했다. 하지만 영국 식민지 당국은 이런 일들에 관심이 없었다.

나는 1961년에 싱가포르를 떠났다. 그로부터 30년 후 싱가포르를 다시 방문하는 비행기 안에서 안내 소책자를 하나 받았다. 표지는 전부터 잘 알고 있는 싱가포르의 중심가인 오처드 로드의 전경이었다. 세계 대부분의 도시들은 설사 30년 후에 재방문한다고 하더라도 몇 군데 스카이라인을 바꾸어놓은 대형 빌딩이 들어섰을 뿐 이전 그대로의 모습이다. 하지만 싱가포르는 달랐다. 30년이 지난 뒤 찾은 싱가포르에서 나는 길을 찾을 수 없을 지경이었다. 식민지 시대를 상기시키는 대성당과 크리켓 클럽 말고는 모든 지형지물이 완전히 바뀌어 있었다. 경제는 빠르게 성장하고 있었고, 싱가포르 사람들은 이제 영국인들보다 부자였다. 천연자원이 없고 아일랜드나 뉴질랜드 정도의 인구 규모를 갖고 있는 싱가포르의 경제 규모는 영국을 앞지르고 있었다.

커지는 야망

싱가포르는 당초 말레이시아 연방에 가담했으나 곧 홀로서기를 시도했다. 리콴유 총리는 싱가포르가 신생 연합국의 다른 주들에게 밀려나리라 내다본 것이다. 그는 자신의 회고록에서 독립을 선언하던 날 밤 그 조치가 정말 잘한 일이었는지 걱정이 돼 한숨도 자지 못했다고 언급했다. 그 작은 섬에는 문자 그대로 아무것도 없었다. 심지어 식수마저도 말레이시아 본토에서 끌어온 수도관에 의존해야 했다. 그는 국가의 장래를 국민의 능력에 맡기는 모험을 걸었다. 이른바 국민의 잠재적인 지적 재산이 가진 것의 전부였던 것이다.

도박이나 다름없었던 그의 모험은 엄청난 성공을 거두었다. 케임브리지 대학에서 교육을 받은 급진적 변호사 해리 리(내가 리콴유를 처음 만났을 때 그의 이름)는 자본주의가 당대에 성공을 거둘수 있다는 것을 입증했다. 그는 무에서 부를 창출해 제3세계 국가를 제1세계와 겨루는 사회로 발전시켰고, 생산성 분야에서는 세계 수위를 달리는 성적표를 작성했다.

적어도 통계상에서는 그렇다. 하지만 그에 따라 국민의 삶도 향상되었을까? 싱가포르라는 나라는 물건을 사고파는 대형 쇼핑몰을 연상시킨다. 내가 볼 때 그 새로운 GDP는 대부분 '친도구(珍道具, 1995년《친도구의 세계The Art of Chindogu》라는 책에서 소개돼 일본은 물론 영미권까지 퍼진 용어로, '살아가면서 한 번쯤 이런 것이 있으면 어떨까' 싶은 물건들을 지칭한다. ─옮긴이)처럼 보인다. 가령 비 오는 날 자동차 유리창을 닦아주는 와이퍼의 여벌이 대표적인 친도구다. 내가 가진 것들 중 예를 들자면 당장 필요하지 않는 여벌의 구두, 옷장에 걸려 있지만 매어본 적이 없는 스무 개의 넥타이, 아마존닷컴에서 충동적으로 구매하는 온갖 물품들을 이른다.

친도구는 자본주의가 안고 있는 과잉의 문제를 보여주는 첫 번째 징조다. 경제가 성장하려면 더 많은 사람들이 더 많은 돈을 써야 한다. 그래야 더 많은 사람들을 위한 일자리가 창출되고 더 많은 물건을 사들일 돈이 생긴다. 이런 식으로 성장의 나선형이 돌아가는 것이다. 이것이 20세기 말에 미국 경제가 누렸던 방식이며, 일시적 기복이 약간 있었지만 세계 경제가 지난 50년 동안 누려온 경제 패턴이다. 그러니 이런 패턴은 그리 문제라 할 것도 없다. 충족시켜야 할 더 많은 수요가 있는 이상 그것은 문제가 아니라는 말이다. 그러나 수요가 위축되면 자본주의는 시들기 시작한다. 사람들이 가진 것 이상 더 많은 것을 원하는 마음을 억누를 때 역시 자본주의는 위축된다. 1990년대에 일본의 심각한 문제는 소비자 구매 의욕의 위축이었다. 따라서 일본 정부는 사람들을 가게로 유혹하기 위해 할인권을 나눠줄 것까지도 고려했다. 새로운 제품과 제품 업그레이드는 사람들의 구매욕을 자극해 수요를 계속 창출한다. 마찬가지로 남들이 가진 것을 보면 나도 갖고 싶은 욕망, 남들이 갖고 있지 않은 것을 갖고 싶은 욕망도 수요를 이끌어낸다.

나는 친도구가 고용을 창출하고 사람들이 쓸 돈을 만든다는 사실을 안다. 적어도 그 정도의 경제적 안목은 있다. 하지만 그런 불필요한 물건을 만들어내는 노력과 시간 그리고 물자의 낭비 등은 걱정스럽다. 하루 종일 쇼핑몰에 서서 친도구를 판촉하는 것은 설혹 그것이 고급 제품이라 할지라도 그리 재미있는 일이 아니다. 또 공장에서 그걸 생산해야 하는 사람도 그리 유쾌하지는 않을 것이다. 소비자 상담센터에 앉아서 또 다른 불필요한 웹사이트를 지원해야 하는 것도 그리 만족스러운 기분은 아닐 것이다. 설혹 그것이 일상생활에 일용할 양식을 제공하는 것이라 하더라도 말이다.

또한 부자들이 성장과 풍요의 나선형에 올라타 위로 올라가는 동안 나머지 가난한 나라들의 40억 인구가 빈곤 속에 허덕이는 것도 걱정스럽다. 자본주의는 이러한 불균형을 시정할 능력이 없는 것은 물론 사태를 심지어 더욱 악화시키고 있는지도 모른다. 하지만 싱가포르는 강력한 리더십만 있으면 가난한 나라들도 자본주의 체제를 일으킬 수 있다는 것을 보여주었다. 싱가포르는 단 30년 만에 모든 시민을 가난에서 구제했다. 그리고 일부 시민들은 자신들의 점점 커지는 야망이 문제를 발생시키고 있음을 발견했다.

자본주의가 만든 세대차

●

"참 이상한 일입니다."

싱가포르의 젊은 중국계 은행가가 내게 말했다.

"내 수입은 나의 아버지가 벌어들인 것보다 적어도 다섯 배는 많습니다. 하지만 나의 부모님은 정원 딸린 단독주택과 가정부, 자동차를 가지고 있었습니다. 요즈음 정원 딸린 주택은 희귀하고 무척 비쌉니다. 나는 가정부 없이 5층 아파트에 살고 있습니다. 차도 없어요. 차를 사려면 그 가격에 맞먹는 허가증을 먼저 취득해야 하니까요. 아버지는 매일 저녁 여섯 시면 퇴근해서 집으로 오셨습니다. 하지만 나는 거의 매일 아홉 시는 되어야 퇴근

●

합니다. 나와 아버지 중 누가 더 부자인지 잘 모르겠어요."

바로 이것이 성공한 자본주의의 또 다른 문제다. 동일한 장소에 머물려면 전보다 두 배나 더 빨리 헤엄쳐야 하는 것이다. 부모 세대는 아버지 한 사람의 수입으로도 잘살았는데, 오늘날의 부부가 부모 세대와 비교해 '상대적으로' 잘살려면 맞벌이를 하면서 더 많은 시간을 일해야 하는 것이다. 여기서 '상대적으로'라는 말이 중요하다. 왜냐하면 부모의 생활 조건으로 돌아가길 원하는 사람은 거의 없기 때문이다. 사실 사람들은 자기 주위에 있는 사람들과 상황을 비교할 뿐 자신의 부모와 비교하지 않는다. 풍요의 강은 사람들을 태우고 아주 빠르게 흘러간다. 이때 둑을 쳐다보지 않고 주위 사람들만 바라본다면 자신이 흘러가고 있다는 사실조차 의식하지 못하게 된다.

정치가들은 사람들이 경제 성장을 칭찬해주지 않더라도 서운해하지 말아야 한다. 사람들은 정치인들처럼 뒤를 돌아보면서 과거와 현재를 비교해 성장을 자랑스럽게 여기는 것이 아니라 자신을 동시대인들과 비교한다. 더욱이 경제 성장으로 더 많은 사람들이 강물에 뛰어들면 강은 더 비좁아지며 조건은 점점 더 열악해지고 경쟁은 심해진다. 그러니 그 스트레스가 오죽하겠는가. 그러면 나도 그렇지만 어떤 사람들은 강에서 나와 둑 위에 앉아 남들이 허우적거리는 것을 지켜보고 싶어 할 것이다. 하지만 모든 사람이 그렇게 빠져나가고 나면 경제는 폭삭 주저앉을 것이다. 그러면 사람들은 도로에 구멍이 많이 패여 있다, 보건 상태가 엉망이다, 학교 교육이 제대로 안 된다고 불평을 터트릴 것이다. 다시 말해 둑 위에 앉아 있는 사람들은 강물 속에서 헤엄치는 사람들이 일으키는 부로 마련한 경제 인프라에 무임 승차하고 있는 것이다.

　나는 싱가포르의 깨끗하고 안전한 길을 걸어가면서 내게 이런 문제들의 해답이 없다는 것을 깨달았다. 이런 문제들이 현지인들을 별로 괴롭히는 것 같지도 않았다. 그들은 지금처럼 돈을 벌고 쓰는 것을 좋아하는 듯했다. 아버지 세대와 자기 세대를 비교한 그 중국계 은행가도 분노나 동경보다는 담담한 어조로 그렇게 말했다. 싱가포르 사람들은 자신들의 나라와 그들이 이룩한 업적을 자랑스럽게 여겼다.

교도 자본주의 또는 기업 자본주의

●

서구인들은 싱가포르의 경제적 업적은 인정하지만 반대 목소리의 억압은 비판적으로 본다. 서구인들이 볼 때 싱가포르 정부는 과하게 통제적이고 시민의 자발적 복종을 강요한다. 그래서 외국인들은 이렇게 묻는다. "지금 당장 그곳에 가서 살라면 그렇게 할 건가요?" 나는 이 질문에 이렇게 대답하겠다. 싱가포르의 정치

●

상황에 무관심한 외국인에게는 그곳에서 사는 것을 권장할 만하다고.

　싱가포르에서는 모든 일이 원활하게 돌아간다. 마약과 폭력은 보기 드물다. 치안을 잘 유지하고 있으면 하층 계급은 찾아보기 어렵다. 정부는 공무원과 장관에게 높은 봉급을 주는 등 지각 있는 일을 많이 하고 있다. 어떤 면에서는 너무 잘하기 때문에 문제가 되기도 한다. 가령 공무원을 과도하게 우대해 사기업에 인재가 잘 몰리지 않는다. 싱가포르의 연금 계획은 자급자족의 표본이다. 소득의 30퍼센트를 의무적으로 떼어내 비상기금에 적립하고 주택 구입 등 큰돈이 필요할 때에 이 기금에서 빌릴 수가 있다. 대부분의 외국 주재원들이 인정하듯이 싱가포르는 비즈니스를 하기에 더없이 좋은 곳이자 젊은 부부들이 와서 살기에 그만인 곳이다.

　싱가포르를 제대로 이해하려면 각 개인의 야망과 필요에 따라 움직이는 영미권 자본주의의 개인주의적 전제 조건을 배제해야 한다. 리콴유는 특정 상황과 문화 속에서는 다른 종류의 자본주의가 작동할 수 있음을 보여주었다. 그는 그것을 교도 자본주의라 부르지만 나는 기업 자본주의라 생각한다. 싱가포르는 마치 코끼리 기업의 방식처럼 운영되는데, 그 전제 조건은 기업에 좋은 것은 기업에 소속된 사람에게도 좋다는 것이다. 이것은 개인주의적 전통과는 정반대다. 국가가 개인에게 봉사하는 것이 아니라 개인이 국가의 발전을 위해 타협하도록 강요를 받는 것이다. 싱가포르는 독립심이 강한 벼룩들이나 연금술사에게는 맞지 않는 나라다.

　사실 그 점이 싱가포르의 현재 관심사이기도 하다. 현재와 같은 성장의 패턴을 유지하려면 싱가포르에는 더 많은 창조성이 필요하다. 리콴유는 '교도'의 폭을 다소 줄이고 개인주의적인 표현을 좀 더 허용해야 하는 시점에 온 것이 아닌가 싶다고 말한 적이 있다. 이 두 전통이 서로 잘 융합할지 아니면 개인주의적 표현이 잘 조직된 사회를 오염시킬지는 앞으로 두고 볼 일이다.

　한편 나는 미국이 싱가포르와는 아주 다른 나라라는 것을 발견했다.

미국이라는 자본주의
●

1966년 미국에 처음 건너갔을 때 나는 서른네 살이었다. 당시 미국은 많은 사람들에게 신화적인 땅이었다. 플로리다와 캘리포니아의 휴일이 같지 않았고, 회사 경영자들이 당일치기 뉴욕 비행기 출장을 갈 수 있는 시절도 아니었다. 그러려면 더 값싼 비행기 요금의 출현을 기다려야 했다. 나는 회사와 회사 경영이 널리 존중받고 있는 땅에서 비즈니스의 이론과 실천을 배우러 MIT에 가는 길이었다.

1966년 영국은 지금과 사정이 많이 달랐다. 우선 경영대학원이 없었고 비즈니스를 진지한 학문으로 여기지 않았다. 내가 한 친구에게 런던 경영대학원의 교수가 되기 위해 미국의 MIT로 유학을 간다고 했더니 그는 깜짝 놀라는 표정을 지으면서 MIT가 몬트리올 타이핑 학교Montreal Institute of Typing냐고 물었다. 당시 대부분의 영국 사람들에게 비즈니스 스쿨이라고 하면 비서 대학을 의미했다.

나는 미국을 사랑했다. 미국의 개방성과 다정함을 사랑했다. 그들이 영국인이 아니라는 사실이 좋았고, 상대의 부모가 누구인가를 따지지 않고 상대를 그 사람 자체로 대우해주는 분위기가 좋았다. 미국인의 전염성 강한 정열과 이상할 정도로 큰 목소리를 따뜻하게 받아들였다.

시작은 별로였다. 나는 당시 결혼 4년차를 맞고 있었다. 우리 부부는 생후 6주 된 갓난아이를 데리고 미국으로 건너갔다. 그해 초 유럽 대륙에는 천연두가 창궐했는데 우리 부부는 백신을 맞았지만 아이는 너무 어려 맞을 수가 없었다. 미국 이민국에서 백신 문제를 들고 나올 경우를 대비하기 위해 우리는 갓난아이가 너무 어려서 백신을 맞을 수가 없다는 의사의 설명서를 갖고 미국에 갔다. 실제로 이민국은 그 설명서를 흡족하게 여기지 않았고 문제를 제기했다. 미국에 도착했을 때는 아주 무더운 오후였는데 이민국 관리는 땀을 흘리면서 피곤해했다. 그는 유럽에서 오는 사람들 중 백신을 맞지 않은 사람은 입국시키지 말라는 지시를 받았다고 말했다. 자칫하면 자비로 병원의 격리병실에 들어가 5주 동안 검역을 받아야 할 판이었다. 우리는 따지고 호소하고 사정했다. 마침내 그는 조건 하나를 내걸었다. 만약 감염이 발생하면 최대 1천만 달러까지 미국 정부에 배상하겠다는 MIT 명의의 각서를 쓰라는 것이었다. 그 직원이나 나나 내가 MIT 명의의 각서를 작성할 권한이 없다는 것을 잘 알고 있었다. 하지만 그는 자신이 요구한 각서를 받았고 그러고 나서야 아이와 함께 우리를 보내주었다.

　나중에 그 사건을 곰곰이 생각하면서 나는 그 사건이 미국이라는 나라에 대해서 많은 것을 말해준다는 사실을 알았다. 대조직의 말단에 있는 사람이 자신의 주도로 창의적인 해법을 내놓을 만큼 용기와 배짱을 갖추고 있다는 것은 나에게 큰 감명을 주었다. 그는 자신의 상급자와 전혀 상의하지 않았다. 그 후 나는 그런 개인적 책임과 주도 정신을 미국에서 여러 번 발견했다. 그것은 직장의 직무 범위를 넘어서는 과감한 이니셔티브(주도 정신)였다. 미국인들은 자신들의 인생이 자기 책임일 뿐 누구의 책임도 아니라고 생각했다. 그들은 잘 돌아가는 정부 같은 것은 필요 없다고 생각했다. 그들은 영국의 국가보건의료서비스가 쇠약한 정부의 징조라고 내게 거듭 말했다. 자신의 건강을 자신에 대해 잘 알지도 못하는 관료제에 맡기다니 얼마나 이상한 일이냐고 덧붙였다. 나는 또한 돈이 나의 이민국 통과에 하나의 해결안을 제시했다는 사실이 인상 깊었다. 물론 이민국 관리가 돈을 받았다는 얘기는 아니다. 단지 그가 돈을 하나의 해결 방식으로 제시했다는 것이다. 그 후 미국에서 마주한 많은 물건이나 현상에는 반드시 달러 표시가 붙어 있었다. "당신은 얼마나 성공했습니까?"라는 질문은 "당신의 봉급은 얼마입니까?", "당신은 어느 정도 수수료를 받습니까?", "당신의 순 가치는 얼마입니까?"라는 말로 번역될 수 있었다. 공직에 출마하신다고요? 변호사를 고용해 소송을 하고 금전적 보상을 받으세요. 사회에 뭔가를 환원하고 싶다고요? 대학의 석좌 교수직이나 화랑에 기부하세요.

나는 나중에 필그림 파더스(1620년 메이플라워 호를 타고 북미 플리머스에 정착한 영국 청교도 일단 – 옮긴이)에 이어 미국에 도착한 퓨리턴(영국 청교도)들이 독특한 금전 사상을 들여왔다는 사실을 알았다. 그들은 이렇게 가르친다. "당신이 직접 벌어들인 돈은 당신의 인간적 가치를 보여주는 훌륭한 표시이므로 자랑해야 할 일이지 결코 부끄러워할 일이 아니다. 일은 좋은 것이다. 그러므로 좋은 일은 나쁜 일보다 당연히 더 많은 돈을 벌어들여야 한다. 따라서 더 많은 돈을 벌었다는 것은 남보다 좋은 일을 더 많이 했다는 뜻이다."

나는 이런 삼단논법이 아직도 유효한지는 모른다. 하지만 돈이 유익할 뿐만 아니라 부끄러워할 것도 아니라는 사상은 미국 문화에 깊숙이 뿌리박혀 있었다.

나는 돈은 공개적으로 말해서는 안 되는 것, 근검절약하는 생활이 자랑인 것, 돈이 생활의 수단이기는 하지만 인생의 목적일 수는 없는 것 등을 가르치는 나라 출신이었다. 그런 나에게 돈 얘기를 거리낌 없이 하는 미국은 충격 그 자체였다. 그러다가 그것에 희한하게도 사람을 해방시키는 효과가 있다는 사실을 깨달았다.

돈을 마음껏 버는 것과 또 그런 돈을 마음대로 쓰는 것이 전혀 부끄러운 일이 아니라는 느낌은 정말 신나는 것이었다. 내가 금전적으로 성공을 거둔다면 그것은 이타적인 생활 못지않게 세상에 기여하는 것이었다. 나는 미국 유학 당시에 느꼈던 이런 해방감을 지금은 어느 정도 유보하고 있지만, 당시에는 미국인들이 왜 순수한 자본주의 세계를 그토록 열광적으로 지지하는지 알 수 있었다. 그 세계에는 역설과 수수께끼가 가득 들어차 있었다.

주주는 왜 왕이 되었나

●

미국에 도착하고 난 일주일 후 첫 경제학 강의에 들어갔다. 교수는 기업의 분명한 목적을 진술하면서 강의를 시작했다. 기업의

●

목적은 회사의 주주들에게 돌려주는 중기 이익금을 최대화하는 것이라 했다. 나는 돈이 기업 성공의 척도라는 사실에 다시 한 번 주목했다. 그때도 마찬가지였지만 지금도 그런 목적은 사태를 너무 단순화시킨 것이라고 생각한다. 나 자신을 포함해 많은 회사원들이 회사에서 열심히 일할 때 주주의 이익을 염두에 두지 않는다. 또 그렇게 해야 한다고 생각하지도 않는다. 기업은 여러 가지 목적을 갖고 있는데, 가령 고객들에게 좋은 가치를 제공하는 것, 직원들이 개인적인 성장을 이룩할 수 있도록 그들에게 보람 있는 일과 기회를 주는 것, 회사가 소재한 공동체와 주변 환경의 필요를 존중하는 것, 주주들에게 적절한 이익이 돌아가게 하는 것 등이 그것이다. 이런 여러 가지 갈등하는 목표들을 주주의 가치라는 단 하나의 숫자로 통합한다는 것은 너무 순진한 견해다. 이런 여러 목표들 사이에서 균형을 잘 잡아야 하기 때문에 최고 경영자의 일이 어려운 것이다. 만약 이런 목표 중 어느 하나에만 집중하면 나머지 목표에는 소홀해진다.

어느 개인 세미나에서 '전기톱' 알 던럽이 내 옆자리에 앉은 적이 있었다. 던럽은 재무재표의 맨 아랫줄(손익표시란 ─ 옮긴이)의 이익에 직접적인 부가가치를 더하지 않는 비용과 인원은 무자비하게 잘라버린다는 이유로 그런 별명을 얻었다. 그가 회사의 유일한 목적은 주주에게 더 많은 이익을 돌려주는 것이라고 말했을 때 나는 영국식 억양의 큰 목소리로 "말도 안 되는 소리!"라고 대꾸했다. 그는 내게 설명할 기회도 주지 않고 나에게 달려들었다. "바로 그게 영국의 문제점이오. 영국의 경영자들은 자기가 사장 자리에 왜 앉아 있는지 잘 모르고 있어요."

3년 뒤 던럽은 자신이 맡고 있던 회사를 파산시켰다. 회사 직원을 너무 많이 잘라내 미래의 잠재력을 완전히 상실해버린 던럽은 사장 자리를 잃었다. 나는 그 소식을 듣고 조금도 놀라지 않았다.

나는 지금도 영미식 자본주의에서 왜 주주가 그토록 우대받는지 이해하지 못한다. 주주라고 해봐야 그들이 실질적으로 회사를 소유하고 있는 것도 아니다. 대부분의 경우 회사에 돈을 댄 것도 아니다. 물론 창립 당시의 주주들은 주식을 받고 회사에 돈을 댄다. 하지만 그 후에 그 주식은 증권거래소를 통해 주인이 여러 번 바뀐다. 또 그렇다고 해서 회사에 돈이 더 들어오는 것도 아니다. 주주는 회사를 상대로 베팅을 하는 것이다. 증권시장은 대부분 실제 회사와 한 단계 떨어져 있는 2차 시장이다.

그러나 증권시장의 주가는 회사에게 중요한 문제다. 주가가 높으면 회사는 자사 보유 주식을 이용해 다른 회사를 사들일 수도 있고 신규 자금을 모집하기도 쉽다. 반면 주가가 너무 떨어지면 다른 회사에게 매수당할 위험이 있다. 따라서 회사의 사장이 한 번도 만나본 적 없는 주주를 그토록 애정 어린 목소리로 말하는 것은 그들을 사랑하기 때문이 아니라 회사의 주가를 염두에

두고 있기 때문이다. 주가는 회사가 제공하는 이익과 배당금은 물론이고 회사의 장래 전망에 영향을 받는다. 이렇게 주가의 관점에서 본다면 돈이 성공의 진정한 척도다.

주가의 허와 실
●

주식은 자본주의 사회(특히 미국식 자본주의)에서 기업의 화폐다. 회사들은 자사 주식을 이용해 다른 회사들을 매입한다. 이것은 회사를 키우는 가장 빠른 길이고, 전략상의 허점을 메우는 좋은 방법이며, 고위직 경영자들에게 더 큰 일자리를 제공하는 수단이다. 그러나 각종 연구 결과는 인수합병 건의 삼 분의 이 정도가 가치를 더해주지 못한다고 보고했다. 금전적으로 혜택을 보는 사람은 매수되는 회사의 주식을 갖고 있는 사람들뿐이다. 내가 이런 과정을 가장 우려스럽게 생각하는 이유는 기업 그 자체를 일반 상품처럼 사고팔 수 있게 되어버렸다는 사실 때문이다. 이때 그 회사에 현재 근무 중인 사람들이 어떤 생각을 하고 있는가는 전혀 고려되지 않는다.

셸을 떠난 직후 나는 남아프리카 광업회사인 앵글로 아메리칸 지사에서 1년 동안 근무했다. 런던에 본사를 두고 있는 차터 콘솔리데이티드는 앵글로 아메리칸이 일부 자산을 남아프리카 밖으로 이동시킬 수단으로 설립한 회사였다. 나는 이 회사의 경제전문가로 고용되었다(싱가포르에서 경제전문가로 보직을 받은 데 힘입어 이후 그쪽이 내 전공 분야가 되었다). 근무한 지 일주일쯤 되었을 때 프랑스어로 된 보고서를 한 뭉치 건네받았다. 여기에는 남아프리카 보고서들도 포함돼 있었다. "해리(요하네스버그에 있는 실세 회장)가 남아프리카 회사 일부를 프랑스 회사로 바꾸려 하네. 그는 그렇게 하는 것이 공평한 거래인지 알고 싶어 해."

나는 최선을 다해 자료를 분석했다. 그것은 아주 멋진 지적 도전이었고 나는 그 거래를 하면 해리가 약 2백만 파운드를 잃게 된다는 결론을 내렸다. 나는 이런 결론을 이끌어낸 자신이 대견스러웠다. 보좌관에게 회사 회장의 돈 2백만 파운드를 잃게 될 것 같다는 우려를 표명하자 그가 말했다. "오, 그뿐인가요? 해리가 기뻐할 겁니다. 유럽에 발판을 마련하려면 그 정도 대가는 치러야겠지요."

나는 그때 기업의 재무 세계가 어떤 것인지 알았다. 그 세계에서 회사는 어떤 목적을 얻기 위한 하나의 수단에 지나지 않았다. 나는 그처럼 계산을 하고 견적을 뽑는 과정에서 검토 대상이 되는 회사에 근무하는 직원들을 조금도 생각하지 않았다. 심지어 그 회사들이 어디에 있는지조차 알지 못했다. 회사의 운명을 앞에 놓고 일종의 체스 게임을 벌이는 것은 재미있는 일이지만 나에게 너무 많은 권한이 주어져 있는 게 분명했다. 오늘날 뉴욕이

나 런던의 투자 금융 회사에 근무하는 기업 장사꾼들은 이전의 나보다 훨씬 똑똑할 것이다. 하지만 그들 역시 나와 마찬가지로 사고파는 회사에 근무하는 사람들 생각은 조금도 하지 않을 것이다.

더욱이 주가는 변덕스럽기 짝이 없는 정부 같은 것이다. 주가의 등락은 회사의 사업 실적에 영향을 받기도 하지만 동시에 당대의 유행과도 아주 밀접한 관계가 있다. 일례로 일부 유행 타는 신경제 주식이 이익을 별로 실현하지 못했는데도 높은 주식 시세를 형성하는 현상을 꼽을 수 있다. 게다가 주식시장 자체도 그 나름의 수요공급 원칙을 따라간다. 가령 많은 돈이 특정 주식에 몰린다면 그 주식의 내재 가격에 상관없이 주가는 올라간다. 정치적 불안정이나 불경기에 대한 우려 때문에 주식 수요가 줄어들면 그때는 개인 회사들의 실적과 상관없이 주가가 일제히 떨어진다. 1990년대에 주식시장이 지속적으로 상승세를 보이자 많은 미국인들이 은행에서 돈을 빌려 주식을 사기 시작했다. 이 현상은 당연히 수요를 촉발했고 주식시장을 과열시켰다. 하지만 일반 개미 투자가들이 시장의 앞날을 어둡게 보고 매도에 주력한다면 그 반대의 현상이 벌어질 수도 있다.

카지노나 다름없는 이런 기관을 우리 사회의 부 창조 시스템의 기반으로 삼는 것은 비논리적이다. 아니 어떻게 보면 기이하기까지 하다. 하지만 정말로 이상한 것은 그런 기관의 기능이 활발히 돌아가 좋은 효과를 낸다는 것이다. 적어도 제2차 세계대전 종전 이후 미국에서는 증권시장이 경제의 기관차 역할을 톡톡히 했다. 개인들은 자신의 회사를 공개해 백만장자가 되었다. 경영 실적이 좋은 기업 경영자들에게는 싼 값에 회사 주식을 사들일 수 있는 옵션이 주어졌다. 개인들은 일부러 돈을 빌려 주식시장이라는 카지노에 투자했다. 봉급 이외의 수익을 올릴 수 있다는 가능성 때문에 개인들은 주식시장에 투자했고 그런 투자는 기업 설립의 원동력이 되었으며 회사를 더 크고 더 생산적으로 만들었다. 개인적 부의 추구는 여전히 미국의 자본주의 기계를 돌리는 엔진이다. 이렇게 형성된 부로 개인들은 자기 좋을 대로 인생을 살아나갈 수 있는 자유를 얻었고 시장이 제공하는 최고의 제품을 사들일 수 있게 되었다.

세계에서 두 번째로 불공평한 나라

●

그러나 최고 소득층의 사람들이 갖고 있는 돈은 소비하기 위한 돈이 아니다. 아무리 낭비를 한다고 하더라도 미국 부자들이 매해 노동의 결과로 집에 가져가는 수천만 달러를 다 쓸 수는 없다. 최고 부자들은 그 상장을 가슴에 꼭 끌어안고 자신들의 성공에 개인적인 만족을 느낄 뿐 평소에는 캐주얼 복장을 입고 다니

●

면서 부자 티를 내지 않으려 애쓴다. 그들은 그것을 '은밀한 부'라고 부른다. 물론 자신의 부를 공개하는 사람들도 있다. 영국에서는 업적에 대한 포상으로 작위를 수여하지만 미국인들은 자기 자신에게 스스로 상장을 수여한다. 어떤 부자는 자신의 포도밭과 요트를 자랑하고 어떤 부자는 재단이나 박물관에 자신의 이름으로 기부금을 내놓는다. 자신의 상장인 돈을 이용해 남다른 업적을 올린 스스로를 칭송하는 것이다. 나는 이런 미국식 방식에 별다른 이의를 제기하고 싶지 않다.

하지만 언제나 그렇듯이 여기에는 문제점이 있다. 대부분의 미국인들은 상장이 아니라 가용으로 돈을 필요로 한다. 그래서 그들은 늘 돈에 쪼들린다. 그들은 최고 경영자의 봉급과 자신의 봉급을 비교해본다. 그러고 나면 같은 회사에 근무하는 일반 직원보다 5백 배나 많은 봉급을 최고 경영자에게 제공하는 급여제도가 과연 정당한지 의문에 빠진다. 지금 여기서 마이클 조던 같은 스포츠 스타나 빌 게이츠 같은 사업가 얘기를 하는 것이 아니다. 보통 회사의 고용사장(사주가 아닌 사장)이 그런 소득을 올리는 것이다. 그러므로 평범한 사람은 의아할 수밖에 없다. 어떻게 같은 회사에 근무하는데 어떤 사람은 나보다 5백 배나 많은 봉급을 받는 거지? 과연 단 한 사람이 그 정도의 차이를 만들어낼 수 있나?

통계에 따르면 대부분의 미국인들은 미국의 호황기에 실질

소득이 증가하지 않았다. 1990년대의 주식시장 소득 중 86퍼센트가 미국 인구 10퍼센트에게 돌아갔고 나머지 사람들은 아무런 실익을 얻지 못했다. 미국 연방준비은행은 1995년과 1998년 사이에 가정의 평균 가치는 17.6퍼센트 상승했지만, 가정의 부는 1989년 수준보다 '훨씬 밑돈다'는 사실을 발견했다. 이것은 54세 이하의 소득 그룹 모두에게 해당되었다. 다시 말해 부모가 누렸던 상대적 생활수준을 유지하기 위해서는 부부 두 사람이 같이 뛰어야 한다는 것이다. 통계적으로 볼 때 미국은 나이지리아에 이어 세계에서 제일 불공평한 나라 2위를 차지한다. 미국은 경제가 발전할수록 빈부 격차가 더 크게 벌어진다는 이론의 구체적 사례다. 육체적 완력보다는 지식과 기술을 더 쳐주는 자본주의적 경쟁에서 가난한 사람들은 뒤처지고 있는 것이다.

민주주의를 잠식한 자본주의
●

그러므로 미국은 겉으로 드러난 것으로만 보면 마치 사회주의를 기다리는 상황인 듯하다. 하지만 역사상 사회주의를 표방한 정당은 미국 선거에서 8퍼센트 이상의 표를 얻어본 적이 없다. 보수와 진보를 표방하는 양대 정당인 공화당과 민주당은 자본주의 사회를 철석같이 믿고 있다. 미국의 가난한 사람은 실제로 몹시

●

가난하다. 하지만 그들은 혁명을 일으킬 생각을 하지 않으며 중산층도 자신의 생활수준이 떨어지고 있다고 생각하지 않는다(통계적으로 하락하고 있는데도 말이다). 미국의 퇴락한 도심의 빈민촌과 커다란 대문이 달린 아름다운 교외 지역을 주기적으로 방문하면서 나는 그 엄청난 불공평에 혀를 내두를 수밖에 없었다. 그것이야말로 자본주의의 아킬레스건이고 또 자본주의를 치욕적인 종말로 내닫게 할 원인이라 생각했다. 하지만 미국의 극빈층 사람들은 대부분 그런 불공평을 개탄하지 않는 듯했다(내가 볼 때에는 충분히 개탄의 사유가 되는데도 말이다).

나는 그 대답이 미국에만 독특하게 해당하는 것이라 생각한다. 그것을 초기 청교도로 소급하면 개인적 노력을 통한 구원을 강조하는 철학에 연원을 두고 있다. 하지만 이런 사상은 신의 은총을 받아들일 여지가 없는 것이기 때문에 신통치 않은 기독교 신학이다. 청교도들은 아주 독특한 종류의 크리스천이었다. 그들은 이렇게 가르쳤다. "우리의 인생은 우리의 책임이며 우리가 처한 조건을 다른 사람 탓으로 돌려서는 안 된다. 인간의 의무는 지상에 천국을 건설하는 것이다." 청교도 지도자들은 사람들에게 '언덕 위에 세운 도시', 즉 이상적인 사회를 건설하라고 요구했다. 인간이 지상에 온 목적이 신의 창조물을 개선하기 위해서라고 생각한 것이다.

미래가 과거보다 나아질 수 있고 또 반드시 그래야 한다는 사상은 미국 문화의 활기 넘치는 측면이라 할 수 있다. 세상의 사물이 오래된 황금시대로부터 퇴락해왔다는 고루한 유럽 사상과는 전혀 다르다. 미국의 이런 미래지향적 정신에 '새 땅에서 새 생활을!'이라는 이민자 문화가 보태졌다. 이런 정신 때문에 미국인들은 비록 지금 가난하게 살아도 언젠가는 현재의 부자들과 같은 삶을 살 수 있다는 희망을 간직한다. 질투심은 다른 자본주의 사회에서는 파괴적 요소가 되는 반면 미국에서는 야망과 희망을 부추기는 연료가 된다. 이러한 야망과 희망은 사회의 사다리 밑바닥에서 벌어지는 유동성으로 강화된다. 1년 단위로 직업 사다리의 밑바닥에 있는 사람들이 한두 계단 위로 올라가는가 하면 어떤 사람들은 내려간다.

이런 유동성은 사다리의 밑바닥에 있는 사람들에게 늘 가능성과 희망이 있다는 생각을 심어준다. 하지만 그것은 공포가 깃든 희망이기도 하다. 그 사다리에서 허방으로 떨어진 사람들에게는 가능성이 전혀 없기 때문이다. 바로 이런 가능성과 공포의 혼합이 미국 전역에서 느껴지는 거대한 에너지를 만들어내는 것이 아닌가 한다. 하지만 그 혼합적 균형이 무너져 대공황 시절처럼 공포가 가능성을 압도한다면 미국식 자본주의는 위협받게 될 것이다. 미국의 정치 지도자들은 유지하기가 매우 까다로운 이런 균형을 유지해내야만 한다.

미국인들은 자신의 운명을 개선시키는 가장 좋은 기회를 정치보다는 시장에서 찾는 듯하다. 미국의 논평가 토머스 프랭크는 《신 아래 하나의 시장One Market Under God》이라는 책에서 이런 걱정을 했다. "오늘날 시장은 선거보다 더 분명하고 의미 있게 대중의 뜻을 표현한다." 이 말이 사실이라면 가난한 사람들은 자신의 시민권을 박탈당하고 있다는 얘기인데, 그런데도 그들은 신경을 쓰지 않는 것 같다. 많은 미국인들은 미국 정부가 해외 사업에 돈을 쓸 때에만 정치에 관심을 보인다. 국내 문제는 노력과 돈에 따라 개인 수준에서 더 빨리 해결된다. '별로 바뀌는 것도 없는데 투표는 해서 뭐해?'라는 생각, 바로 여기에서 세계 최대의 민주국가인 미국 유권자의 절반이 투표장에 가지 않는 역설이 발생한다. 자본주의가 민주주의를 갉아먹고 있는 것이다.

이것이 문제일까? 당연히 문제라고 생각한다. 이것은 이기적인 사회, 나와 내 가족만 아는 사회, 클럽(고급 사교장)과 게토(빈민촌)로만 이루어진 엄청난 빈부 격차의 나라를 만들어낸다. 나는 최근에 미국을 방문해 별 다섯 개짜리 호텔에 묵었다(사업차 간 것이라 체재비를 사업 관련 상대가 부담했다). 나는 호텔 엘리베이터가 내가 묵고 있는 층에 서지 않는 것을 발견하고 안내 데스크에 항의했다. 그러자 안내 담당 직원이 말했다. "아, 죄송합니다. 클럽 층으로 가는 카드를 드리는 걸 깜빡했습니다. 이걸 엘리베이터의 카드 구멍에 넣고 당신의 층을 누르십시오." 그것은 책임이 없는 특혜였다. 공짜 칵테일과 스낵에다 하늘 가까운 곳에서 아침식사도 제공받는 매우 유쾌한 경험이었다. 아래층에 모여 있는 손님들과는 아주 뚝 떨어진 곳에서 말이다.

이 엘리베이터의 경험을 현대 미국의 우화로 볼 수도 있다. 만약 모든 사람이 끼리끼리 모여서 논다면, 그래서 맨 꼭대기 층에 있는 사람들이 아래층에 있는 사람들과는 접촉할 일이 없다면 그들의 삶에 대한 관심이 없어질 것이다. 선거 유세에 나선 정치가들은 미국의 긴급한 문제들, 가령 2백만 명 가까이 수용된 감옥, 거리와 심지어 학교에도 넘쳐나는 마약과 총포, 심각한 환경오염, 아직도 존재하는 인종 간 긴장 상태 등은 별로 언급하지 않는다. 이런 문제들은 언급한다 해도 유권자들이 좋아하지 않고 관심도 없기 때문이다. 정치가들은 유권자가 공동체를 위해 해야 할 일은 전혀 말하지 않고 자신들이 유권자에게 해줄 수 있는 것만 말한다.

자본주의가 미국 공동체를 둘로 나눈다는 생각이 빠르게 퍼지고 있음을 느끼는 사람은 비단 나만이 아니다. 일부 저명한 미국인들도 나처럼 생각한다. 정치학자 로버트 퍼트넘은 《나 홀로 볼링》이라는 책에서 이렇게 주장한다. "미국인들은 정직과 신뢰의 붕괴를 보아왔다. 시민이 보편적 네트워크를 공유하고 상부상조하는 사회적 자본주의 제도가 붕괴의 위기에 처했다. 이렇게 된 것은 조야한 개인주의와 '나 홀로' 사회 때문이다."

애덤 스미스는 이렇게 주장했다. 자유시장 제도는 공감에 바탕을 두고 있으며, 이웃을 보살피고 자기가 번 것을 불우한 사람들과 나누려는 공감이 있어야만 잘 굴러갈 수 있다고. 이런 공감이 없다면 시장의 거래를 지탱해주는 신뢰의 기반이 붕괴된다는 것이다.

노벨상 수상자인 로버트 포겔은 미국의 정신적 타락을 우려한다. 그 타락이 자본주의의 물질적 성공 때문이라는 것이다. 그러나 포겔은 정신적 믿음에서 결핍을 지적하는 것이 아니라 자긍심, 가족 간 유대의식, 기강, 품질의 존중, 목적의식(그는 이것이 가장 중요하다고 생각한다.) 등이 부족하다고 우려한다. 그는 사람들이 먹을 것을 충분히 갖고 나면 물질적 부보다는 품위 있는 정신적인 것을 더 생각하게 된다고 주장한다.

경제사가인 데이비드 란데스는《국가의 부와 빈곤》에서 한 발 더 나아간다. 그는 낙관주의 정신이 더 이상 진실하게 들리지 않는다고 생각한다. 많은 사람들에게 미래는 과거보다 더 황량하게 다가온다. 광신주의, 당파주의, 적개심이 점점 더 만연하고 있다. 그는 예이츠의 시를 인용한다. "최고로 선량한 사람은 모든 확신을 잃어버렸고 최고로 악한 자들은 어두운 열정에 몰두하나니."

승자 독식의 불안한 경쟁

●

나는 처음 방문한 지 25년이 흐른 뒤에 다시 찾아간 미국에서 데이비드 란데스의 우려를 직접 목격하게 되었다. 미국은 여전히 활기에 넘치고 의욕적이고 정력적이어서 가능성에 대한 나의 믿음을 재확인해주었다. 하지만 활기의 이면에 숨은 어떤 이기심을 느꼈다. 활기가 넘치는 분위기 안에 불안정이 도사리고 있으니 자기 자신의 일을 우선 걱정하는 건 당연한 일이다. 중산층 봉급생활자들은 직업 안정이라는 과거의 방패를 잃어버렸을 뿐만 아니라 재능 있고 진취적인 사업가들의 승자 독식 세계에서 혜택을 보지 못했다. 중산층 사람들에게 이제 우려의 나날이 찾아오고 있는 것이다.

더불어 미국이 왜 전 세계 변호사의 70퍼센트를 보유하고 있는지 의아한 생각이 든다. 이것이야말로 로버트 퍼트넘이 지적한 신뢰의 붕괴를 보여주는 구체적인 사례가 아닐까? 최근에 어린 아이들을 데리고 미국 근무에 나선 젊은 영국인 가장이 나에게 이런 말을 해주었다. 자신의 집에 애들 친구가 놀러오지 않는다는 것이었다. 왜 놀러오지 않느냐고 묻자 그가 말했다. "왜냐하면 애들이 놀다보면 다칠 수 있는데 우리는 그런 경우를 대비한 보험이 없거든요. 그 애들의 부모가 그 사실을 알고 있어요." 내가 당황하는 표정을 짓자 그가 계속 말했다. "무슨 소리냐 하면

●

그들이 우리를 고소해도 아무것도 못 건진다는 뜻이에요."

아이들이 함께 놀지 못하는 세상은 대체 어떤 세상인가? 최근의 미국 방문에서 로버트 포겔이 지적한 목적의식의 상실도 느낄 수 있었다. 이것은 아주 오래된 딜레마다. 사람은 자기가 원하는 것을 얻으면 손에 들어온 그것을 더 이상 원하지 않게 된다는 것이다. 이것은 성공의 역설이기도 하다. 역설적이게도 사회 구성원에게 그들이 얻고 싶어 하는 것을 비교적 젊은 나이에 얻게 해주는 사회는, 나중에 그 사회에 번지는 권태의 파도에 그들을 일찍 노출시킨다는 것이다. 자본주의 체제에서 돈은 많은 것을 살 수 있는 구매력을 주지만, 그런 물질적 욕구가 충족된 이후의 삶의 목적까지 제공해주지는 못한다. 물론 구매를 유혹하는 친도구는 더 많이 나올 것이다. 하지만 그것도 잠시뿐 곧 시들해진다. 그러니 보람 있는 인생을 영위하려면 자기 자신의 범위를 뛰어넘는 목적을 반드시 지니고 있어야 한다. 하지만 안타깝게도 이기적 자본주의는 이런 목적을 홀대해 중요도 리스트의 맨 밑바닥에 놓고 있다.

나는 미국을 방문하고 돌아올 때마다 늘 내 몸에 에너지와 흥분이 충전되어 있음을 느낀다. 하지만 미국에서 살고 싶은 마음은 없다. 미국식 자본주의는 너무나 피곤하다. 미국에서의 생활은 장거리 경주와도 같다. 당신은 그 경주에서 빠져나올 수 없고 또 이길 수도 없다. 당신보다 더 많은 것을 얻어내고, 당신보다 더 빨리, 더 잘, 더 과감하게 해치우는 수많은 사람들이 당신 앞을 달리고 있기 때문이다. 물론 그곳에는 자기에게 알맞은 경주를 설정하고 자기의 속도와 자기의 목표를 지키면서 달리는 뚝심 있는 친구들도 있다. 하지만 그들은 소수에 불과하다. 만약 내가 미국에서 산다면 그들처럼 뚝심과 의지를 발휘할 수 있을지 의문이다.

덜 피곤한 형태의 자본주의는 없을까? 나는 그런 것을 찾아보고 싶다.

글로벌 자본주의
●

자유시장 자본주의는 미국에서 그런대로 통한다고 보아야 한다. 그것은 엄청난 규모의 부를 창출했고 지금도 계속 창출하고 있다. 그중에서 제대로 돌아가지 않는 것은 분배의 문제 정도다. 그러나 미국인들은 늘 평등보다 자유를 강조했고, 이때 평등은 기회의 평등이지 결과의 평등은 아니라고 믿었다. 미덕의 삼위일체 중 마지막 하나인 박애 또한 위협을 받고 있다. 박애를 통한 사회적 단결이 이루어지기는커녕 부자들은 컨트리클럽에, 가난한 사람들은 게토에 끼리끼리 모여 살고 있는 것이다.

미국인들은 미국이 최고 좋은 나라라는 복음을 전파하고 다닌다. 그들은 자기네 나라에서 통하는 것이면 전 세계 어디에서나 통한다고 믿는다. 하지만 러시아에서는 통하지 않았다. 그곳에서 자본주의는 범죄적 생디칼리슴(조합공동체주의)인 마피아 자본주의를 낳았다. 시장을 적절히 통제하는 법률과 제도가 없다면 개인주의적 자본주의는 국가를 산산조각 내버린다. 러시아 남자의 평균 수명은 10년 만에 10년이나 줄어들었다.

러시아의 사례에서 교훈을 얻은 중국은 좀 더 조심스럽게 전진하고 있다. 그들은 소비자주의의 매력을 물리칠 수 없다는 것을 알고 있으며 또 과거보다 더 큰 상업적 자유주의를 허용해야 할 필요성도 인정하고 있다. 하지만 사회적 단결을 위해 공산국가의 구조는 그대로 유지하겠다는 확고한 방침을 갖고 있다. 나는 최근 중국을 방문하고 나서 이런 것을 느꼈다. 중국인들은 자급자족적인 중국식 자본주의를 개발하기를 희망하고 있었다. 글로벌 시장에 의지하지 않고 국내 시장만으로도 잠재적인 수요를 제공할 수 있다고 보는 것이다. 한편 1997년에서 1998년 사이에 외환문제로 금융위기를 겪은 다른 아시아 국가들은 시장의 변화로부터 자국을 보호하기 위해 규정과 제도를 강화하는 쪽으로 나아가고 있다.

40년 동안 두 번의 대전으로 큰 피해를 입은 유럽은 전통적으로 부의 창출보다는 공정한 분배와 사회적 단결을 강조해왔다. 그러나 1980년대에 들어와 영국의 마거릿 대처가 그런 전통을 바꾸어놓았다. 그녀는 저항 세력과 정면 대결해 노동조합을 억압하고 비효율적인 국영 코끼리 기업들이 해체되는 것을 흐뭇하게 지켜보았다. 그렇게 해체된 자리에 그녀는 금전적 소득으로 보상받는 개인기업형 미국 문화를 채워넣었다.

그것은 필요한 변화였다. 그 이전은 깊은 수렁으로 점점 빠져들고 있는 상황이었다. 하지만 대가가 만만치 않았다. 대처는 이런 유명한 말을 남겼다. "사회라는 것은 없다. 오로지 개인과 가족만 있을 뿐이다." 그것은 자신의 생활은 스스로 책임 져야 한다는 뜻이었다. 이러한 대처의 방식에 많은 사람들이 비명을 내질렀다. 영국의 사회적 단결에 일격을 가한 대처의 조치가 너무 뼈아프다는 표시였다. 불공평과 불안정이 만연했고, '하층 계급'이라는 단어가 필수적인 생활용어가 되었으며, 과거에 알고 있던 직업들은 증발해버렸다. 국영기업이 매각되고 세율이 낮아지면서 이익과 재정적 보상이 성공의 주요 지표가 되었다.

사태는 좋아졌지만 새롭고 흉물스런 이기심이 탄생했다. 사람들은 곧 부드러운(희석된) 형태의 자본주의에 찬성표를 던지기 시작했다. 그들은 아직도 그것을 희망하고 있다. 개인주의적 자본주의라는 귀신이 병 속에서 일단 빠져나오면 그것을 다시 병 속으로 집어넣기는 아주 어렵다. 2000년대 초에 프랑스 총리를 역임했던 리오넬 조스팽이 자신은 시장 사회가 아니라 시장 경제를 희망한다고 말했는데 이 말은 유럽의 관점을 정확히 요약한 것이었다. 그러나 조스팽의 이러한 희망사항은 말하기는 쉬워도 막상 실천하기는 어렵다. 아무튼 성장을 어느 정도 희생시키더라도 미국식 자본주의의 무자비함으로부터 국민을 보호하고 싶어 했던 나라는 프랑스뿐만이 아니었다.

유럽은 다소 부드러운 형태의 미국식 자본주의를 발견했지만 글로벌 자본주의의 전파로 그것이 지구상의 덜 발전한 부분, 가령 제3세계의 발전하는 경제체제에는 어떤 영향을 미칠지 궁금하다. 어떤 사람의 주장대로 그것은 제3세계의 경제를 강탈하고 있는가? 아니면 그들을 가난으로부터 벗어나게 해주는 기술과 수단을 가져다주고 있는가?

겉으로 드러난 통계 수치는 좋지 않다. 1960년에는 세계 인구의 20퍼센트를 차지하는 부자가 전체 부의 70퍼센트를 갖고 있었으나 1990년에는 85퍼센트로 올라갔으며 지금도 계속해서 올라가고 있다. 그리고 10억 명의 인구가 하루 1달러 미만의 돈으로 생활하고 있다. 글로벌 자본주의가 이들에게 뭔가를 제공할 수 없을까?

인도 케랄라에는 왜 젊은이가 없는가

●

나는 가장 희망이 넘치는 지역인 인도로 가보기로 했다. 이 거대한 나라도 아직까지 기적적으로 민주주의를 유지하고 있다. 나는 인도에 여러 번 다녀왔다. 인도는 내 집안과 관계가 깊다. 외삼촌 두 분이 구 인도군에서 장교로 근무했기 때문에 양차 대전에 대한 흥미진진한 얘기를 많이 들을 수 있었다. 봉사 정신이 강한 이모는 인도의 가장 험난하고 가난한 주인 비하르의 하자리바그에 있는 기독교 병원에서 근무했다. 옛날에 그 병원에 근무하는 이모를 방문한 적이 있었다. 이모는 자신의 커다란 쉐보레 트럭에 나를 태우고 마을에 있는 치료소에 출근했다. 치료소에서 이모는 살아 있는 천사 대접을 받았다. 마을 사람들에게 치료 방법을 제공하는 유일한 사람이 이모였기 때문이다.

나는 인도의 여러 가지 문제들, 가령 끊임없는 인구 유입, 사회간접자본 부족, 기본 생활 설비 결핍 등을 목격하고 깜짝 놀랐다. 또한 사람들의 넘치는 인정과 자신의 운명에 순응하는 태도에서 겸허함을 배웠다. 한번은 이런 일이 있었다. 어느 날 아침 차를 타고 지나가는데 한 여인이 길가에 서서 버스를 기다리고 있었다. 그리고 그날 오후에 일을 보고 돌아오면서 보니 그 여인은 여전히 그 자리에 서서 버스를 기다리고 있었다. 별로 지친 내색도 아니었다. 버스가 언젠가는 올 것이라는 표정이었다. 나는 그녀의 끈기에 존경심을 느꼈지만 그런 조용한 순명의 태도는 진취적 기업형 사회를 만들어내는 데 마이너스다.

40년 전 인도는 사회주의적 사회였다. 그러다가 꾸준히 자본주의적 사회로 바뀌어왔다. 미국과는 생판 다른 이런 나라에서 어떻게 자본주의가 통할까? 나는 궁금증을 떨칠 수 없었다.

21세기가 시작된 시점에 나는 인도의 엉뚱한 지역에서 그 대답을 찾아보는 기회를 얻었다. BBC가 케랄라 주에 대한 3회분의 짧은 라디오 프로그램을 제작해달라고 내게 제안한 것이다. 케랄라는 관광객의 천국일 뿐만 아니라 제3세계의 계몽적 발전지역의 모델이 되고 있는 곳이다. 나는 관광 그 자체를 즐기는 관광객은 되지 못한다. 역사적 유물은 따분하고 해변에서는 한 시간만 있어도 지겹다. 내게는 그 나라의 사람들과 그들의 생활이 훨씬 흥미진진하다. BBC라는 철자가 부착된 녹음기를 들고 있으면 사람들이 신통하게도 자기 얘기를 술술 해주었다.

케랄라는 인도의 가장 작은 주다. 작다고는 해도 인구가 3천만 명이다. 이 주는 광대한 아대륙의 서부지역 중 맨 아랫부분, 그중에서도 바다와 구릉지 사이에 위치하고 있다. 인도의 대부분 지역이 먼지 풀풀 나는 갈색이지만 케랄라 주는 녹음이 우거진 아름다운 곳이다. 강과 내륙의 수로가 구릉지의 차밭, 바다, 곡창지대, 해변 등을 연결시켜주고 있다. 케랄라는 지난 1950년대 말에 공산주의 정부를 선출한 적이 있고, 공산주의자들은 오늘날에도 연합정부의 파트너로 활약하고 있다.

50년대 공산주의 정부가 천천히 불타오르는 개발 전략을 실시했는데 그것이 오늘날 첫 과실을 맺고 있다. 그 개발 전략을 실시한 초기에 그들은 그것을 '천천히 서두르기'라고 불렀다. 천천히 서두르기는 기초를 먼저 닦는 것으로, 일차적 건강보건 조치, 문자 해독을 강조하는 초등교육, 여성 교육 등에 집중하는 것이었다. 결과는 아주 놀라웠다. 케랄라는 인도에서 출산율이 가장 낮은데, 가임여성 1명 당 2.2명 정도다. 또 그들의 지방어인 말라얄람어의 해독률은 94퍼센트에 달한다. 이런 문자 해독률은 영국을 위시해 제1세계의 여러 나라들보다 높다.

케랄라 사람들은 매력적이면서도 총명하다. 그들은 자신들의 장점이 무엇인지 알고 있고 또 그 장점이 해외에서 가장 잘 발휘된다는 사실도 알고 있다. 케랄라의 젊은이들은 글로벌 경제를 이해한다. 기술이 좋은 젊은이들은 뭄바이나 델리, 더욱 멀리로는 캘리포니아, 뮌헨, 런던 등지로 나가 일한다. 기술이 좀 부족한 젊은이들은 중동의 산유국으로 진출해 노동력을 제공한다. 그들은 몇 년에 한 번씩 휴가를 얻어 귀국하고 50대에 들어서면 완전히 은퇴해 영구 귀국한다.

바로 이것이 글로벌 세계를 대하는 케랄라의 문제점이다. 젊은이를 잘 교육시켜서 다른 데에 빼앗기는 것이다. 뒤에 남은 사람들은 인도 기준으로 보면 잘살지만, 그들이 지닌 돈은 해외에 나가 있는 친척이나 관광객들로부터 나온다. 이 두 수입원이 그들을 오염시킨다. 이 주는 다수의 히피 관광객들을 끌어들였고 그 결과 혼잡한 고아 시에서 텅 빈 해변에 이르기까지 히피들이 넘쳐나지 않는 곳이 없다. 나는 유명한 코발람 해변에서 젊은 이들을 만나보았는데 그들은 하루 2파운드면 살 수 있다고 말했다. 해변 뒤쪽의 가설 인터넷 카페들 옆에는 싸구려 하숙집과 식당들이 줄지어 들어서 있었다.

케랄라는 좀 더 수준 높은 관광객을 원하고 또 그들이 현지 주민들의 생활 속에 통합되기를 바란다. 하지만 당국은 싸구려 제품에 대한 수요가 계속 생겨나기 때문에 그것을 공급하지 않을 수가 없다고 말한다. 싸구려 관광은 일부 사람들을 부유하게 하겠지만 그 지역을 값싼 곳으로 만들어버린다. 그런 관광은 마약, 쓰레기, 매춘 등을 동반하므로 주인과 손님을 동시에 타락시킨다. 그런데도 글로벌화의 이런 부작용이 제대로 강조되지 않고 있다. 이제 젊은이들은 런던에서 글래스고로 가는 기차 비용 정도만 있으면 세계 어디에서든 살 수 있다. 그러다보니 자기네 나라의 가장 나쁜 측면을 관광지에 가져오는 것이다.

송금은 이런 전 세계적 유동성의 또 다른 측면이다. 케랄라 사람들은 관광객 못지않게 글로벌 마인드를 가지고 있기 때문에 그들의 인력을 해외로 내보내는 일을 당연하게 생각한다. 그래서 많은 케랄라 사람들이 해외에서 일하는 친척이 보내준 돈으로 살아가고 있다(이 주의 유력 일간지는 하루에 1백만 부를 찍는데, 그중 10만 부를 해외로 보낸다). 그 결과 케랄라에는 돈이 넘쳐난다. 이 지역에 남은 부모나 아내들이 해외에서 오는 송금을 소비하는 것이다.

그들은 제1세계 사람들이 당연히 여기는 것, 가령 텔레비전, 세탁기, 컴퓨터 등을 사는 데 그 돈에 쓴다. 물건을 갖추다보니 그것을 잘 간수해줄 현대식 벽돌집이 필요하고 또 그들 자신이 타고 돌아다닐 자동차가 필요하다.

이런 소비 탓에 좁은 길은 차로 넘쳐나고 사람들은 도시로 몰려드는데, 도시에는 그들을 받아줄 만한 공간이나 직장이 없다. 더욱 심각한 것은 그들이 사들이는 물건이, 새집을 짓기 위한 벽돌과 노동력을 제외하고는 전부 수입품이라는 것이다. 해외 송금은 새로운 일자리를 창출하는 것이 아니라 새로운 수입품이 들어오게 한다. 이런 수입 비용을 지불하기 위해 케랄라는 가장 우수한 인력을 해외에 수출하고 있다.

"우리는 인도의 아일랜드인입니다." 한 남자가 말에 내가 답했다. "하지만 아일랜드인은 아일랜드로 돌아오고 있어요. 당신네 사람들은 언제 케랄라로 돌아올 겁니까?"

나는 뭄바이에서 일하는 젊은 케랄라 직장인 여러 명과 대화를 나누었다. 그들은 케랄라가 아름다운 곳이고 또 돌아가서 부모님을 뵙기는 하겠지만 거기서 살지는 않을 예정이라 했다. 이유를 묻자 그들이 한결같이 대답했다. "거긴 직장이 없으니까요. 신나는 일도 없고 할 일이 너무 없어요."

나 역시 젊은 시절 아일랜드에 대해서 그런 생각을 했다. 나 또한 아일랜드를 떠났고 부모님을 만나러 갈 때를 제외하고는 그

곳으로 돌아가지 않았다. 그러다가 아일랜드 정부의 조세 감면 혜택, 훌륭한 교육을 받은 젊은 노동력, 유럽 시장 진출 등에 고무된 1천 개의 미국 다국적 기업들이 들어오면서 아일랜드 경제는 비약적으로 발전했다. 그런 회사 유입에 힘입어 현지 회사들도 생겨났고 결국 아일랜드인들은 고국으로 돌아오기 시작했다. 케랄라 또한 아일랜드와 마찬가지로 거대한 시장의 가장자리에 위치해 있으므로 아일랜드처럼 해외 자본이 유입되어야만 경제가 활발해질 것이다. 몇 개의 거대한 자석같은 대기업들이 들어와 자리를 잡아준다면 케랄라는 연금술과 사업가 정신을 일으키는 기업 집단의 핵심이 될 것이다. 이를 파악한 케랄라 정부가 새로운 테크놀로지 산업단지를 설립하긴 했으나 그곳에 입주하겠다고 줄 서는 회사들이 아직 없다.

그래서 사회주의 연합정부는 토지개혁을 선택했다. 부유한 지주로부터 수십 에이커의 논밭을 거두어들여 소작농에게 분배했다. 그 의도는 사람들에게 경제적 독립의 수단을 주고 그들을 고국에 붙잡아두려는 것이었다. 하지만 토지개혁은 후기산업시대로 나아가는 오늘날의 세상 흐름에 역행하는 전前 산업적 처방에 불과하다. 새로 분배받은 들판은 이익을 내기에는 너무 비좁고, 또 사람들은 자급자족 농업을 원하지 않는다. 그들은 원하는 것을 살 수 있는 잉여 현금을 원한다. 그들은 땅을 원하는 것이 아니라 직장을 원한다고 내게 말했다.

그들에게는 자본이 없다

●

나는 케랄라가 새로운 경제로 직접 뛰어드는 좋은 조건을 갖추었다고 생각했다. 해체해야 할 과거의 산업도 없으니 훌륭한 노동력과 아름답고 풍요로운 환경의 도움으로 새로운 경제로 도약할 수 있지 않을까? 산 너머에 있는 인도의 수도 벵갈루루가 이미 모델과 기술을 제공하고 있지 않은가. 하지만 그런 일은 벌어지지 않았다. 나는 모든 사람에게 물었다. "왜 새로운 경제 환경으로 도약하지 못하는 거죠? 좋은 조건을 갖춘 케랄라가 그렇게 하지 못한다면 나머지 발전도상국들도 희망이 없지 않습니까?"

페루의 경제학자인 에르난도 데 소토의 저서가 이 질문에 적절한 답변을 제공한다. 《자본의 미스터리》라는 그의 책에는 '왜 자본주의가 서방에서는 성공했는데 다른 나라들에서는 실패했나'라는 부제가 달려 있다. 데 소토는 제3세계에 진취적 사업가가 없는 것은 아니라고 말한다. 이들 나라에서 사업가로 살아남으려면 갖은 기교와 진취적 정신을 갖고 있어야 하기 때문에 제3세계에도 서방 세계 못지않게 인물들이 많다. 그런데 왜 자본주의가 잘되지 않나? 이 질문에 대한 데 소토의 답변은 이렇다.

세계의 가난한 나라들은 성공적인 자본주의를 만들어낼 조건을 다 갖추고 있는데 단 하나, 자본이 없다. 가난한 나라들은 엄청난 자산을 가지고 있다. 하지만 그런 자산을 유동적인 가용

●

자본으로 전환하는 힘이 전혀 없다. 발전도상국의 국민이 가지고 있는 자산, 즉 집, 가게, 회사의 80퍼센트가 합법적인 것이 아니므로 '죽은 자본'이나 마찬가지다.

그런 자산이 비공식 경제 속에 편입되어 있을 뿐 합법적인 부동산 권리제도 내에 등록되어 있지 않기 때문에, 그 자산의 주인들은 그것을 담보로 돈을 빌릴 수도 없고 그것을 판매하지도 못한다. 그래서 그들은 현재 상태에 갇혀 옴짝달싹 못한다. 이제 세계는 부동산 권리가 확립되어 자본을 만들어내는 나라들과, 부동산 권리를 지니고 자본을 만들어내는 소수 계급과 전혀 그렇지 못한 다수 계급으로 구성된 나라들로 나뉜다. 합법적인 재산은 자산을 등기하는 제도의 정비에 그치지 않는다. 그것은 생각하는 방식의 변화를 촉진하고, 사람들의 머릿속에 그 자산을 이용해 잉여 가치를 만들어낸다는 사상을 심어준다. 서방 세계의 사람들은 부동산 권리를 너무나 당연하게 여긴다. 하지만 전 세계 2백여 개 국가들 중 겨우 25개 국가만이 보편적 재산권을 확보하고 있어 그것을 가용 자본으로 전환할 수 있다.

이러한 자신의 주장을 입증하기 위해 데 소토 연구팀은 리마 외곽에 자그마한 의류 공장을 설립했다. 이어 그 공장을 합법적인 기업으로 만들려고 오랫동안 줄을 서서 관계 공무원을 만나고, 온갖 양식의 서류를 기재하고, 버스를 타고 도심으로 들어가 관리들을 만났다. 데 소토 연구팀은 하루 여섯 시간을 소비해

가며 절차를 밟아 마침내 회사를 정식으로 등록했다. 그렇게 하기까지 꼬박 2백89일이 걸렸다. 데 소토 연구팀은 딱 한 명의 노동자만 고용할 계획이었는데 등록비가 최저임금의 서른한 배인 1천2백32달러였다. 사정이 이렇다 보니 소기업들은 아예 등록을 하려 하지 않는다.

필리핀에서도 마찬가지로 어떤 사람이 교외에 국가 소유나 개인 소유의 집을 짓고자 하면 총 1백68단계의 절차를 거쳐야 한다. 민간, 공공 기관을 53군데나 거쳐야 하고, 그 토지를 합법적으로 구입하려면 13~25년이 걸린다. 이집트에서는 농지에 지은 주택을 등록하려면 6~11년이 걸린다. 이러한 이유로 4백70만 명에 달하는 이집트인들이 불법주택을 짓고 있다.

데 소토의 통계 수치는 계속된다. 1994년 멕시코 국립통계연구소는 멕시코에 2백65만 개의 가게들이 있는데 그중 합법적으로 등록된 가게는 단 하나도 없음을 보여주었다. 과거의 공산주의 체제에서도 사정은 비슷했다. 1995년 〈비즈니스 위크〉는 러시아의 1천만 농부 중 약 28만 명만이 땅을 갖고 있는 것으로 추정했다.

여기에다 한 나라의 불법 재산을 모두 합치면 천문학적인 숫자가 나온다. 데 소토는 페루의 불법 재산의 가치를 7백40억 달러로 추정하고 있는데 이것은 리마 주식시장의 시가총액보다 다섯 배나 많은 금액이다. 이집트는 약 2천4백억 달러를 국내 불법 재산의 가치로 보는데 이것은 카이로 증권시장 규모의 서른 배, 이집트에 들어온 해외투자 총액의 쉰다섯 배다. 전 세계 전체로 따지면 그 수치는 무려 9조3천억 달러가 된다.

미국은 아주 훌륭한 유산을 물려받았다. 초기 정착민들은 재산권에 관해 아주 예리한 인식을 갖고 있었기 때문에 자신들이 소유하고 있던 땅을 모두 등기해 문서화했다. 데 소토는 보편적 재산권을 가진 25개국만이 글로벌 시장에서 그 혜택을 누릴 수 있는 충분한 자본을 생산한다고 다시 한 번 강조했다. 자신이 만들어낸 제품을 소비할 뿐인 그 나머지 국가들은 부자 클럽에서 소외되었다고 느끼고 있다. 이에 대한 해법은 데 소토가 페루에서 하고 있는 것처럼 법적 절차를 쉽게 하는 것이다. 그래서 재산을 소유하기 쉽게 만들고 비공식 소기업을 운영하는 개인 사업가가 자본을 손쉽게 조달할 수 있게 해야 한다.

데 소토는 인도의 문제를 직접 다루지는 않았다. 하지만 인도 출신의 경영학자인 C.K. 프라할라드는 훌륭한 아이디어를 담은 자신의 논문을 인터넷에 올렸고, 그가 소속된 학계 이외의 사람들도 그 논문을 읽었다. 프라할라드의 논문은 수백 명에 달하는 인도의 가난한 사람들도 대기업에 이윤을 제공하는 시장이 될 수 있다는 인식에서 출발한다. 단 이 경우 대기업이 전반적인 비즈니스 과정을 재고해야 한다는 전제 조건이 있다.

프라할라드는 구체적 사례로 경쟁사인 니르마를 모범 삼아 세정제 시장의 밑바닥 단계에 진출한 힌두스탄 레버의 경우를 들었다. 힌두스탄 레버는 그 단계의 소비자들이 자사의 제품을 사들일 경제적 능력이 없다고 추정했다. 그래서 물에 섞는 세정제의 비율을 크게 낮추었다. 그런 방법으로 강물이나 기타 공공시설에서 빨래를 해서 생기는 환경오염을 크게 줄일 수 있었고, 세정제의 값도 낮출 수 있었다. 또한 그들은 인도 시골의 풍부한 노동력을 이용하기 위해 생산, 마케팅, 유통을 중앙에서 분리시켰다. 이렇게 해서 힌두스탄 레버는 돈을 벌었을 뿐만 아니라 공식적인 사업 영역에서 소기업의 체인을 확보하게 되었다. 힌두스탄 레버의 모기업인 유니레버는 브라질에서도 알라라는 브랜드로 사업을 성공적으로 이끌었다.

피라미드의 밑바닥에서 탈출하려면 가난한 사람들은 소득 잠재력이 있어야 하고 대출을 받을 수 있어야 한다. 여기에는 방글라데시의 모하마드 유누스가 시작한 그라민 은행이나 시카고의 쇼어뱅크 코퍼레이션 등의 사례가 큰 도움이 된다. 두 은행은 대부자의 신원을 정확히 파악하면 가난한 사람들에게 돈을 빌려줘도 손해가 없다는 것을 입증했다. 그라민 은행이 빌려준 소액 대출은 99퍼센트가 상환되었다. 데 소토의 제안은 더 많은 대출을 해주는 기반을 제공했으며, 프라할라드의 아이디어는 저가 제품을 가난한 사람들에게 판매해 소기업의 네트워크를 형성하는 방법을 대기업에게 가르쳐주었다.

●

제3세계의 딜레마

●

이러한 아이디어들이 케랄라에 도움이 될까? 내가 그곳에서 만난 똑똑한 젊은이들은 여건만 약간 주어진다면 미등록 가게나 택시 사업 같은 것은 너끈히 해낼 사람들이었다. 하지만 케랄라주의 교육제도 때문에 그들의 마음속에는 연금술이 주입되어 있지 않았다. 케랄라의 교육제도는 실험보다 순응을 중시하는 과거 영국의 교육제도를 그대로 답습한 것이었다(케랄라는 영국의 제도 중 못된 것만 물려받은 듯했다). 식민지 당국자들은 외국 땅에 영국의 그릇된 제도를 그대로 이식했다. 이것은 자신이 떠나온 사회와는 다른 사회를 심으려고 노력했던 급진적 퓨리턴들의 태도와 매우 대조된다.

그러나 더욱 우려스러운 것은 케랄라 사람들이 현재의 발달 단계와는 어울리지 않는 잘못된 자본주의 모델에 매달리고 있다는 사실이다. 영미식 자본주의는 사람들로 하여금 자신의 미래를 가장 조건이 좋은 곳에서 추구하게 하는데, 그것은 대부분 케랄라를 떠나 해외로 가는 길이다. 설사 그들이 해외로 나갔다가 다시 돌아온다고 하더라도 그들의 개인주의적 관심은 본질적으로 사회주의적 체제에 득보다는 해를 더 많이 입힐 것이다.

이렇게 볼 때 싱가포르의 교도 자본주의는 케랄라의 미래에 딱 들어맞는 것이 아닌가 한다. 케랄라 사람들의 운명을 정부의

●

그것에다 연계시켜야 하는 것이다. 이런 형태의 자본주의가 케랄라의 사회주의적 정부에 들어맞긴 하지만, 그러자면 그것을 실천할 수 있는 리콴유 식의 정열과 비전을 갖춘 지도자나 연금술사가 있어야 한다. 그런데 아쉽게도 케랄라에는 연금술사가 드물다.

내가 케랄라를 방문한 것은, 교육받은 인력이 많고 먼 미래를 내다보는 정부를 가진 이 아름다운 제3세계 지역에 글로벌 자본주의가 어떤 영향을 미치는지 살펴보려는 의도였다. 놀랍게도 그곳은 내가 살고 있는 세계와 똑같은 딜레마를 갖고 있었다. 교육은 사람을 자유롭게 하지만 자기 고장, 국가, 회사에 대한 애착을 희석시킨다. 아름다움으로 만든 부는 아름다움을 훼손시킨다. 개인에게 좋은 것은 사회에 나쁠 수도 있다. 그러니 진보는 2보 전진, 1보 후퇴의 경우도 감안해야 한다.

인도의 다른 지역에서 겪었던 일이 떠올랐다. 케랄라를 여행하기 3년 전 나는 잎차 회사들의 초청으로 히말라야 산록의 차 농장을 방문했다. 차 농장은 아주 아름다웠다. 수천 제곱미터에 이르는 동백 숲이 이어졌고, 찻잎을 전부 사람의 손으로 땄다. 그곳은 아주 오지였기 때문에 잎차 회사들은 회사 마을에다 노동자용 주택을 지어 그들을 수용했다. 또한 현대식 의료 시설과 훌륭한 학교를 지었다. 학교 제복을 말끔히 차려입은 아이들은 티없이 깨끗했고 성적도 좋았다. 그것은 정말 보기 좋은 광경이었지만 이 세대들이 자라서 과연 차밭에서 일할까, 대도시로 달아

나는 것은 아닐까 하는 생각이 들었다. 회사가 다음 세대의 노동력을 교육시켜 스스로 지역의 미래를 망치고 있는 것은 아닐까? 잎차 회사들은 그럴지도 모른다고 동의하면서도 현명한 사용자라면 그렇게 할 수 밖에 없지 않느냐고 반문했다. 과연 주민들을 무식한 상태로 내버려두는 것이 허용 가능한 일일까?

며칠 뒤 나는 그 지역에 코끼리 문제가 있다는 것도 알았다. 여기서 코끼리는 내가 이 책에서 사용한 비유적 의미의 코끼리가 아니라 실제 코끼리였다. 차밭이 자꾸 넓어지면서 코끼리들이 밤마다 정글에서 뛰쳐나와 하루 6톤이라는 먹이량을 채우려고 차밭을 엉망으로 만든다는 것이었다. 코끼리들은 또 마을 사람들이 마시는 술 냄새에 도취되어 마을 사람들의 오두막을 마구 짓밟아 미처 피하지 못한 사람들을 밟아죽이거나 그들에게 상처를 입히기도 했다. 마을 사람들은 코끼리를 쫓아버리기 위해 북을 치거나 횃불을 휘두를 뿐 총격을 가하지는 못했다. 코끼리가 보호받는 동물이었기 때문이다.

여기서 하나의 딜레마가 발생한다. 잎차 회사들은 그 일대의 유일한 회사였다. 더 많은 일을 제공하려면, 아니 현상 유지를 하려면 회사들은 차밭을 늘려나가야 했다. 이런 상업적 확장은 필연적으로 자연환경을 훼손하고 코끼리의 서식지를 파괴한다. 그러면 코끼리들이 마을을 파괴하는 것이다. 이럴 경우 어떻게 해야 할지 아무도 그 대답을 알지 못했다. 따로따로 있을 때는 좋은 개념인 상업 활동과 자연보호가 서로 갈등을 빚고 있는 것이다.

이 에피소드는 발전의 현주소를 말해주는 비유라고 할 수 있다. 좋은 의도가 때로는 생각지 못한 문제를 일으키는 것이다. 인도든 어디든 진보에 대해서는 손쉬운 답변이 없다.

다른 길은 없는가
●

그러면 자본주의는 어떨까? 세계 곳곳의 다양한 형태를 경험한 후 무엇을 느꼈나? 나는 자본주의가 기술 혁신을 가져온다는 것은 조금도 의심하지 않는다. 개인의 머릿속에서 떠오른 아이디어는 돈으로 연결되지 않는다면 그저 아이디어로 남았다가 소멸할 것이다. 많은 과학적 발전이 연구소나 대학의 실험실에 그대로 머물렀을 것이고 과학 저널의 페이지 위에서만 존재했을 것이다. 자본주의 덕분에 오늘날 많은 사람들이 더 건강하고 더 오래 살고 더 안락한 삶을 영위한다(러시아와 아프리카의 일부 지역을 제외하면 말이다). 또 사람들이 더 많은 것을 할 수 있으며, 더 많은 곳에 가볼 수 있고, 자신의 생활에서 더 많은 선택을 할 수 있게 되었다. 1978년 중국 경제가 개방되자 10년 사이에 8억 중국 농민들의 소득은 전보다 두 배가 늘어났다. 이것은 분명 좋은 일이다. 경제

●

성장은 많은 일을 가능하게 한다. 경제 성장이 없으면 그 어떤 진보도 불가능하다.

글로벌 자본주의는 많은 사람들을 전보다 더 행복하게 만들었다. 그러나 역설적이게도 부가 행복을 가져온다고 믿는 사람은 부자보다 가난한 사람들 중에 더 많다. 전 세계를 상대로 한 일련의 조사 연구에 따르면 1인당 연간 국민소득 1만 달러가 효용 체감의 시작점이라 한다. 그 수준 이하에서는 더 많은 돈이 더 많은 기본적 생활 편의를 보장하고 만족을 가져온다. 그러나 그 수준을 넘어서면 몇 달러 더 벌었다고 해서 사람들이 더 즐거움을 느끼지 못한다. 그 시점에서는 극심한 경쟁 사회로 접어들어 스스로를 이웃과 비교하고, 과거보다는 미래를 더 신경 쓰기 때문이다.

또한 이 시스템은 많은 쓰레기와 친도구를 생산한다. 그것은 이기심과 질투심을 부추기고, 성공에 합당한 보상을 해주지 못하기도 하며, 사회 안팎에서 커다란 불공평을 야기한다. 존 미클스웨이트와 에이드리언 울드리지는 글로벌화를 칭송한 책《미래 완료Future Perfect》에서 그 점을 예증하기 위해 〈가디언〉의 헤드라인을 인용했다. "탄자니아와 골드만삭스의 차이는 무엇인가? 전자는 연간 22억 달러를 벌어 2천5백만 인구가 먹고사는 국가이고, 후자는 연간 22억 달러를 벌어들여 직원 161명이 나눠먹는 투자전문 회사다."

1998년은 아시아 금융위기가 있었지만 미국 회사들은 이익을 냈음에도 불구하고 67만 7,795명의 직원을 해고했다. 나는 물론 이런 결과를 못마땅하게 생각한다. 진정으로 뭔가를 선택할 의사가 있다면 이런 결과에 모종의 조치를 취할 수 있다고 본다. 나는 또한 글로벌화가 가져온 저 미친 듯이 몰아치는 24/7스타일(하루 24시간, 일주일에 7일 일하는 스타일 – 옮긴이)도 못마땅하다. 존 미클스웨이트와 에이드리언 울드리지는 그런 생활을 영위하는 사람들을 '코스모크라트Cosmocrat'라고 불렀다.

나는 '머무르는 곳이 없는 위험the perils of placelessness'에 직면한 '조급한 엘리트들'에게 동정심이 별로 생기지 않는다. 그들은 그저 자기 자신에게 사치스러운 가학 태도를 부과한 것이기 때문이다. 하지만 친구를 친지로 대체하는 현상은 우려스럽다. 또한 일부 미국인들이 크게 걱정하고 있는 사회적 자본주의 파괴 현상이 전 세계로 퍼져나가는 것도 우려스럽다. 부자들은 이웃들과 함께 어울리는 것이 아니라 국가에 세금을 납부했으니 알아서 거리에서 범죄를 소탕하고 학교 시설을 개선하라고 국가에 요구한다. 그러면서 자신의 부를 국제적인 은닉처에다 숨겨놓고 자신들의 요새에 꽁꽁 틀어박힌 채 다른 사람들의 문제는 모른 체하고 있다. 자본주의는 거대한 강이다. 만약 그 강이 범람하면 그 주위에 있는 모든 것들은 수장되어버리고 만다. 그러니 정부, 국제기구, 개인은 모두 이런 홍수에 대비해야만 한다.

현대 자본주의의 변화 속도가 개인은 물론 기업의 불안정성을 높여놓았다. 따라서 작년에 통하던 것이 금년에는 통하지 않을 수도 있고, 작년의 예상 수치가 금년의 종이 쪼가리가 되어버릴 수도 있으며, 권위자로 여겨진 사람이 어느새 한물간 인물로 퇴락해버릴 수 있다. 멀리 앞을 내다보며 계획을 세우는 것은 불가능하고, 사람들은 어떤 것 또는 어떤 인물에 의존해야 할지 알 수가 없다. 변화하는 것이 모두 좋은 쪽으로만 달리는 것도 아니다. 젊고 유능한 사람들에게는 변화가 신나는 일이겠지만 대부분의 사람에게 변화는 불편하고 걱정스러운 것이다. 경제적 성장은 더 빠르고 더 많이 여행해야 하고, 더 짧게 머무르고, 조용히 서서 풍경을 바라볼 시간이 줄고, 이웃을 돌볼 시간이 점점 없어지는 것을 뜻한다. 사람들은 때때로 이렇게 중얼거린다. "지구의 회전 속도를 늦추어다오, 지구에서 잠시 내리고 싶다." 진정으로 원한다면 그렇게 할 수 있다. 다시 말해 자신은 다른 길로 가겠다고 결심할 수 있는 것이다. 신흥 부자들은 은밀한 부를 키울 수도 있다. 고급 유기농 식품과 여유 있는 생활을 누릴 수 있다. 더 많은 소비보다는 더 많은 선택을 지원할 수 있다. 여행을 하는 대신 집 근처의 소로小路를 산책하는 것은 멋진 일일 것이다. 멋진 차를 사들이기보다는 대중교통을 이용하는 것은 신나는 일일 것이다. 그렇잖아도 집이 많아서 비좁은 영국에서 집의 추가 수요를 부추기는 이혼은 사회적으로 이기적인 행위로 간주될 수도 있다. 미국 일부 지역에서 흡연이 사회적으로 용인되지 않는 것처럼, 정크 푸드와 과시적 소비가 사회적으로 용납되지 않을 수도 있다.

하지만 자본주의는 현재 세상에서 통용되는 유일한 게임이다. 설혹 그것을 멈추고 싶더라도 방법이 없다. 단지 어느 정도 길들일 수 있을 뿐이다. 만약 미래의 한 시점에서 진보의 20년을 되돌아본다면, 사람들은 새로운 이데올로기, 관용과 개방의 새로운 정치, 소수가 아니라 다수를 위한 사회를 건설하려는 자발적 의지가 절실히 필요했음을 알게 될 것이다. 이렇게 하자면 상상력 넘치는 리더십과 강인한 극기 정신이 필요하다. 이런 강력한 리더십이 없다면 미국의 국제 전문가 에드워드 러트워크가 우려한 것처럼 터보 자본주의(아주 빠른 속도로 움직이는 부자 위주의 자본주의)가 또 다른 형태의 파시즘을 야기할 것이다. 가난한 사람들이 단결해 들고 일어나면 히틀러 같은 인물을 집권시킨 포퓰리즘이 언제라도 고개를 다시 치켜들 수 있다.

자본주의가 잘 돌아가고 또 제 발등을 찍지 않으려면 모든 나라는 전 세계적으로 많은 사람들을 감동시키는 자본주의를 운영해야 한다. 사람들의 우려는 이런 것이다. 자본주의의 혜택이 전 세계 중산층에만 집중되어 21세기 말의 100억 인구 중 20억 정도만이 그 혜택을 누리는 게 아닐까. 나머지 80억에게 돈을 송금해주기만 하는 것은 결코 옳은 일이 아니다. 그들에게도 돈을 벌어들일 진정한 기회를 주어야 한다. 그렇게 하지 않는다면 이들 80억 중 많은 사람들이 케랄라 사람들처럼 행동할 것이다. 그들은 꿀이 있는 곳, 인구가 노령화하고 쇠퇴하는 제1세계로 몰려들 것이다. 사람들을 자신들의 케랄라에 머물게 하지 못하면 이번 세기에는 이민이 가장 큰 문제가 될 것이다. 전 세계의 이익을 위해서라도 발전도상국가의 자본주의가 성숙하도록 지원해야 한다. 가난한 이들에게는 여러 가지 선택안을 제시해야 한다. 또 그들이 잘못된 선택을 할 권리도 보장해야 한다.

또한 자신의 문제와 관련해 선택을 잘해야 한다. 경영학의 귀재인 피터 드러커는 미래를 예측하는 가장 좋은 방법은 미래를 창조하는 것이라고 했다. 경쟁하지 말라. 일을 남들과 다르게 처리하고 승리의 개념을 재규정하라. 적어도 자본주의는 그렇게 할 가능성을 준다. 홍수에 휩쓸려갈 때에는 선택안을 생각하기가 어렵다. 하지만 홍수는 때때로 사람들을 새로운 장소, 새로운 가능성으로 데려다준다.

그렇게 되면 아메리카 황무지에 도착한 퓨리턴들처럼 '새로 발견한 땅'을 창조할 기회가 생길 것이다. 나는 내 여행의 마무리 지점에서 이런 생각을 해본다. 만약 좋은 사회를 만들려는 미국인의 정력과 자신감, 케랄라 사람의 매력과 다정함, 싱가포르 사람의 극기심과 결단력을 종합할 수 있다면 가장 좋은 형태의 자본주의를 만들 수 있지 않을까.

그것은 하나의 교차문화적 기적이 될 것이다. 하지만 좀 더 실용적인 측면에서 볼 때 자본주의의 진짜 문제는 목적과 수단

사이에서 적절한 균형을 잡는 것이다. 나는 그에 대한 하나의 축소 모형을 제시할 수 있다. 세인트 조지 하우스라는 윈저성 내의 학술연구센터를 운영하면서 그런 도전에 직면한 적이 있다. 그 기관의 면면한 전통은 수입 한도 내에서 센터를 운영하는 것이었다. 그러나 나와 내 동료들이 볼 때 수입을 약간 늘릴 수 있다면 좀 더 여유 있게 센터를 운영할 수 있을 것 같았다. 그래서 우리는 일부 회사들을 상대로 회사 최고 경영진들이 우리 센터를 회의 장소 겸 휴게 장소로 사용할 것을 권유했다. 값비싼 호텔을 임대하는 것보다는 그게 더 좋지 않겠느냐고 그들을 설득했다. 물론 그렇게 하는 것은 센터 설립자들의 의도에서 다소 벗어나는 상업적 이용이었으므로 불평하는 사람도 꽤 있었다. 하지만 그것은 센터의 재정적 압박을 덜어주었고 센터의 다른 일들을 지원할 수 있게 해주었다. 문제는 적절한 균형을 잡는 것이었다. 센터의 공간을 잠시 임대해주면 재정적으로는 아주 매력적이지만 센터의 당초 설립 목적(사회 각계각층의 영향력 있는 인사들을 초청하여 당대의 윤리적·도덕적 문제를 토론하는 것)을 위배한다. 시가를 휘두르는 회사 중역들이 모여서 회의하는 광경이 센터의 목적과는 잘 부합되지 않았다. 센터를 운영하는 수단(비용)에 대해 너무 많이 신경 쓰는 것은 목적에서 벗어나는 일이었다. 반면 센터를 운영하기 위한 돈을 아예 무시하는 것은 우리의 목적을 향한 추진력을 얻지 못하게 만들었다. 이때 적절한 균형을 잡는 것은 당초 목적을 달성하기 위해 손쉬운 돈을 벌어들이는 것에 제한을 가하는 것이었다.

관찰 모형을 확대해보면, 사회도 동일한 문제를 안고 있다. 부의 창출을 무작정 극대화하면 사람들이 왜 그런 부를 원하는지 그 이유를 잃어버리게 된다. 반면 이데올로기에만 집착하면 수단을 소홀히 하게 된다. 공산주의는 원대한 목적을 갖고 있었다("모두를 위한 더 좋은 사회를 건설하는 데 모든 사람을 공평하게 참여시키자"). 하지만 그들은 그런 목적을 수행하는 효과적인 수단을 갖고 있지 않았다. 자본주의는 부를 창출하는 수단에 대해서는 많은 것을 알고 있지만 그 목적에 대해서는 불분명하다. 그래서 그 부가 누구를 위한 것이며 무엇을 위한 것인지 잘 모르는 것이다. 이런 현상이 심화된다면 바로 그때가 자본주의의 몰락 시점일 것이다.

이 책의 3부에서 나는 자본주의 사회에서 겪게 되는 선택의 딜레마를 다루고 내가 생활 속에서 겪은 수단과 목적 사이의 균형 문제를 언급할 것이다. 나는 마침내 나의 미래를 스스로 개척했다. 더불어 더 많은 사람들의 자립을 도와주기 위해 사회 차원에서는 어떻게 해야 하는지도 얘기해보려 한다.

'좋아, 그런대로'만으로는 충분하지 않다. 삶은 단 한 번 뿐이므로 삶을 영위하면서 그저 근근이 견뎌나가는 것은 충분하지 않다. 그렇다면 무엇을 해야 할까? 인생의 목적은 결국 무엇인가?

3

독립된

생활

인생 스크립트 새로 쓰기

어떻게
살아남을 것인가

"그런 열정은 어디서 찾죠?"
"꿈속에서."

내가 독립한 첫해 크리스마스 파티는 단 두 명을 위한 만찬이었
다. 나는 자유로웠지만 외톨이였다. 혼자 있음이 반드시 고독을
의미하지는 않지만 그렇다고 소속감을 의미하는 것도 아니었다.
벼룩은 무리 짓지 않는다. 더 큰 동물을 빨아먹고 살지만 그 동물
의 내부에서 살지도 않고 살 수도 없다. 나는 독립한 첫해 각종
대회나 회의의 참석자 명단에 오른 내 이름 옆자리에 회사명이
쓰여 있지 않고 텅 비어 있다는 사실에 기쁨을 느꼈다. 나는 어떤

회사의 대표자가 아니라 나 자신을 대표하는 독립된 인격이었다. 그러나 연말 송년회 파티가 열리는 시점에 이런저런 부서의 초청장이 거의 날아오지 않는다는 사실 또한 분명해졌다.

얼마나 잘된 일이냐고 중얼거렸다. 싸구려 샴페인이 든 종이컵을 들고서 일부러 즐거운 척하지 않아도 됐다. 1년 내내 얼굴 한 번 마주친 적 없는 동료들 앞에서 사람 좋은 표정을 짓고서 있을 필요도 없었다. 하지만 사실대로 말하자면 나는 그런 초청장이 그리웠다. 그것은 사회적 배제에 의한 죽음이었다. 초청을 아예 못 받는 것보다는 초청을 받고 파티에 갈까 말까 망설이는 편이 나은 것 같았다. 나는 이렇게 자문했다. 만약 내가 아무 곳에도 소속되지 못한다면 나는 과연 남들에게 가치 있는 사람일까? 사내 파티가 실존적 고뇌를 가져올 만한 가치가 있는 것은 아니었지만 그래도 공동체의 현대적 상징 중 하나임은 분명했다. 그런 공동체가 이제 나에게는 없는 것이었다.

새로운 생활이 따라온다면 과거의 생활을 청산한 일이 그렇게 나쁘지는 않다. 나는 회사에 다닐 때 갇힌 느낌이 들었고 어디론가 도망치고 싶었다. 하지만 대부분의 사람들이 그렇듯 나 역시 수도사가 될 소질이 있는 것도 아니었다. 태생적으로 무리를 이뤄 사냥을 하고 부족 가운데에서 살게 되어 있는 것이다. 회사의 울타리를 떠났으므로 나는 다른 소속처, 다른 사냥 동료를 찾아야 했다. 나 나름대로 어디엔가 속하는 방식을 찾아야 했다.

●

이런 일은 청년이든 노년이든 모든 벼룩에게 적용된다. 어딘가에 속하고 싶은 마음과 자유롭고 싶은 마음 사이의 갈등은 결코 사라지지 않는다. 벼룩은 일반적으로 기생충으로 분류된다. 유기체는 벼룩을 바라지 않고 가능한 한 벼룩을 멀리하고 싶어 한다. 독립 생활은 앞으로 많은 사람들이 채택할 생활방식이기는 하지만, 그들이 공동체에 자신의 시간을 적극적으로 투자하거나 연금술사들처럼 자신들이 공동체를 창조하지 않는다면 그 어떤 공동체의 한 부분이 될 수 없다.

나는 지난 시절 학교, 회사, 가정, 마을 등 여러 공동체에 갇혀 있다고 느꼈기 때문에 내가 그런 공동체를 그리워하리라고는 전혀 생각하지 않았다. 어쩌면 나는 극단적인 경우인지도 모른다. 작가이기 때문에 하루의 시간 배분을 엄격하게 지키는 편이고, 또 마음속에 있는 말을 마음껏 할 수 있는 자유를 귀중하게 여긴다. 나는 어떤 단체에도 가입하지 않았다. 심지어 정당이나 골프 클럽에도 가입하지 않았다. 각종 조직들과 나의 관계는 산발적이고 주변적이며 임시적이다. 단발 행사와 프로젝트별로 관계를 맺을 뿐이다. 나는 외곽에서 일하는 사람이고 그런 사람은 소속이 없다. 만약 내가 소속되고 싶어 하는 회사가 있다면 아마도 나는 그런 회사를 내 힘으로 만들어야 할 것이다.

하지만 그런 일이 발생할 것 같지는 않다. 내 일을 하기 위해 회사까지 차릴 필요는 없다고 생각한다. 그 대신 아내 엘리자베스와 함께 개인적 네트워크 혹은 준공동체를 만들었다. 그 공동체의 어떤 부분은 우리의 일에서 오고 또 어떤 부분은 우리의 개인적 생활로부터 온다. 우리와 가까운 이들은 우리에게 진정으로 중요한 사람들이고 또 우리가 깊은 책임을 느끼는 사람들이기도 하다. 그러나 이런 개인적 네트워크는 가만히 내버려둬도 저절로 돌아가는 시스템이 아니다. 계속 손을 보아야 한다. 다행히도 나의 아내는 사회적 브로커와 파트너 노릇을 잘해준다. 타고난 벼룩인 그녀는 회사 생활을 해본 적이 없어서 사업과 개인 생활의 공동체를 스스로 창조해야 한다고 생각해온 사람이다. 그녀는 폭넓고 다양한 친구들과 끊임없이 접촉해왔다. 그런 접촉에는 이메일이 물론 도움이 되기도 하지만 만나서 무릎을 맞대고 식사를 하고, 술을 마시고, 대화를 나누는 것이 가장 좋은 방법이다.

나는 혼자 있으면 전화를 걸기보다는 기다릴 사람이다. 전화를 걸어 사람을 초청하는 일은 사회적 에너지나 자신감을 필요로 하기 때문이다. 전화를 받는 상대가 그런 초청을 거절할까 봐 두렵고, 상대가 나를 기억하지 못할까 봐 무섭다. 내 마음대로 한다면 나는 아마도 클럽이나 협회에 가입할 것이다. 그래서 대회나 회의에 참석하고 클럽 총무나 교회의 집사로 선출되기 위해 노력할 것이다. 그렇다고 늘 남들의 이익만을 의중에 두고 있지는 않다. 나는 소속감을 느낄 수 있는 무리를 찾고 있는 것이다. 자선단체나 기타 단체에서 자원봉사를 하는 사람들은 그런 단체의 정신에 봉사하려는 뜻도 있지만 동시에 자신의 필요에 부응하려는 목적도 있는 것이다. 이처럼 소속감은 중요한 것이다.

열정을 되살려주는 새로운 목적의식
●

내가 공동체를 그리워할 것이라고 예상하지 못했던 것처럼 나는 그 다음의 긴장(사회적이라기보다 철학적인 긴장)도 예상하지 못했다. 내 마음대로 미래를 창조하고 나의 목표를 설정할 수 있게 되었으므로 나는 나의 인생의 목적이 무엇이었는지 진지하게 생각했다. 물론 과거에도 그런 생각을 하지 않은 것은 아니었다. 가령 아버지의 장례식 때 무덤가에 서서 그런 생각을 했다. 하지만 이제는 더 분명하게 깨달았다. 나 자신의 인생을 계획하려면 직감에 따른 반응 이상의 것, 그러니까 전략이 있어야 했다. 그리고 어떤 전략이 효과를 발휘하려면 그것은 사명감이나 목적의식에서 흘러나와야 한다. 목적의식이 없다면 나는 전에 만나보았던 많은 기업들과 다를 바가 없을 것이었다. 그 회사들은 그저 살아남는 것만이 목적으로 내년까지만 무사히 버티자는 생각밖에는 하지 못했다. 하지만 단지 살아남는 것은 인생의 충분한 목적이 되지 못한다. 그것은 숨쉬기가 인생의 목적이라고 말하는 것처럼 한심한 일이다. 설혹 회사들에게는 그것이 목적이 될 수 있을지

●

몰라도 내게는 안 될 일이었다.

내가 볼 때 인생은 우리가 가지고 놀 수 있는 유일한 것으로 그것으로 좀 더 유익한 어떤 것을 만들어내지 않으면 안 된다. 나는 때때로 이런 생각을 해본다. 내가 이처럼 인생을 진지하게 생각하는 것은 나의 유전자 속에 들어 있는 기질 때문인가, 아니면 목사관에서 보낸 유년 시절의 영향인가? 아무튼 나는 빈둥거리다가 죽음을 맞이할 수는 없다는 사실을 분명히 안다.

런던 아파트에서 시간을 보낼 때 우리 부부는 아침식사를 대부분 누군가와 함께한다. 친구들은 우리의 이런 생활 태도를 가리켜 기이한 미국식이라고 놀린다. 손님들은 주로 바쁘게 움직이는 젊은이들이다. 그들은 자신의 이력에 대해 이야기하고 싶어 하고 더러는 자신들이 시작하려는 새로운 사업을 의논해온다. 아침식사는 그들의 하루 일과를 방해하지 않는다. 그들은 오전 8시 30분까지 출근하기 때문에 아무런 부담 없이 우리 아파트로 찾아온다. 나는 먼저 그들에게 이런 질문을 던진다. "그런 과정, 그런 사업을 왜 구상하고 있는가?"

많은 젊은이들이 좋은 아이디어인 것 같아서 막연히 생각해 보았다고 대답한다. 그러면 나는 그들이 그것을 실행하지는 않으리라는 것을 안다. 실행한다 해도 성공하지 못할 것이다.

나와 아내는 그들에게 우리가 만난 연금술사 얘기를 해주곤 한다. 열정은 그들의 핵심 동력이었다. 그들은 자신들이 하고 있는 일에 열정적인 믿음을 갖고 있었고, 그런 열정은 어려운 시기에도 수그러들지 않고 오히려 그들 삶을 지탱해주었다. 열정은 사명이나 목적보다 훨씬 강한 단어다. 나는 그런 말을 하면서 그게 실은 나 자신을 향해 던지는 말이라는 것을 안다. 선교사들은 오로지 설교만 하지만 열정적인 사람들은 산을 움직이는 것이다.

"그런 열정은 어디서 찾죠?"

그들은 묻는다.

"꿈속에서."

내가 대답한다.

"우리는 잠을 자면서 꿈을 꾸지. 하지만 어떤 사람들은 낮에도 꿈을 꿔. 이런 사람들이 위험하지. 자신의 꿈을 반드시 이뤄내고 마니까."

대부분의 사람들은 자신이 되고 싶은 것, 하고 싶은 것, 창조하고 싶은 것에 대한 꿈이 있다. 하지만 그것이 부자가 되고 싶다, 아이를 많이 낳고 싶다, 행복해지고 싶다 등의 막연한 꿈이라면 그것은 꿈이라기보다는 희망에 가깝다. 열정은 막연한 희망으로부터 생겨나지 않는다.

얼마 전 서랍을 뒤지다가 22년 전 새해 아침에 우리 가족의 새해 결심 쪽지를 발견했다. 당시 10대 소녀였던 딸은 더 이상 결심을 하지 않겠다는 결심을 하고 있었다! 하지만 아내 엘리자베스는 이렇게 썼다. '나의 열정인 사진에 더 많은 시간 보내기.'

당시 아내는 결혼상담사로 일하고 있었고 3년 뒤에 사진학과에 진학해 공부를 계속하겠다는 결심을 하기 전이었다. 또 지금처럼 세 권의 사진집을 출간한 저명한 인물사진 작가가 되겠다는 구체적인 계획도 없었다. 만약 아내에게 중년에 왜 사진작가가 되려고 마음먹었느냐고 물어보면 아내는 이렇게 대답할 것이다. "그건 내가 늘 꿈꾸어오던 것이었어요. 싸구려 카메라를 들고 다니던 어린 시절부터 말이에요."

부끄러운 일이지만 22년 전 나는 아내의 그런 소망을 취미 정도로 여기고 그것을 격려해줄 생각을 하지 못했다. 하지만 그녀의 꿈과 열정은 수면 아래에서 꿈틀거리면서 한시라도 밖으로 나올 때만 기다리고 있었다.

한편 열정은 자기 자신의 것보다 남의 것이 훨씬 잘 보인다. 나는 나 자신이 열정적인 사람이라고 생각하지 않는다. 어떤 역할을 맡아서 연단 위로 올라가지 않는 한 평소에는 냉정하고 침착하며 수줍고 말이 없는 사람이다. 이런 나에게도 꿈이 하나 있었고 그것은 조용한 열정으로 성숙해갔다. 비록 여러 해 동안 꿈을 감추고 기업의 중역이 되려 애써왔지만, 내 꿈은 작가가 되는 것이었다. 나는 그 과정에서 내가 타고난 교사라는 것도 알게 되었다. 그러므로 나의 첫 번째 책이 교재가 된 것은 필연적인 일이었다. 나는 소설이나 희곡을 써보는 것도 괜찮은 아이디어라고 생각했다. 하지만 내가 그런 분야에는 열정이 없었기 때문에 결

258

국 쓰지 못하리라는 것을 알았다. 그리고 모든 일이 그렇듯 좋은 아이디어만으로는 충분치 않다.

운 좋은 사람들은 자신의 꿈을 일찍 발견한다. 나는 열다섯 살에 이미 의사가 되겠다고 결심한 사람, 학교에 다닐 때 사업가가 되겠다고 마음먹은 사람처럼 주관이 뚜렷한 사람을 부러워한다. 2001년 혼자 돛단배를 이끌고 세계를 일주해 기록을 세운 엘런 맥아더는 마침내 자신의 꿈을 실현했다. 그녀는 아주 어린 소녀 때부터 그런 꿈을 키워왔다고 한다. 혼자 94일간 바다 위를 떠돌다가 항구로 돌아와 말했다. "나의 모험이 하나의 계기가 되어 다른 젊은이들도 자신들의 꿈을 이루기를 바랍니다."

반면 나의 꿈처럼 반쯤 잠겨 있는 꿈은 인생의 다른 측면을 경험하게 만든다. 나는 중간에 그만둔 회사 생활에 아무런 후회도 없다. 물론 그 과정에서 많은 것을 배웠다. 딸 케이트는 건축가가 되려고 열심히 공부하다가 학업 도중에 병이 나 건축학을 포기했다. 그리고 작은 사업을 시작했는데 동업자와 사이가 틀어져서 그것도 그만두고 로마로 건너가 이탈리아 사람들에게 영어를 가르쳤다. 그리고 로마에 체류할 무렵 치료사가 되어야겠다는 그녀의 숨어 있던 꿈이 표면으로 부상했다. 그녀는 4년에 걸쳐 정골사 과정을 이수했고 지금은 큰 만족과 보람 속에서 정골사 일을 하고 있다. 그녀는 아무런 후회도 하지 않는다. 심지어 자신의 발병을 고맙게 생각하기까지 한다. 그것 덕분에 적성에 맞지 않은 일을 중지하고 우선순위를 재조정하게 되었다는 것이다. 요사이 그녀는 환자들과 재미있는 나날을 보내고 있다.

어떤 사람들은 우연히 자신의 열정과 만난다. 학창 시절이 너무 끔찍스러웠기 때문에 나는 교사가 될 생각은 조금도 하지 않았다. 그런데 셸이 나를 우연히 교사로 만들어버렸다. 말 안 듣는 학생들을 상대로 하는 것이 아니라 의욕에 넘치는 성인을 상대로 하는 교사였다. 그래서 자신의 열정을 아직 발견하지 못한 사람들에게 나는 이렇게 조언한다. "실험을 해보라. 마음에 드는 것은 뭐든지 해보라. 하지만 그것이 하나의 열정으로 성숙할 때까지 그것을 당신 인생의 중심으로 여기지 마라. 그렇다면 그것은 오래가지 못할 테니까."

나를 내세울 수 있는 것은 무엇인가

●

벼룩으로 새 생활을 시작한 후 내가 속할 공동체가 사라진 것과 스스로 열정을 키워나가야 한다는 것이 두 가지 예기치 않은 긴장이었다면 세 번째 긴장은 나의 배경을 봤을 때 쉽게 예측할 수 있는 것이었다. 그것은 프리랜서로 무슨 일을 하든 그 사람의 능력을 보장하는 것은 그의 최근 일 혹은 프로젝트뿐이라는 사실이다. 그의 과거 명성이나 경력은 아무런 보장이 되지 못한다.

●

나는 동료 작가에게 이렇게 말한 적이 있다.

"현재 새로운 책을 집필하고 있는데 새로운 분야의 새로운 경지를 개척하기가 정말 어렵군요."

그가 대꾸했다.

"그래요? 대부분의 작가는 같은 흐름이나 같은 스타일의 책을 계속해서 쓰면서 제목만 다르게 붙이지 않나요?"

그 말을 듣고 나는 절대로 그렇게 되지 않겠다고 결심했다. 하지만 나 역시 그 동료 작가가 말한 대로 되고 말았다. 25년 전에 내가 쓴 책을 다시 읽으면서 나는 내가 훗날의 저서에서 아주 독창적이라고 생각했던 아이디어의 여러 가지 형태가 이미 그 책에 나와 있는 것을 보고 깜짝 놀랐다. 하지만 나중에 그것이 그리 부끄러워할 일이 아니라는 것을 알았다. 동일한 주제를 가지고 글을 쓰면서 자신의 견해를 급격하고 빈번하게 바꾼다는 것은 아주 어렵기 때문이다. 그래서 작가는 과거의 아이디어를 계속 다루면서 새로운 현실에 비춰 그것을 재해석하는 것이다. 그렇게 해서 새로운 통찰, 새로운 관점, 새로운 경험을 나눠줄 수 있기를 희망하는 것이다.

다른 유형의 일도 사정은 마찬가지다. 사람들은 외과의사가 그의 기술을 모두 바꿔버리거나 전공 분야를 위장에서 두뇌로 바꾸기를 바라지 않는다. 그가 현재의 연구 수준을 따라가고, 그런 수준에 기여하며, 자신의 수술 절차를 새롭게 보완해 새로운 아이디어를 폭넓게 받아들이기를 바라는 것이다. 그런 주문은 나에게도 그대로 적용된다.

내가 코끼리 기업에 근무하던 시절, 학습은 피해갈 수 없는 하나의 과정이었다. 학습할 수 있는 기회가 잘 조직되어 있었고 그 기회는 이런저런 방식으로 제공되었으며 또 필수적으로 요구되었다. 나는 실무 과정에서 저지른 실수에서 가장 많은 것을 배웠지만 실무 이외에도 여러 연수 과정에 끊임없이 참가해야 했다. 경영대학원에서 교수로 재직할 때에는 내 시간의 오 분의 일 정도를 투자해 나의 전공 분야에서 나오는 최신 지식을 흡수해 기존 지식을 보충해야 했다. 원저성의 연구센터에 근무할 때에는 사회 각계각층의 유력인사들이 하는 말을 열심히 듣는 것이 일이었다. 그들의 말은 흥미롭고 유익했다. 우리가 살고 있는 사회의 딜레마를 이해한다는 연구센터의 목적에 부합되는 말들이 많았다.

이제 아무런 소속도 없이 내 시간을 자유롭게 통제하는 상황에서 나는 그 모든 것을 혼자서 해내야 했다. 게다가 그런 일을 한다고 누가 봉급을 주는 것도 아니다! 나는 우선 경쟁자들이 쓴 책들을 모조리 읽어치우는 일부터 시작했다. 그러고 나서 얻은 결론은, 경영서는 좋은 개념들로 가득 차 있으나 읽기에 너무 따분하다는 것이었다.

나는 진취적인 사업가들에게 내가 해준 조언을 떠올렸다.

'남보다 더 잘하려고 하지 말고 남들과 다르게 하라.' 나는 또 남부 프랑스의 농가에서 나의 첫 번째 교재《최고의 조직은 어떻게 만들어지는가》를 쓰던 때를 기억했다. 당시 나는 내 차의 트렁크에 세계적으로 유명한 경영서들, 주로 미국 대학교의 교재들을 가득 실어놓고 있었다. 하지만 그 책들은 재미가 없었다. 내가 제기하는 많은 질문에 답변을 주지 못했다. 그 책들은 사람의 따뜻한 인정을 숫자로 바꾸어놓았고 열정과 욕망을 필요의 위계질서로 치환해놓았다. 그 멋대가리 없는 산문에 질려버린 나는 책 쓰기를 포기하고 농가 주인의 서재를 기웃거리기 시작했다. 농가 주인은 러시아의 위대한 소설들을 탐독하는 러시아 문학 팬이었다. 나는 톨스토이와 도스토옙스키가 그 어떤 경영서보다도 회사 속의 개인이 처한 시련과 고난에 대해 많은 것을 말해준다는 사실을 알았다. 내 책이 그런대로 독자들의 사랑을 받은 것은 톨스토이 덕분이다. 내 책이 다른 경영서보다 우수하다고는 할 수 없지만 확실히 다른 것은 분명하다.

남들과 다르게

●

남들보다 낫기보다는 남들과 달라야 한다. 이 화두를 곰곰이 생각하면서 나는 새로운 통찰과 새로운 아이디어를 얻으려면 자신

●

의 전문지식 분야에서 과감히 벗어나야 한다는 것을 알았다. 내가 회사들을 상대로 종종 지적하듯이 진정한 혁신은 해당 산업 바깥에서 온다. 회사 내부에서 오는 것은 친숙한 것의 변형일 뿐 진정으로 새로운 것이 아니다. 나는 이 통찰이 남보다 낫기보다는 다르기를 바라는 모든 사람에게 적용된다고 생각한다. 사물을 새롭게 보거나 새로운 무언가를 보기 위해 때때로 낯선 세계를 거닐어야 한다. 필요하다면 자신에게 그것을 강요해야 한다. 나는 미국 학자 도널드 숀이 쓴 작은 책《개념의 재배치The Displace-ment of Concepts》를 발견했다. 아주 멋진 제목은 아니었지만 중요한 아이디어를 담고 있는 책이었다. 그 책은 과학 속의 창의성을 다루고 있었다. 숀의 주장은 이랬다. 과학의 획기적인 돌파구(가령 상대성 이론)는 생활 속의 어떤 분야에 있는 아이디어를 빌려다가 생활의 다른 분야에 하나의 비유로 적용할 때 발생한다. 그렇게 한번 해보라. 그러면 낯선 사물을 새로운 방식으로 볼 수 있고 또 기존의 데이터들을 새롭게 연결시켜 새로운 경지로 들어가는 문을 열 수 있다. 프랜시스 크릭과 제임스 왓슨은 이중 나사선이라는 생활 속의 모형을 빌려 유전공학에 하나의 비유로 적용해 DNA의 신비를 풀어냈다.

나는 경쟁자들의 책을 읽는 것을 중단했다. 그 대신 개념을 찾기 위해 역사책, 전기, 소설들을 닥치는 대로 읽기 시작했다. 그런 책들은 인생의 여러 가지 문제들로 가득 들어차 있었다. 그리고 인생이야말로 내가 환히 밝혀서 사람들에게 드러내보이고 싶은 문제였다. 나는 런던 경영대학원에 재직하던 시절을 생각하면서 연극 관람도 자주 했다. 그 결과 셰익스피어가 이미 인생에 대해 많은 것을 말해놓았다는 사실을 발견했다. 아내 엘리자베스의 도움을 받아 미술, 오페라, 음악 등도 조금씩 이해했다. 과거에는 시간이 없어서 살펴보지 못한 것이었다. 이제 그 낯선 세계가 나를 초청하고 있었다. 그때까지의 인생은 남들을 쫓아가기 위해, 남들보다 더 잘하기 위해 아등바등하던 시간이었다. 아내와 나는 어떤 도시를 방문하면 그 도시의 식당과 화랑 혹은 박물관을 반드시 일 대 일 비율로 둘러보기로 결정했다. 아내가 화랑이나 박물관을 골랐고 내가 식당을 선택했다. 일 대 일 비율이라 화랑이나 박물관만 둘러보는 경우에 비해 살이 찔 염려도 있었지만 그래도 학습은 즐거운 것이었다.

　외국을 여행하는 것도 일종의 공부다. 외국 문화를 그냥 스쳐지나가기보다는 그 문화 속에서 직접 일하고 살아야만 더 정확히 볼 수 있다고 믿는 사람들이 있다. 하지만 이렇게 생각하는 사람은 신통치 않은 여행객이다. 내가 외국 도시에서 일을 하러 머무를 때 그 기간은 일주일이 채 되지 않는다. 하지만 그런 짧은 시간에도 노력만 하면 얼마든지 그곳 문화의 이면을 들여다볼 수 있다. 관광을 하지 않고도 문화의 이면을 들여다볼 수 있는 것이다. 그 도시에서 전문적인 일을 하면 사람들이 달리 대우해주기 때문이다. 과거에 셀은 해외 출장을 가는 직원들에게 그 도시의 오페라나 연주회를 관람하거나 그 도시의 거리를 걷거나 그곳의 사람들(업무 상대가 아닌 일반인들)을 만나보라고 권유했다. 하지만 시간을 귀중하게 여기는 현대의 관리자들은 비행기를 타고 해외를 수없이 들락날락하더라도 공항과 호텔 밖으로 나가지 못하는 경우가 많다.

미국, 싱가포르, 인도는 나에게 인생에 관한 새로운 전망을 열어주었다. 이탈리아 또한 그런 도움을 주었다. 우리 부부는 이런저런 일로 이탈리아에서 많은 시간을 보냈다. 이탈리아인들은 정말 남다르게 일을 한다. 물론 그들이 하는 일이 모두 뛰어나다는 뜻은 아니지만 그래도 그 차이에는 생각의 여지가 많다. 이탈리아 사람들은 여행을 많이 하지 않는다. 인간이 필요로 하는 것은 자기 나라에 다 있다고 생각한다. 그들은 이탈리아 음식, 축구, 예술, 패션을 열렬히 옹호한다. 우리가 토스카나를 방문했을 때 그곳에서 1일 시위가 벌어지고 있었다. 익명의 누군가가 피렌체의 우피치 미술관에 폭탄을 터트렸기 때문에 그런 파괴행위에 항의하는 시위였다. 과연 영국 테이트 미술관에 폭탄이 터졌다면 항의 시위가 벌어졌을까.

이처럼 이탈리아인은 문화적 국수주의자인 동시에 유럽 연맹의 열렬한 지지자이기도 하다. 그들은 이탈리아인이면서 유럽인이다. 브뤼셀(유럽 연맹의 본부)에서 내려오는 지시가 마음에 들지 않으면 무시해버리기도 하지만 두 세계(이탈리아와 유럽)의 가장 좋은 점을 취할 줄도 안다.

이탈리아는 단일 국가로 정립된 지 그리 오래되지 않았기 때문에 이탈리아 사람들은 전국 규모보다 지역과 가정을 먼저 생각하는 경향이 있다. 로마에 주기적인 정치 위기가 발생했을 때 BBC 라디오 인터뷰에 나온 이탈리아 저널리스트는 사태가 심각한지를 묻는 인터뷰 기자의 질문에 이렇게 답했다. "네, 아주 심각합니다. 하지만 그리 중요한 건 아닙니다. 우리는 태양 아래 황금의 나라에 살고 있어요. 로마의 정부가 열심히 일하든 말든 인생은 계속되는 겁니다." 중앙정부의 운명에 너무 무관심한 것처럼 들릴 수도 있지만 이탈리아인들이 자신이 사는 마을이나 도시에 얼마나 큰 시민적 자부심을 갖고 있는지 느낄 수 있다.

메시지는 계속된다. 이탈리아 경제는 무수한 가족 중심 소기업들로부터 많은 힘을 얻고 있다. 그래서 나는 이런 질문을 던져본다. 영국 사람들은 가족 기업을 '중소기업'이라고 부르는데 이탈리아 사람들은 왜 '가족 회사'라고 말하는가? 영국 사람들이 중소기업을 적당한 때에 큰 기업에게 팔아넘기려고 하는 반면 이탈리아 사람들은 대를 물려가며 그 기업을 계속하려고 하기 때문인가? 영국 사람들은 성장하기 위해서는 덩치를 불려야 한다고 판단한다. 반면 많은 이탈리아 회사들은 덩치를 키우지 않아도 잘할 수 있다고 생각한다.

나는 이탈리아 사람들의 방식이 반드시 옳다고 주장하는 것이 아니다. 단지 그들의 시각으로 보면 사물을 다르게 볼 수 있으며 전에는 당연시하던 것을 새롭게 볼 수 있다고 말하려는 것이다.

타당한 개념을 발견하는 것과 그것을 회사 주변의 삶을 조명하기 위해 직접 적용하는 것은 별개의 문제다. 암기 교육을 강조하던 나의 학창시절을 회상해보면 사용하지 않은 지식은 며칠 후나 몇 주 후에 증발해버렸다. 몇 년에 걸쳐 프랑스어의 동사어미 변화를 기계적으로 암기했지만 정작 파리에 도착했을 때 그 지식은 내 머릿속에서 증발된 지 오래였다. 물론 내가 경험한 흥미로운 지식을 그대로 쌓아두는 것이 해가 될 리는 없다. 그러나 그것을 사용하지 않고 그대로 놔두면 그것은 곧 사라져버린다. 한번은 어떤 소설을 중간쯤 읽다가 내가 그 소설을 전에 읽었다는 것을 기억해낸 적도 있었다.

아무튼 쓰기, 강연하기, 방송하기는 내 학습의 뼈와 살이 되었고 또 그것을 지탱해주는 철골이 되었다. 나는 강연에서 새로운 개념이나 비유를 시험해보고 좋은 반응을 얻으면 나중에 내 책에 인용한다. 자신의 학습 내용을 가지고 고객으로부터 돈을 받을 수 있다면 그것은 모든 사람에게 혜택을 주는 일이 된다. 나의 제품은 나의 책이다. 뭔가를 남보다 더 잘하려는 것이 아니라 다르게 하려는 사람에게는 이러한 원칙이 동일하게 적용된다고 생각한다. 다른 세계로 걸어 들어가서 보고 듣고 살펴라. 그런 다음 그런 견문을 당신의 세계를 새롭게 조망하는 수단으로 삼고 그 새로운 개념을 부지런히 사용해 의식意識의 일부분으로 만들라. 만약 그 개념이 차이를 만들어내지 못한다면 재빨리 내다버리고 다른 곳에서 다시 찾도록 하라.

나는 과거에 소규모 식품회사 사장으로부터 자기 회사가 업계 최고의 회사가 될 수 있도록 간부들을 교육시켜달라는 요청을 받은 적이 있었다. 그 사장은 아마도 간부 연수 과정 같은 것을 생각하고 있는 듯했다. 그러나 나는 그런 교육이라면 신물이 난 상태였다. 그 사장에게 그건 시간 낭비라고 말하고, 차라리 동료들의 존경을 받는 소수의 뛰어난 관리자나 반장을 선발해 그들을 다른 세계, 그러니까 다른 회사로 보내 시찰하게 하는 것이 어떻겠느냐고 제안했다. 그렇게 하면 그의 회사를 동일 업계의 회사들과는 차원이 다른 회사로 만들 수 있고 또 간부들도 회사를 자랑스럽게 생각할 것이라고 덧붙였다. 나는 간부들에게 영국 최고 회사들을 다룬 잡지 기사를 건네주면서 각자 방문해보고 싶은 회사 두 곳을 고르라고 말했다. 나의 주된 임무는 그들이 그 회사를 시찰할 수 있도록 주선하는 것이었다. 회사를 고르는 데 딱 하나 전제 조건이 있었는데, 동일 업종의 회사는 안 된다는 것이었다. 그들은 그 후 2년 동안 다른 회사들을 시찰하고 새로운 아이디어를 수집, 비교해 가장 좋다고 판단되는 아이디어를 결정했다. 그리고 그것을 회사 변화 프로그램의 핵심으로 삼았다.

나는 그 간부들에게 개인적으로 아무것도 가르치지 않았지만 그 일은 내가 실시한 기업 교육 프로그램 중 가장 성공적이었다.

나는 이 공식을 다른 교육 프로그램에서도 써먹었다. 나는 그것을 '엿보기 학습'이라고 부른다. 어쩌면 사람들은 본질적으로 다 염탐꾼인지 모른다. 나는 어느 한여름에 집을 살 것처럼 가장해 다른 사람들의 집을 엿보고 돌아다닌 적이 있다. 사람들은 저마다 다른 방식으로 살고 있었다. 그중 어느 집에서는 내 집의 개조 아이디어를 얻기도 했다. 나는 간혹 반쯤 장난삼아 나 자신을 기업 염탐꾼으로 규정하기도 한다. 남의 것을 엿보는 것은 아주 강력한 학습 방법이다. 하지만 그저 배우는 데에만 그쳐서는 안 되고 그렇게 엿본 아이디어를 실천에 옮길 수 있어야 한다.

가장 중요한 것은 신념

●

소속되기, 꿈꾸기, 학습하기 등은 내가 새롭게 시작한 독립된 인생에서 하나의 딜레마다. 과거 회사에 다닐 때처럼 그 세 가지가 하나의 패키지로 이루어지지 않기 때문이다. 프리랜서 생활에는 여러 가지 실제적인 딜레마가 있다. 그중 대표적인 것이 일과 가정 사이에서 균형을 잡는 한편 내 일을 어떻게 조직해 충분한 수입을 올리는가 하는 문제다. 나는 이런 딜레마를 다음 두 장에서

●

검토할 생각이다. 인생의 이 시점에서 나의 온갖 회의懷疑를 다스리게 되었다는 것은 정말 보람 있는 일이다.

프리랜서 생활의 자유는 정말 매력적이다. 그러나 어떤 일에 자신의 이름 석 자를 올린다는 것은 약간의 오만을 필요로 한다. 여러 해 동안 나는 BBC의 〈투데이〉 라디오 프로그램에서 연출하는 '오늘의 사색'에 가끔 출연해 나의 의견을 제시해왔다. 이 프로그램의 취지는 당대의 문제에 관해 종교적, 도덕적 반성을 제공하는 것이었다. 약 4백만 명의 청취자가 이른 아침에 뉴스와 시사를 요약해 제공하는 이 프로그램을 듣는다고 한다. 물론 청취자들은 출근 준비를 하거나 다른 일을 하면서 듣기 때문에 듣는 둥 마는 둥 할 것이다. 그래도 나는 그 프로그램에 출연하는 것이 자랑스러웠다. 정치가들도 3분 동안 방해나 질문을 받지 않고 자신의 철학이나 정견을 많은 청취자에게 전달할 수 있어서 즐겨 출연했다. 친구의 어머니는 방송에 출연한 내가 한 얘기를 듣고서 이렇게 말했다고 한다. "네 친구 찰스가 뭐기에 아침 밥상에서 자기의 견해를 우리에게 불쑥 들이미는 거니?"

나는 이 지적에 동의한다. 어떤 논문에 자기의 이름 석 자를 적어넣는 것이나 수백 명의 사람들을 대상으로 자기 이름을 내건 강연을 하는 것도 그와 비슷하다고 생각한다. 그래서 '나는 도대체 무슨 권리로 이런 일을 하는가?' 하고 자문하곤 했다. 강연 연단에 자주 서는 사람들은 누구나 이런 생각을 한다. 내가 남들에게 뭔가 중요한 것을 전달해 그것을 설득할 수 있다는 자신감과 과연 남들이 내 얘기를 들어주기나 할까 싶은 회의감 사이에서 힘든 외줄타기를 해야 한다. 나는 사람들은 저마다 자유롭게 행동할 수 있다는 생각으로 나 자신을 위로한다. 내 얘기가 싫은 사람은 라디오를 끌 수 있고, 내 책을 집어던질 수 있고, 강연장에서 걸어 나갈 수 있다. 이처럼 강연을 시작하기 위해서는 먼저 엄청난 자기 신념을 끄집어내야 한다. 말이 좋아 자기 신념이지 사실상 은밀한 오만인 것이다.

내 경험에 비추어볼 때 그 힘든 외줄타기의 느낌은 결코 사라지지 않는다. 만약 그 느낌이 사라진다면 그게 더 걱정일 것이다. 자신감 속에서 싹트는 회의감, 나아가 타당한 회의감은 사람을 정직하게 만든다. 나는 몇 세대에 걸쳐 목사를 배출한 집안 출신이다. 나의 선조들은 목사 서품을 받았기 때문에 하느님으로부터 자신의 견해를 표명하도록 허락받았다고 생각했을 것이다. 하지만 나는 그런 느낌이 없다. 그 대신 "내가 하고 싶은 일은 어떻게든 해야 한다."라는 신념을 갖고 있다. 좀 더 공식적으로 말한다면 내가 본 바 그대로의 진리를 말하고 실천해야 한다는 것이다. 회의가 들든 말든 내가 아닌 삶을 살아야 한다는 것은 매우 불만족스러운 일이다.

이탈리아에 처음 갔을 때 나는 초기 르네상스의 미술과 건축에 커다란 감명을 받았다. 그 그림과 조각은 아름다울 뿐만 아니라 분명한 메시지를 담고 있었다. 르네상스 전까지는 신과 천사들이 모든 예술의 주제였다. 하지만 르네상스 예술에서는 주제가 신 대신 실제로 살아 있는 인간(남과 여)으로 대체되었다. 도나텔로의 조각은 성인과 예언자를 묘사하고 있지만 그들은 초월적인 존재가 아니라 실제로 살아 있는 사람들이다. 피렌체의 대성당 박물관에 있는 도나텔로의 〈참회하는 막달라 마리아〉 조각을 보라. 그 조각에 나오는 그리스도는 신이 아니라 죽은 사람으로 묘사되어 있다.

나는 새로운 휴머니즘의 시각적 표현을 보았다. 그것은 신의 거부가 아니라 신이 우리를 통해 역사한다는 분명한 예시였다. 신이 인간 내부의 정신 속에 존재한다는 사상은 많은 종교에 공통되는 것이지만 나는 이 조각에서 그 사상이 절묘하게 구현되어 있는 것을 보았다. 그것은 이론적 논증보다는 한결 직접적이고 강력한 것이었다. 이 강력한 이미지의 깊은 의미는 그 후 늘 나와 함께 있었다. 이제 더 편안한 마음으로 내 안에 감추어진 가능성을 생각할 수 있게 되었다. 그것은 내 유년 시절에 부모님이 믿는 그 신과는 약간 다른 것이었지만 그래도 메시지는 동일했다. 당신은 당신 내부에 있는 검증되지 않은 가능성을 최대한 발현해야 한다. 당신은 그런 의무를 회피할 수 없다. 그럭저럭 살아 나가는 것만으로는 충분하지 않다. 이것을 르네상스 시기의 철학자 마르실리오 피치노는 이렇게 요약했다. "우리는 본질적으로 우리 내부에 있는 가장 위대한 '그것'이다." 피치노는 '그것'을 영혼이라 불렀다. 그의 모든 저작은 그 위대한 자아에 봉사하는 삶을 살아야 한다고 역설한다.

나는 신혼 때 아내와 나눈 대화를 아직도 기억한다(이상하게도 아내는 그것을 기억하지 못한다). 당시 나는 셸 런던 본사에 근무하면서 관리자들을 교육시키는 일을 담당하고 있었다. 어느 날 저녁 아내가 물었다.

"여보, 당신은 지금 하고 있는 일이 자랑스러워요?"

"좋아요, 그런대로."

"함께 일하는 사람들은 어때요. 특별한 사람들이에요?"

"좋아요, 그런대로."

"그럼 당신 회사 셸은 좋은 일을 하는 좋은 회사인가요?"

"응, 좋아요. 그런대로."

아내는 나를 빤히 쳐다보더니 이렇게 말했다. "나는 '좋아요, 그런대로'의 태도를 가진 사람과 한평생을 보내고 싶지 않아요."

그것은 일종의 최후통첩이었고 나는 그 다음 달에 셸에 사표를 냈다. 그 대화는 언제나 내 귓바퀴에서 맴돌았다. 나는 아내의 지적에 동의한다. '좋아, 그런대로'만으로는 충분하지 않다. 삶은 단 한 번뿐이므로 그저 근근이 견뎌나가는 것만으로는 충분하지 않다. 그렇다면 무엇을 해야 할까? 인생의 목적은 결국 무엇인가? 이 질문은 여전히 나를 따라다니는 화두다.

●

일 구획 짓기

"포트폴리오 인생을 사는 사람은
러시아워 때의 혼잡한 지하철을 타지 않습니다.
그들이 없기 때문이 아니라
당신이 그 구성원이 아니기 때문에
그들을 보지 못하는 겁니다."

벼룩의 왕국에 들어선 첫 몇 주 동안에는 텅 빈 수첩을 들여다보는 즐거움이 있었다. 나는 동료들과 상의할 필요 없이 내 마음대로 휴가나 기타 사적인 용무로 날짜와 요일을 선택할 수 있었다. 어느 평일 오후에는 쇼핑을 하러 나섰다가 마치 잘못을 저지른 학생 같은 기분을 느끼기도 했다. 평일에 그런 일을 해본 적이 단 한 번도 없었기 때문이다. 하지만 충분히 일할 나이의 남자들이 나와 똑같이 쇼핑을 하러 나온 것을 보고 의아하기도 했다. 그러다가 갑자기 이런 생각이 들었다. 평일에 경마장을 가득 메운 사람들은 대체 뭐지? 그들이 모두 은퇴한 사람들은 아닐 것이다. 또한 실직자는 너무 가난해 경마장에 나오지 못할 게 분명했다.

아마도 나처럼 프리랜서 생활을 하는 사람들이 늘 있었을 것이다. 단지 내가 신경 써서 그들을 둘러보지 못한 것뿐이었다. 그해 후반에 한 무리의 관리자들에게 포트폴리오 생활방식에 대해 이야기했을 때 그들 중 한 사람이 이렇게 물어왔다.

"그 포트폴리오 인생을 사는 사람들은 도대체 어디에 있습니까? 아침 8시 10분의 웨이브리지 전철역에서는 볼 수가 없던데요."

내가 대답했다.

"물론 볼 수 없었겠지요. 포트폴리오 인생을 사는 사람은 러시아워 때 혼잡한 지하철을 타지 않습니다. 그들이 없기 때문이 아니라 당신이 그 구성원이 아니기 때문에 그들을 보지 못하는 겁니다."

이것은 아주 오래된 이야기다. 사람들은 자신이 보고 싶어 하는 것만 본다. 사람들은 자신의 견해와 편견을 지지해주는 신문을 읽고, 자기와 비슷한 사람과 일하고 사귀기를 좋아한다. 도시의 반대쪽으로는 가고 싶어 하지 않으며 지하철에서 낯선 사람과 이야기하지도 않는다. 그저 텔레비전에서 드라마를 보고 다른 사람들이 어떻게 사는지를 알 뿐이다. 회사의 구속을 완전히 털어버리기 전까지 나의 세계관이라는 것은 대체로 무조건적인 판박이식 고정관념에 지나지 않았다. 그러나 회사나 공장 출근과는 전혀 다른 세계가 있다는 것을 발견하는 것은 신나는 일인 동시에 사람을 겸손하게 만드는 경험이었다. 그 세계에서는 각자 자기의 시간표와 우선 사항을 정하고, 돈을 받는 일과 기타 다른 일을 적절히 섞어서 하고, 회의나 위원회 일로 구속을 받지 않고, 멀티태스킹을 새로운 경영 전문어가 아니라 일상생활의 필수적 현실로 삼는다.

"당신은 이제야 현실적이 되어가는군요. 대부분의 여자들은 멀티태스킹적 삶을 살아왔어요. 당신은 그걸 '포트폴리오 인생'이라고 부르지요. 하지만 난 그걸 '생활 꾸려나가기'라 부르겠어요." 아내 엘리자베스가 말했다.

하지만 곧 나의 빈 시간표는 즐거움이 아니라 근심거리가 되었다. 황홀함은 고통으로 바뀌었다. 회사는 일종의 감옥일지 모르지만 그래도 한 가지 큰 혜택이 있었다. 회사는 일을 준다. 전화, 팩스, 이메일, 회의실, 복도에서의 우연한 마주침, 결재서류함 등을 통해 당신에게 끊임없이 임무, 과업, 기회의 흐름을 제공한다. 내가 회사에서 보낸 시간은 대부분 결재서류를 처리하면서 소비되었다. 내가 이루지는 못하고 계속 꿈꾸어왔던 것은 그 결재서류함을 넘어서서 남들이 꿈꾸거나 해보지 못한 일들을 하는 것이었다.

이제 나의 결재서류함은 텅 비어 있으므로 내게도 기회가 온 셈이었다. 우편물도 없고, 전화도 없고, 회의도 없고, 마감일도 없고, 그 어떤 것도 없다. 하지만 마감일이 없는 인생은 아무런 우선 사항도 없는 인생이라는 것을 깨달았다. 어떤 것을 해내야 한다는 압박이 없기 때문에 자신이 설정한 마감일은 손쉽게 바뀌거나 사라진다. 나를 원하는 곳은 아무 데도 없다는 느낌이 들면서 마치 나라는 사람이 존재하지 않는 것 같다. 내가 다른 책에서 이미 언급한 것처럼 역할 저부하는 과부하보다 스트레스가 훨씬 크다. 나는 몸소 그것을 체험했다. 디킨스는 마음이 우울할 때면 25킬로미터씩 산책을 했다고 한다. 하지만 나는 너무 게을렀다. "바로 이게 실업자의 생활이군."이라고 생각하면서 나중에 써먹을지 모른다며 마음속으로 메모를 했을 뿐이다. 구직 센터에 등록할 수는 있었겠지만 그런 데서 제공하는 일을 잘하지 못했다.

이제 일에 대한 나의 이론을 나 자신에게 적용할 시간이었다. 그동안 안정된 직장에 있으면서 설교만 해왔던 그 이론을 나 자신이 직접 실천해야 했다. 나는 일이 인생의 기본적인 한 부분이라고 생각한다. 그 누구도 일 없이는 살 수 없다. 포트폴리오 인생에서 새롭게 발견한 것처럼 일 없는 생활은 의미 없는 생활이었다. 나의 실수는 단 하나의 일, 즉 돈을 받고 하는 일(직장)만 진정한 일이라고 생각한 것이었다. 이런 생각은 다른 종류의 일에 열심인 사람들을 모독하는 것이다. 이런 편협한 일의 정의는 경제적 필요를 인생의 다른 필요보다 우선시하게 만든다. 나는 누구 못지않게 돈을 좋아한다. 특히 돈이 없을 경우에 그것은 더욱 소중해진다. 하지만 돈이 인생의 모든 것이 되어서는 안 된다. 나는 편협한 일의 개념이 사회를 왜곡시키고 있다고 생각한다. 그래서 다른 유형의 일 네 가지를 강조함으로써 그런 편협한 개념을 시정하려고 애써왔다. 이 네 가지 일은 너무나 익숙한 것 또는 중요하지 않은 것으로 치부되어 줄곧 무시당해왔다. 의미 있는 생활이 되려면 이 네 가지 유형의 일 덩어리를 포함시켜 균형 잡힌 일의 포트폴리오를 구축해야 한다. 네 가지 일이 무엇인지 살펴보자.

집안일

먼저 집안일이 있다. 가정에서 벌어지는 모든 일을 말한다. 요리, 청소, 자녀 양육, 주택 보수 및 유지, 정원 손질, 운전하기 등이 그것이다. 만약 어떤 사람들처럼 외부 인력에게 이 일을 맡기면 그 비용은 엄청나다. 오늘날 런던의 출퇴근 가정부는 연봉 2만 파운드에다 아파트와 차를 제공받는다. 우리 시골집의 한 이웃은 정원사에게 연봉 2만 2천 파운드를 주고 있는데, 그 정원사가 일을 훌륭하게 해내고 있다고 만족해한다. 집을 정기적으로 청소해주는 회사, 식사 준비를 해주는 요리사를 비롯해 개를 산책시키고 전구를 갈아주고 차를 몰아주는 사람들이 있다. 부모님이 연로하시다고? 그렇다면 부모님을 맡아줄 양로원이 얼마든지 있고 그들은 당신으로부터 돈을 받아간다. 이 모든 집안일을 외부에 맡기면 10만 파운드 정도의 돈이 지출되어 경제와 고용 창출에 큰 도움을 줄 것이다. 하지만 대부분의 사람들은 그런 집안일을 공짜로 하고 있다. 그리고 대부분 여자들이 그 일을 담당한다. 그러니 여성들이 자신의 재정적 기여를 인정해달라고 요구하는 것은 무리가 아니다. 봉급의 형태로 인정할 수 없다면 조세 감면의 혜택이라도 달라고 주장하는 것이다. 물론 그렇게 해주면 세수가 크게 줄어들 것이므로 그런 일은 벌어지지 않을 것이다. 하지만 집안일이 대단히 가치 있고 중요한 일의 한 측면이라는 것은 누구도 부정하지 않을 것이다. 따라서 집안일은 각종 통계 수치에서 하나의 일로 공식적인 인정을 받아야 마땅하다. 그러나 아쉽게도 우리 사회에서는 측정되지 않는 것은 중요하지 않은 것으로 치부되고 있다.

집안일의 보상은 감사와 사랑(하지만 겉으로는 표현되지 않는), 가정의 창조와 유지, 소속감을 주는 곳, 혼란스러운 세계 속의 아늑한 섬 등의 형태로 다가온다. 이런 것은 눈에 보이지 않는 보상이지만 소중히 여겨야 한다. 집안일을 별로 하지 않는 사람들은 중요한 것을 놓치고 있는 것이다. 균형 잡힌 생활은 남녀 불문하고 집안일을 포트폴리오에 편입시켜야 한다. 포트폴리오 인생은 그 기회를 제공한다.

자원봉사

또 다른 일로 자원봉사가 있다. 이것 역시 무급이지만 이번에는 무대가 가정이 아니라 가정 밖의 공동체다. 연구 조사에 따르면 대부분의 사람들은 인생의 여러 단계에서 봉사를 한다고 한다. 어떤 사람은 단체를 통해, 또 어떤 사람은 비공식적으로 이런 일을 한다. 해안의 인명 구조 요원, 목숨을 걸고 조난자를 구하는 산악 구조반 모두 자원봉사자라는 것을 많은 영국 사람들이 모르고 있다. 이보다는 덜 극적이지만, '시민 조언 상담소'의 직원, '자동차 음식 배달' 요원, 크리스마스 때 무주택자를 위해 일하는 '크라이시스 센터' 요원 등이 모두 자신의 생활을 일부 떼어내 불우한 사람들을 돕고 있는 것이다. 리스트는 끝이 없다. 교회, 자선사업 가게, 청년 클럽, 캠페인 그룹 등 이 모든 것이 자원봉사자의 자발적인 노력에 의존하고 있다. 영국에만도 약 25만 개의 자원봉사 단체가 있다.

중요한 것은 사람들이 자원봉사 일을 대단히 만족스럽게 여긴다는 사실이다. 금전적인 이유나 다른 사람의 강요로 하는 것이 아니라 그 일이 좋아서 하기 때문이다. 나는 먼저 특별한 기여를 하지 못하는 자원봉사 일을 일부 정리했다. 따지고보면 나는 그런 단체에 도움을 주기보다는 그런 단체의 도움을 이용하려 했다. 자원봉사 단체의 임원이라는 타이틀에 현혹되어 내 시간을 내놓기로 했던 것이다. 그 경우 실제 현장에 나가 일을 하기보다는 협의회나 위원회 등에서 멍하니 앉아 있는 것이 고작이었다. 조직 생활이 내 적성에 맞지 않을 뿐만 아니라 회의에 나가봐야 따분해하거나 반항적이 된다는 것을 깨달은 나는 그 단체로부터 사직하기로 결심했다.

하루 날을 잡아 일곱 통의 사직서를 써서 그 단체들에 발송했다. 나의 사표가 수리되었으며 그동안의 노고를 감사하게 생각한다는 내용의 회신은 겨우 세 군데에서만 왔을 뿐이었다. 나머지 단체는 나의 존재를 의식조차 하지 못했거나 내가 사라져서 시원해하는 것이 분명했다! 나는 내가 잘하지도 못하는 것을 통해 기여하는 것보다 내가 가장 잘하는 몇 가지를 무상으로 지원하는 편이 더 낫겠다고 생각했다. 많은 사람들이 자원봉사 일이라고 하면 위원회의 위원이 되거나 소소한 재정을 감사하는 등 유명무실한 일을 하는 것으로 생각한다. 그러나 나는 그와는 반대로 글쓰기, 연설하기, 청강하기 등 내가 잘할 수 있는 것으로 자원봉사 활동 범위를 제한했다. 이렇게 하면 적어도 남에게 피해를 주지는 않을 것이라 생각했다.

학습

마지막으로 공부하는 일이 있다. 요새는 평생학습이라는 말이 유행어처럼 쓰인다. 하지만 평생학습을 몸소 실천하는 사람은 그리 많지 않다. 요즘과 같이 급변하는 세계에서 배운 것만으로는 미래를 투시하기가 쉽지 않다. 교수로 취직했을 때 나는 일주일에 이틀은 연구를 해야 하고, 내 분야의 새로운 지식과 사상을 많이 내놓는 것으로 근무 성적을 평가받을 것이라는 얘기를 들었다. 물론 교수는 자기 분야의 최신 정보에 밝아야 하고 또 앞서가야 하는 것이 당연하다. 하지만 그것이 교수직에게만 국한된 이야기인가? 경쟁사보다 앞서가야 하고 또 업계 최선의 실천 절차를 준수해야 하는 회사에도 그대로 적용된다.

자기 분야의 최신 정보를 습득하기 위해 가용 시간의 20퍼센트를 소비하라는 것은 너무 지나친 요구다. 그래서 나는 최소한 10퍼센트, 즉 연간 25일을 이런저런 형태의 공부에 투입할 것을 회사의 관리자들에게 권한다. 그 시간 중 일부는 아마도 개인의 자유 시간에서 할애해야 할 것이다. 10년 전만 해도 평균적 기업 임원이 공식적인 공부에 투입하는 시간은 1년에 하루가 고작이었다. 그들에게는 책을 읽거나 전문 잡지를 읽거나 연구 회의에 참석할 시간이 없었다. 회사들은 미래 지향의 사고방식 따위는 연구부서나 기획 그룹에 맡겨 구획화하기를 좋아했다. 하지만 그럴 경우 주요 정책 결정자의 마음과 영혼 속에 새로운 사고가 제대로 침투하지 못했기 때문에 그들은 미래로 가는 경쟁에서 뒤처지고 만다.

독립적인 벼룩은 기댈 곳이 자기 자신밖에 없다. 돈 버는 일의 미래를 확보하려면 공부하는 일이 본질적인 것이 되어야 한다. 나에게 공부의 핵심은 글쓰기다. 소설가를 비롯한 대부분의 작가들은 실제 글 쓰는 시간보다 세 배나 많은 시간을 공부하는 데 투입한다. 새로운 생활을 시작했을 때 나는 시골로 내려가 글쓰기에 전념했다.

운동
●

우리 부부는 옥수수 밭을 내다보면서 그 밭 색깔이 계절의 변화에 따라 갈색에서 녹색으로 그리고 다시 황금색으로 바뀌는 것을 지켜보기를 좋아한다. 하지만 농부는 5년마다 한 번씩 그 밭에 무와 콩을 심었다. 무밭이나 콩밭은 내다보기가 그리 유쾌하지 않다. 어떤 해에는 밭에다 아무것도 심지 않았다. 우리는 요즘처럼 비료가 발달된 시대에 윤작은 낡은 개념이라고 농부에게 말해주었다. 농부는 이렇게 대답했다. "밭에다 거름을 주기도 해야 하지만 때로는 변화를 줄 필요가 있어요. 그리고 밭을 놀려서

●

썰 기회를 주어야 해요."

나의 생활 또한 그렇다고 생각한다. 포트폴리오 일은 그것이 일종의 윤작이라는 데에 매력이 있다. 공부하는 일도 쉬는 시간이 충분해야 비로소 윤택해진다. 너무 많이, 너무 빨리 쓰면 그 다음 날은 아무것도 못한다. 어느 날 저녁에 어떤 책을 너무 많이 읽으면 그 다음 날 그 책을 다시 읽어야 한다. 나는 어떤 날은 그냥 글을 읽거나 쓰고, 어떤 날은 앉아서 생각을 하고, 어떤 날은 그냥 앉아 있기만 한다. 바쁜 생활 속에서 살아가는 사람들에게 이런 생활을 설명하기란 참으로 어렵다.

농부는 매일 트랙터를 몰아 밭으로 나가는 길에 내 집 옆을 지나친다. 그는 내게 손을 흔든다. 그러면 책상에 앉아 있던 나도 손을 흔들어준다. 어느 날 그가 우리 집 앞에서 멈춰 섰다.

"거기 그렇게 하루 종일 앉아만 있어도 되니 얼마나 좋습니까."

농부의 말에 내가 대답했다.

"이게 나의 일입니다. 내가 돈을 버는 방식이에요."

그러자 농부가 트랙터의 시동을 걸면서 콧방귀를 뀌며 중얼거렸다.

"정말 괴상한 일이로군요."

나는 그 농부가 저녁이 되면 농작물 가격과 최근 유럽 연맹 보조금을 살펴보고 새로운 농기구나 씨앗의 소식을 얻기 위해 농업 전문 잡지를 뒤적이리라는 것을 안다. 단지 그는 그것을 일이라고 하지 않을 뿐이다. 그에게 일은 육체적 노동을 의미하고 나에게 육체적 노동은 '운동'에 해당하는 것이다. 나는 책과 씨름하는 나의 진짜 일을 감당하기 위해 심신을 단련시키는 운동을 한다.

인생의 전체 사이클을 놓고 볼 때 위의 네 가지 유형의 일은 매 단계마다 다르게 편성될 것이다. 나의 30대 시절에는 돈 버는 일이 내 포트폴리오에서 압도적인 위치를 차지했고 아내는 가정 일을 거의 도맡아서 해야 했다. 그때보다 15년 전에는 공부하는 일이 일의 전부였다. 은퇴해 여생을 즐기는 사람들이 지금보다 더 바쁜 때가 없었다고 말하는 것을 자주 듣게 된다. 왜 그런지 조사해보니 그들은 돈 버는 일을 나머지 네 가지 일과 바꾸고 그 일들을 대단히 보람 있게 생각하는 것이었다. 하지만 인생의 어떤 단계가 일을 어떻게 배분하고 조화시킬 것인지를 결정하게 해서는 안 된다. 일의 배분(네 가지 일) 사이에서 자발적으로 균형을 잡아야 한다. 나는 은퇴하지도 않았고 직장에 다니고 있지도 않고 아프지도 않은, 말하자면 자유의 상태다. 이제 나 자신이 나의 이론을 실제에 적용해야 할 때가 온 것이다.

일의 배분

●

나는 아내와 함께 책상에 앉아서 적당한 일의 배분을 궁리했다. 배분의 파급효과가 아내에게도 미칠 것이기 때문에 그것을 나 혼자 결정할 수는 없었다. 게다가 아내도 자신의 포트폴리오가 있었다.

우리는 내가 공부하는 일에 연간 1백 일을 배당해야 한다고 결정했다. 공부하는 일은 글을 쓰고 글쓰기를 준비하고 독서하는 것을 모두 포함했다. 그것이 나의 돈 버는 일의 기반이 될 것이었다. 그러므로 그 일에 많은 시간을 투자하는 것은 필수적이었다. 과거의 지적 자본에만 의존해 살아나가는 것은 너무나 위험했다. 동료 연설가에 대해 이런 비아냥거리는 말이 떠돌아다닌다는 것을 알고 있기 때문이다. "그 연설가의 얘기가 너무 똑같아서 사람들이 그 내용을 줄줄 외고 있다."

또한 공부하는 일의 결과로 나온 책으로는 큰돈을 벌 수가 없다. 내가 알기로 대부분의 책들은 출간 후 2년에 걸쳐 5천 부정도 팔리는 게 고작이다. 출판사를 잘 만났다 하더라도 원고 집필을 완료한 후 2년 뒤에나 책이 나오는 것이다. 내가 회사 생활을 그만둘 생각이라고 하자 나의 첫 번째이자 유일한 출판 대리인이 이렇게 충고했다. "착각하지 마세요. 글을 써서는 1년에 1만 파운드도 벌기 어려워요."

●

그 후 20년. 나는 어쩌면 행운아인지도 모르겠다. 출판사를 두 군데나 물색했고 그 출판사들은 내게 잘해주었다. 내가 써낸 책들 중 한두 권은 예상했던 5천 부를 훨씬 뛰어넘는 판매 실적을 보였다. 하지만 내가 앞으로 써낼 책이 그 정도의 실적을 올리리라는 보장은 결코 없다. 그래서 나는 지금도 글 쓰는 시간을 공부하는 일의 범주에 넣고 있으며 글을 써서 번 돈을 보너스라고 생각한다.

나는 글쓰기가 아닌 다른 방식으로 돈을 벌어야 한다는 것을 알고 있었다. 그래서 다른 많은 기업 중역들처럼 컨설턴트 일을 해보려고 마음먹었다. 설혹 사람들이 나의 경영 기술을 그대로 전수받지 못한다고 하더라도 나의 조언은 귀담아들을지 모른다고 생각했다. 하지만 기업 관리자로 근무한 건 꽤 오래전이었고, 그후에 경영학을 가르치면서 몇 년을 보냈다 해도 그것 역시 오래전 얘기였다. 나를 컨설턴트로 써보겠다고 나서는 회사들은 별로 없었고 딱 하나 맡았던 컨설턴트 일은 완전한 실패로 끝났다. 그 일은 주요 자선단체의 장이면서 사람들의 존경을 받는 내 친구가 자신의 관리 팀을 재편해달라는 부탁이었다. 도무지 그 팀이 제대로 돌아가지 않는다는 것이었다. 그는 내게 이렇게 털어놓았다. "솔직히 말하자면 그들을 모두 자르고 싶어. 하지만 자선단체다보니 그게 쉽지 않아. 어떻게 대책이 없는지 자네가 좀 살펴봐주게."

나는 몇 주 동안 이사회를 포함해 많은 회사 사람들과 대화를 나눠 문제점을 파악했다. 그렇게 해서 나온 결론은 착잡한 것이었지만 불가피한 것이기도 했다. 그 회사의 문제점은 내 친구에게 있었다. 그는 뛰어난 지능을 갖춘 대중 연설가였지만 아주 무감각한 관리자이자 지도자였다. 회사 사람들은 하나같이 이렇게 말했다. "그는 원격 조종하듯 이 단체를 운영하고 있어요. 우리는 그의 마음속에 대체 무슨 생각이 있는지 잘 모릅니다. 우리는 더 이상 그를 믿지 않고 그의 결정을 신임하지도 않습니다."

　　나는 이런 사실을 아주 완곡하게 그에게 말했고 그가 자신의 명성을 되찾을 수 있는 방법을 몇 가지 제시했다. 하지만 좋은 결과를 내지 못했다. 그는 화를 내면서 나의 제안을 거부했다. 이사회 사람들이 보는 앞에서 그와 나 사이에 격론이 벌어졌다. 나는 그에게 신임은 유리와 같아서 한번 깨지면 아무리 잘 붙이려고 해도 붙지 않는 것이라고 말했다. 그 잔인한 말이 그에게 결정타가 되었다. 그는 그날 밤으로 그 단체를 사임했다. 그 후 그 친구는 나를 용서하지 않았고 다시는 나와 말도 하지 않았다. 나는 친구를 한 명 잃었을 뿐더러 그 단체에 도움을 주지도 못했다. 그일이 있고 나서 나는 두 가지 결심을 했다. 친구가 고객인 회사의 일은 하지 않는다는 것과 회사에 들어가 일종의 신 노릇을 하지 않겠다는 것이었다. 나는 컨설턴트 일이 내게 어울리지 않는다는 것을 깊이 깨달았다.

그것은 내가 잘하는 것을 깨닫기 위해서 내가 잘 못하는 것을 확실하게 파악한 구체적 사례였다. 정말로 돈을 벌 생각이라면 내가 잘하는 것, 즉 관리자들을 가르치는 일을 해야 했다. 가르치는 일은 내가 떠나온 세계로 다시 돌아가는 것을 의미했으나 가족을 부양하는 데 필요한 돈을 벌자면 그것이 가장 빠른 길이었다. 그러고 나면 내가 정말로 하고 싶은 일인 글쓰기를 마음껏 할 수 있었다. 포트폴리오 인생은 필요한 것과 바람직한 것을 적절히 뒤섞을 수 있어야 한다. 한번은 어떤 여자를 만나 그녀에게 직업이 무엇이냐고 물었더니 텔레비전 드라마의 각본을 쓴다고 말했다. 나는 감탄하지 않을 수 없었다.

"하지만 아직 드라마로 나오지는 않았어요."

그녀의 말에 늘 사람들의 생활에 관심이 많은 내가 물었다.

"그럼 어떻게 먹고 삽니까?"

그러자 그녀가 웃으며 대답했다.

"일요일마다 계란을 포장하는 일을 하고 있어요."

그녀가 돈을 버는 일은 그녀의 마음속에서는 진짜 일이 아니었던 것이다. 짧지만 아주 의미 있는 대화였다. 나는 일이란 돈, 만족, 친구, 창조성, 심지어 멋진 주거 등을 한꺼번에 하나의 꾸러미로 해결해주는 어떤 것이라는 생각을 하며 성장해왔다. 그런 생각을 갖고 있었으니 직장에 자주 실망하는 것은 당연한 일이었다. 포트폴리오 생활을 하면서 나는 그런 꾸러미를 해체하게 되었다. 어떤 일은 돈 때문에 하고 어떤 일은 다른 이유로 하는 식으로 말이다. 그 여자는 계란을 포장하는 사람이었다. 나는 교사였다. 가르치는 재능을 이용해 내게 필요한 돈을 벌어야 했다. 또 내가 부르는 값만큼 그 일을 잘해야 한다는 것도 알았다. 그래야 최단 시간 내에 돈을 벌 수 있는 것이다. 그 여자는 일요일에만 계란 포장하는 일을 했다. 하지만 나는 그보다 더 많은 시간을 돈 버는 일에 투입해야 했다.

나만의 브랜드

공부에 할애한 1백 일을 제외하고 아내와 나는 일이 충분히 있을 경우 연간 1백50일을 일에 투입하기로 결정했다. 그 기간은 사전 준비, 행정 업무, 마케팅, 관련 여행 등에 들어가는 날짜를 모두 포함한 것이었다. 이렇게 볼 때 내가 생활비를 벌어들이기 위해 직접 일하는 날짜는 50일 정도였다. 그러니 이 기간 동안 효율성을 높여서 수익을 올려야 한다. 우리 부부는 자원봉사 일에 25일을 배정했는데 이것은 돈 버는 일을 위한 시간의 약 10퍼센트였다. 그러면 가정 일, 휴가, 여가 등으로 90일 정도가 남는데 이 기간 동안 나는 내 몫을 해내겠다고 약속했다.

"여가가 90일이라." 한 친구가 말했다. "자네는 자네 자신을 위해 아주 멋진 생활 스타일을 창출했군." 우리는 그게 그리 많지 않다는 사실을 지적해주었다. 대부분의 직장인들은 연 52회의 주말 휴무 시간을 갖고 또 법정 공휴일 8일에, 연가 14일을 찾아 쓴다. 이럴 경우 연간 휴가일이 총 1백27일에 이른다.

대부분의 사람들과 달리 우리 부부는 구체적으로 배당하지 않은 모든 시간을 한데 합쳤다. 그렇게 한 것은 우리의 시간과 일을 크게 구획 짓고 싶었기 때문이다. 우리는 더 이상 산업사회의 전통적인 덩어리로부터 구속받지 않는다. 우리는 우리가 좋아하는 방식으로 자유롭게 생활을 구분할 수 있다. 만약 우리의 일이 가정에서 벌어지는 일에만 국한한다면 일주일 내내 24시간 일하는 24/7 스타일에 빠질지도 모른다는 생각이 들었다. 그래서 우리는 정기적으로 일요일을 일하는 시간에서 공제해 40일 정도를 만든 다음 연간 10일의 휴가를 네 번 갖기로 했다. 우리가 이 계획을 말하자 또 다른 친구가 논평했다.

"하지만 돈 버는 기간은 반년밖에 안 되네?"

"우리는 가능한 한 돈 버는 일을 적게 하려고 해. 다른 일을 하기 위한 시간을 최대한 확보하기 위해서 말이야. 돈 버는 일은 총 시간의 절반 정도면 충분하다고 생각해."

"충분하다고? 그 정도가 충분한지 어떻게 알아? 돈이 충분히 있다는 얘기는 아니겠지?"

"나는 이제 나이가 거의 쉰이야. 인생의 이 단계에서는 장래에 어느 정도 돈이 있으면 충분한지 예측할 수 있어. 필요 이상으로 돈을 버는 것은 아무런 의미가 없어."

"돈이 충분하다는 얘기는 믿지 못하겠군. 설혹 돈이 좀 남더라도 언제든지 자녀에게 물려주거나 값비싼 물건을 사들이면 되잖아."

"난 아이들에게 돈을 물려주는 것을 반대해. 정말 중요한 점은 이거야. 돈을 버는 데 많은 시간을 투입하면 우리가 정말로 원하는 일을 할 시간이 그만큼 적어진다는 거야. 정말로 하고 싶은 일은 내겐 글쓰기고 아내에겐 사진을 찍는 것이지. 우린 돈의 노예가 되고 싶지 않아. 우리에게 충분한 돈의 액수를 낮추면 낮출수록 다른 일을 할 자유가 그만큼 더 늘어나는 거야. 돈을 너무 강조하면 돈은 너를 해방시키는 것이 아니라 꽁꽁 묶을 수 있어."

친구는 머리를 절레절레 흔들었다. 하지만 돈 버는 일을 하는 날짜의 상한을 정해놓는 것은 우리 생활의 기본이 되었다. 나는 아주 조심스러운 사람이기 때문에 그 상한을 내가 감당할 수 있는 편안한 수준으로 설정한다. 그리고 그 정해진 시간 내에 일을 해낼 수 있다고 확신한다. 소득 그 자체도 포트폴리오의 성격을 갖고 있다. 누구나 소득이 수표 한 장으로 끊어지는 것은 아니다. 어떤 사람은 연금을 받고 어떤 사람은 배당금을 받고 또 어떤 사람은 상속을 받는다. 나는 그런 돈을 자는 동안에도 흘러들어오는 돈이라고 말한다. 물론 나는 그런 수입을 갖고 있지 않지만 과거 봉직했던 경영대학원에 파트타임 강사 자리를 확보하고 받는 강사료, 가끔 써내는 기사의 원고료, 새로 낸 책의 인세, 회사 연수 프로그램에 출연해 받는 강사료, 텔레비전 방송에 나가서 받는 출연료 등을 수입원으로 확보하고 있다.

물론 이런 돈은 다 합쳐봐야 노후를 보장해줄 정도의 액수도 아니고 세무서 사람들에게 깊은 인상을 줄 정도의 금액도 아니다. 포트폴리오 인생은 모두가 생각하는 것처럼 그렇게 부유하지 않다. 프리랜서 생활의 즐거움을 얻기 위해서는 그 정도의 대가는 지불해야 하는 것이다. 하지만 한 가지 위안은 금전적인 문제와 관련해 여러 대책들이 있다는 것이다. 그중 어느 하나가 통하지 않으면 다른 대책에 의존할 수 있다.

그렇지만 포트폴리오 생활 초기 몇 년 동안에는 불안한 마음으로 이리저리 계산을 해보곤 했다. 나는 프리랜서 노동자의 진정한 딜레마에 봉착했다. 나의 노동력과 재능을 어떻게 광고할 것이며, 어느 정도의 수수료를 부과할 것인가 하는 문제가 그것이었다. 나는 돈 얘기는 금기이고 자기 자랑은 오만이라고 가르치던 목사관에서 성장했다. 다른 프리랜서들은 이런 문제를 어떻게 헤쳐나가는지 궁금했다. 가령 배우, 음악가, 스포츠 스타, 패션모델들은 어떻게 할까? 그들은 마케팅 대행자를 고용한다. 나도 대리인이 있기는 하지만 그것은 돈이 별로 되지 않는 내 책에 관한 대리인일 뿐이다.

●

또다시 나를 도와준 사람은 아내 엘리자베스였다. 나는 언제 어디서나 연설하고, 강의하고, 설교하는 것을 좋아했다. 사실 포트폴리오 생활 초기에는 초조감 때문에 그런 측면도 있었을 것이다. 아무튼 그렇게 마구 나가다보니 그런 활동에 대한 보답으로 기차표와 감사 표창장만을 들고서 집에 돌아올 때도 있었다. 그런 상황을 보다 못한 아내는 나의 매니저가 되겠다고 자청해 나 대신 강연료를 미리 협상했다. 실제로 그녀는 최근의 강연 주최 측에 편지를 보내 강연료를 사전에 합의하지 못한 것을 사과하면서 강연료를 선불로 보내주었으면 좋겠다고 요구했다. 두 번 모두 아무런 이의 없이 강연료가 도착했다. 나는 비즈니스 만찬에서 연설한 것도 강연료를 받을 수 있다는 것을 미처 몰랐다. 하지만 곧 그것도 하나의 수입원이 된다는 것을 알았다.

아내는 경영대학원을 구경조차 한 일이 없지만 비즈니스를 어떻게 해야 한다는 것을 본능적으로 알고 있었다. 그녀는 나의 돈 버는 일을 하나의 패턴으로 파악했다. 비록 여러 명의 고객들을 위해서 한 일이었지만 간단명료한 패턴을 제시했다. 아내가 말했다.

"당신은 브랜드가 필요해요."

"그런 마케팅 용어를 어디서 배웠어요? 경영학 서적을 좀 읽었나봐요."

"이건 상식이에요. 사람들이 당신에게 강연이나 강의를 요구할 때, 당신이 무엇을 표상하는지 또 당신의 값이 어느 정도인지 알아야 해요. 당신이 하는 일이 자랑스럽고 또 당신이 어느 의미에서 특별하다는 확신이 있어야만 당신을 팔아먹을 수 있어요. 좋아요, 브랜드라는 말이 마음에 들지 않으면 명성이라고 해요. 아무튼 이 일을 계속하려면 명성을 확립해 그것을 계속 지켜나가야 해요."

나 자신을 하나의 브랜드로 봐야 한다니 좀 기이한 느낌이 들었다. 하지만 아내의 말이 맞았다. 포트폴리오 인생은 모든 사람에게 모든 것이 될 수는 없고 또 그렇게 해서도 안 된다. 특별한 광고나 홍보를 하지 않고서도 복잡한 시장에서 눈에 띄려면 자기 나름대로 특별한 것이 있어야 한다. 프리랜서의 생명은 명성, 명성, 명성인 것이다.

그런데도 약간의 마케팅은 필요하다. 먼저 당신의 서비스가 항상 존재한다는 것을 세상에 알려야 한다. 포트폴리오 생활을 새로 시작한 사람은 브로슈어를 돌리기도 하고 자기가 아는 모든 사람에게 이력서를 보내기도 한다. 어떤 사람은 술대접을 하면 일거리를 줄까 싶어 잠재 고객에게 접대를 하기도 한다. 이런 일 모두 어쩌면 바위 위에다 씨앗을 뿌리는 일일지도 모른다. 우리 역시 친구와 친지들을 점심식사에 초대했다. 그것은 '원저성이라는 낯선 땅에서 무사히 귀환했다는 것을 알리는' 행사이기도 했다. 그러면서 친구들이 나의 장래 계획을 물어오기를 은근히 바랐다. 많은 친구들이 나는 사실상 은퇴한 것이라 생각했다. 포트폴리오 생활자가 가장 두려워하는 말이 은퇴인데도 말이다. 어떤 친구는 내게 "매일 아침 침대에서 꼬박꼬박 일어나는 습관을 가져라."라는 충고를 해주기도 했다. 내 친구나 친지들로부터는 일거리가 나올 것 같지 않았다.

하지만 입소문의 바람은 내가 뿌린 씨앗을 좀 더 먼 곳까지 날려주었다. 이윽고 전화벨이 울리고 초청 편지가 도착했으나 실망스럽게도 대부분 부적합한 것들이었다. "이건 당신의 명성에 맞지 않아요." 아내는 내가 말을 꺼내기도 전에 그것들을 거절했다. 모처럼 받은 초청 건수를 자세히 살펴보지도 않고 되돌려 보내야 한다는 것은 참으로 아쉬운 일이었다. 하지만 그녀의 말이 맞았다. 자기의 명성은 자기가 구축하는 것이다.

그러다가 나는 다시 행운을 잡았다. 책을 쓰면 출판사는 그 책을 홍보하라고 요구한다. 그래서 각종 인터뷰나 기사를 주선해준다. 그 과정에서 나는 나 자신을 홍보하고 또 나의 브랜드를 알릴 기회를 잡았다. 이런 방식으로 홍보를 한 결과가 나타나기까지는 이태 정도가 걸렸다. 결국 중요한 것은 입소문, 만족해하는 고객, 성공적인 프로젝트이기 때문이다. 이 과정은 미래를 위해 씨앗을 뿌리고 기다리는 것과 같다.

나는 그것을 행운이라고 불렀지만 사실 우리 모두는 각자 행운의 제작자인 것이다. 나는 학생들에게 이런 말을 하곤 한다.

"사과는 예측하지 못한 순간에 우리 무릎 위로 떨어진다. 하지만 직접 과수원에 가서 나무를 약간 흔들어주면 사과가 떨어질 가능성은 더욱 커진다."

출판사는 당신에게 책을 써보라고 하지 않는다. 먼저 책을 써놓고 필요하다면 자비 출판이라도 해야 한다. 내 아내는 사진집 두 권을 그런 식으로 냈다. 그렇게 과수원 안으로 들어서는 것이다.

자신만을 위해 고용된 사람
●

내가 꾸려나가고 있는 일의 포트폴리오는 이례적인 것이다. 그것은 내가 할 수 있는 소수의 일만으로 편성되어 있다. 그 세부사항이나 시간 배분이 다른 사람들에게는 딱 맞는 모델이 되지는 못할 것이다. 왜냐하면 모든 포트폴리오 인생은 저마다 다르기 때문이다. 바로 이것이 인생의 매력이기도 하다. 많은 기업 중역 출신들이 이런저런 컨설턴트로 전업한다. 어떤 사람들은 비상근 이사직으로 포트폴리오를 구성하기도 한다. 일부 자금 여력이 있는 사람들은 자신의 자금 못지않게 경험이 필요한 조그마한 중소기업을 시작한다.

내 아들과 딸은 처음부터 포트폴리오 생활을 시작했다. 배

●

298

우 활동이 생활을 보장해주지 못한다는 것을 알고 있는 아들은 이런저런 일로 생활비를 벌고 있다. 정골사로 일하는 딸은 치밀한 계획으로 자신의 생활을 다양화하고 있다. 딸은 정골사 일을 일주일에 사흘만 하고 나머지 시간은 다른 창조적인 활동을 하는 데 사용한다. 말하자면 딸애는 자기 나름대로 일과 인생을 구획 짓고 있는 것이다. 포트폴리오 생활은 회사에 다니는 사람들에게는 새로운 개념일지 몰라도 회사 생활을 해본 적 없는 사람들에게는 그리 새로운 뉴스가 아니다. 이런 사람들이 의외로 많은데 그들이 자영업자라기보다는 하나의 회사로 위장하고 있기 때문이다. 영국의 등록된 회사들 중 60퍼센트 이상이 직원 없이 사주만 있는 회사다. 이런 회사 벼룩들 중 일부는 진지한 연금술사가 되어 자신들의 새로운 회사를 구축한다. 하지만 대부분은 그렇게 하지 않는다. 그들은 회사로 위장한 포트폴리오 생활자다. 존 스미스 주식회사의 속을 들여다보면 존 스미스 한 사람밖에 없는 것이다.

그 외에 소작농, 장인과 직공, 가구 복원사, 소형 택시 운전사, 사진사, 아침 식사 요리사, 정원사, 포트폴리오 생활이라는 새로운 말은 들어본 적도 없는 자영업자 등이 모두 포트폴리오 생활자다. 그들은 돈이 다른 원천에서 다른 덩어리로 굴러들어온다는 것, 자신들의 운명은 자신들이 책임져야 한다는 것, 어떤 회사나 개인이라도 자신들을 소유할 수 없다는 것을 알고 있다. 그들은 자기의 시간을 자기가 관리해야 한다는 것을 안다. 설혹 관리를 잘못한다 해도 말이다. 그들은 '그 정도면 충분해.'라는 개념을 흔쾌히 받아들인다. 설혹 그 개념을 정확히 수량화하지 못하더라도 말이다. 또 명성이 미래의 일과 직결된다는 것도 안다. 이런 생각들은 포트폴리오 사고방식의 핵심 요소이자 벼룩 생활의 필수 사항이다.

프리랜서 생활을 하는 사람이 모두 자발적 의지로 그런 생활을 하는 것은 아니다. 회사가 다운사이징을 하면서 인원을 줄이는 바람에 본의 아니게 그렇게 된 사람들도 많다. 그들은 피할 수만 있다면 그런 대안을 피하고 싶었을 것이다. 포트폴리오 생활은 잘되어 나갈 때에도 아름다운 장밋빛이 아니기 때문이다. 광고회사 중역이었다가 프리랜서가 되어 돈 버는 일과 자원봉사 일, 컨설턴트 일과 비상근 이사 일을 적절히 섞어 성공적인 포트폴리오 생활자가 된 윈스턴 플레처는 자신의 상황을 이렇게 말한다.

"포트폴리오 생활자는 자기 자신만을 위해 고용된 사람이다. 이것은 아주 자랑스러운 상황이기는 하지만 동시에 당신의 대타를 내세우지 못한다는 뜻도 된다. 어떤 게임을 하던 당신이 직접 뛰어야 한다. 늘 준비하면서 게임에 곧장 뛰어들 태세가 되어 있어야 한다. […] 회사 생활에 비해 약간 외로운 생활이다. 포트폴리오 생활은 늘 여기저기를 뛰어다녀야 하는 생활이다. […]

●

회의 시간이나 날짜에 대한 통제권이 거의 없다. […] 포트폴리오 생활자는 사무실이 없고 비서를 두지 않는다. 요즈음은 노트북, 이메일, 팩스의 시대이므로 당신은 이런 상황이 별로 문제되지 않는다고 생각할지 모른다. 하지만 문제가 된다."

그는 특히 회사 중역을 지낸 사람에게 포트폴리오 생활이란 권력을 내준 대신 영향력을 가져온 생활이라고 말한다.

"당신이 참여하는 쇼를 당신이 직접 운영할 필요는 없다. […] 그것은 모두 비실제적인 것이다. 포트폴리오 일거리는 자부심의 기회를 많이 제공하지만 야망은 별로 부추기지 않는다."

윈스터 플레처처럼 자문 일로 구성된 포트폴리오를 구성해야 할 필요는 없다. 하지만 포트폴리오 생활자가 대기업의 운영자가 되지는 않을 것이라는 플레처의 예측은 타당하다. 포트폴리오 생활자는 권력을 내주고 영향력을 가져온 것이다. 나는 그런 교환이 아주 커다란 위안이라고 생각하며 또 플레처가 말한 것처럼 아주 즐거운 일이라고 생각한다.

이제 더 이상 밤에 침대에 누워 아랫사람에게 일을 잘못 위임한 게 아닐까, 경영대학원의 입학생 정원을 맞추지 못하는 건 아닐까, 예산이 부족하지는 않을까, 윈저성의 오래된 건물이 누군가가 버린 담배꽁초 때문에 불이 나지는 않을까 등등을 걱정할 필요가 없다. 한편 훌륭한 사람들과 선량한 사람들을 상대로 강연을 해달라는 요청을 받았을 때는 굉장히 기뻤다. 그들이 나의 직함은 따지지 않고 나의 재능만을 감안해 초청해주었기 때문이다.

권력을 내주고 영향력을 받아온 사람이 가장 기쁘게 생각하는 순간은, 자신이 세상에 유포시킨 아이디어를 생전 만나본 적도 없는 사람이 채택하고 사용하는 것을 발견했을 때다. 나는 지구 반대편에서 발신 주소도 없이 날아온 편지(그래서 답장을 쓸 수 없는 편지)를 받은 적이 있었다. 그 편지의 내용은 짤막했다.

"당신의 책에 감사를 드립니다. 그 책은 나에게 희망을 주었고 내 생활을 바꾸어놓았습니다."

나에게 그 편지는 보석보다 더 값어치가 있었다. 지난 20세기의 가장 영향력 있는 인물을 들라면 지그문트 프로이트, 알버트 아인슈타인 그리고 최근에는 월드 와이드웹의 설계자인 팀 버너스 리의 이름이 떠오른다. 이들은 권력을 갖고 있지는 않았지만 사람들이 생각하고 생활하는 방식에 결정적인 영향력을 끼쳤다. 사람들이 히틀러, 처칠, 스탈린 같은 권력자들의 이름을 오래전에 잊어버린 때에도 이들의 이름은 사람들의 기억 속에 여전히 남아 있을 것이다. 지난 1천 년 동안의 최고 영웅으로 영국 사람들이 뽑은 인물은 말하는 것 말고는 아무런 재산도 없었던 윌리엄 셰익스피어였다.

하지만 모든 것이 설탕이고 꿀인 것은 아니다. 모욕적인 편지도 가끔씩 날아온다. 대회 주최 측에서 연설자를 생각해 보내

주는 피드백에서 어떤 사람은 당신의 연설을 "쓸데없는 허섭스레기"라고 혹평하는가 하면 어떤 사람은 "자기 칭찬의 지루한 찬가"라며 조롱한다. 그리고 당신이 용기가 있는 사람이어서 당신의 생각을 책으로 펴내면 그 다음에는 리뷰라는 것이 뒤따른다. 아, 그 리뷰들! 모든 저자, 배우, 공연가는 리뷰 따위는 읽지 않는다고 말한다. 하지만 실은 다들 숨을 죽이고 읽는 것이다. 좋은 평가는 무시해버리고 모든 혹평을 기억 속에 각인시킨 채 잊지 않는다. 그러면서 그런 비평이 모두 맞는 말인지도 모른다고 전전긍긍하는 것이다. 출판사는 모든 리뷰는 좋은 리뷰라고 말한다. 그만큼 주목을 받는다는 뜻이라는 것이다. 하지만 출판사 사람들이 그런 리뷰를 읽기나 하는가. 그런 비평은 그들의 직접적인 문제가 아닌 것이다.

나의 초창기 저서는 〈이코노미스트〉에서 혹평을 받았다. 나는 번민하면서 출판사에 전화를 걸었다. "무슨 말씀을 하시는 거예요? 리뷰 옆에 사진도 실었잖아요. 그 잡지에서 그런 서비스를 해준 적은 거의 없어요. 이건 아주 멋진 일이라고요." 출판사 사람이 말했지만 나는 그 말에 별로 위안을 얻지 못했다. 그리고 10년 전 한 독자가 내 책에 퍼부은 혹평을 지금도 한 자 한 자 다 기억하고 있다. 그것은 아일랜드에서 발간되는 〈회계사 저널〉이라그리 널리 읽히지도 않는 잡지에 실린 글이었다. 하지만 그것이 무명의 잡지라는 사실은 내게 그리 중요하지 않았다. 그 비평자는 내 아킬레스건을 마구 건드렸다. 치료책의 일환으로 아내 엘리자베스가 그 사람을 더블린 술집에서 만나도록 주선해주었다.

"당신은 내가 쓴 초고를 보셨어야 합니다. 변호사들이 그 상태로는 절대로 출간하지 못한다고 했죠." 그는 인사 대신 그렇게 말하면서 자신의 초고를 내보였다. 그 사람은 글을 써놓고도 책으로 출간하지 못해 심한 좌절감을 안고 사는 저자였는데 나의 중요하지 않은 책이 버젓이 출간된 것을 보고 화가 났다고 했다. 그렇게 해서 나를 따라다니던 망령 하나는 해결했지만 그 후에도 많은 비판의 망령들이 나를 쫓아다녔다.

엄연한 사실은 자신의 칼로 밥 벌어 먹고 사는 사람은 칭찬과 함께 부상의 위험에 노출돼 있다는 것이다. 프리랜서(프리랜스 freelance는 원래 용병을 뜻하는 전쟁 용어다.) 생활은 노출된 생활이다. 그것은 자기 신념을 필요로 한다. 비평 혹은 혹평의 형태로 다가오는 피드백에서도 배우려는 의욕이 있어야 한다. 고객의 필요에 예민하게 반응하는 능력은 혹평에 상처받기도 쉽다. 그리고 그런 상처는 좀처럼 아물지 않는다. 인생의 모든 것에는 대가가 따라붙는다. 하지만 내 경험에 비추어볼 때 포트폴리오 일에서 오는 자유는 그런 대가를 지불하고도 남는다.

●

독립생활자의 문제

이처럼 포트폴리오 생활의 이점을 열거했지만 처음 시작하는 사람은 힘들 수도 있다. 팔아먹을 수 있는 기술을 가지고 있어야 하는 것은 물론이고, 그 기술에 가격을 붙여서 적극적으로 판촉을 해야 하며, 필요하면 대리인을 내세워야 한다. 포트폴리오 일은 대부분 외로운 작업이다. 내가 하는 포트폴리오 일은 대부분 단기간의 밀접한 인간관계로 선상의 우정 같은 것이다. 배가 바다 위를 항해할 때에만 우정이 지속되고 배가 항구에 들어서면 그 우정은 곧 잊힌다. 하지만 나는 운이 좋은 편이다. 나의 대리인과 매니저가 그 외로움을 이겨내게 도와주었고 또 강연료를 지켜주었기 때문이다.

앞으로 점점 더 많은 사람이 어느 시점에서 포트폴리오 생활 스타일을 영위할 것이다. 회사든 일반 단체든 조직들은 그 활동 범위와 영역을 늘리는 한편 핵심 사업은 축소할 것이다. 그리고 그 간격을 계약직 서비스와 전문지식들로 채울 것이다. 이 경우 전문회사들이 그런 서비스를 주로 제공하겠지만 개인 역시 많이 서비스할 것이다. 이런 핵심 업무에는 24시간 글로벌 사업 운영에 부응해 시간과 노력을 아끼지 않는 젊은 사람이 투입될 것이다. 물론 머리가 희끗희끗한 노인이 할 수 있는 일도 있겠지만 그리 많지는 않을 것이다. 많은 회사 조직이 군대 같은 연령 프로필을 갖게 될 것이다. 젊고 의욕적인 젊은이들이 기반을 이루지만 위로 갈수록 몇 명의 현명한 사람들만 남아 있는 피라미드 꼴이 될 것이다. 그리고 군대와 마찬가지로 회사는 이제 많은 사람들이 거쳐가는 첫 번째 이력, 또는 벼룩 생활로 가는 전주곡이 될 것이다.

포트폴리오 생활은 조기 연금 계획이나 프리랜서에게 주는 외주 계약(전에는 회사 내부에서 직원이 하던 일을 외부에 하청으로 계약하는 일)으로 충격을 어느 정도 흡수할 것이다. 이제 포트폴리오 생활에서는 은퇴라는 말이 등장하지 않을 것이다. 왜냐하면 포트폴리오 생활자에게는 일을 그만두는 시기가 정해져 있지 않고 단지 포트폴리오 일의 재편성(가령 돈 버는 일을 적게 하고 나머지 일들을 많이 하는 것)만 있기 때문이다. 당신이 나이 든 포트폴리오 생활자에게 무슨 일을 하고 있느냐고 물으면 그들은 아주 길게 대답할 것이다. 설혹 그들의 수입이 대부분 연금이나 저축기금에서 나온다 할지라도 그들은 본인이 은퇴했다고 말하지 않는다. 이것은 여성들이 자기 자신을 은퇴하지 않았다고 말하는 것과 같다. 여성들에게는 언제 어디서나 일거리가 있었던 것이다.

이것은 좋은 현상이다. 나는 은퇴가 인생의 포기와 마찬가지라고 생각하기 때문이다. 한 가지 나쁜 점이 있다면 포트폴리오 생활의 독립성이 이기심을 부추긴다는 것이다. 벼룩들의 충성심은 첫째, 자기 자신과 자기의 미래를 위한 것이고 둘째, 자기의 현재 프로젝트, 팀, 그룹을 위한 것이며 셋째, 회사, 공동체, 혹은 가족을 위한 것이다. 하지만 이타적 관여의 정신이 없다면 다른 사람들에 대한 책임도 느끼지 못하고 책임이 없다면 남들에게 아무런 배려도 해주지 못한다. 벼룩 왕국의 진정한 위협은 이기적 사회의 점증하는 위협이다. 이 문제는 이 책 마지막 장의 주제가 될 것이다. 이 문제에 해답은 아직 없고 약간의 희망만 가지고 있다. 이 장에서는 내가 어떻게 독립된 존재의 영역으로 뛰어들게 되었는가를 설명했다. 포트폴리오 생활은 처음에는 약간 불안한 출발을 보였으나 곧 제대로 기능하기 시작했다. 그래서 예순의 나이가 되었을 무렵 내 생활은 그 어느 때 못지않게 활동적이고 재미있어졌다. 그렇게 되기까지 오래 기다렸으나 기다릴 만한 가치가 충분했다. 나는 다른 사람들에게도 이런 생활에 뛰어들어 인내하면서 나름대로의 공식과 포트폴리오를 찾아보기를 권한다. 자기가 아닌 것으로부터 벗어나서 자기만이 할 수 있는 진정한 능력을 발견하고 또 자신의 영향력과 특별한 즐거움에 만족을 느껴보기를 바란다. 그리고 자신이 가지고 있는 것만으로 삶을 꾸려나가는 진정한 자유를 얻기 바란다.

생활
구획 짓기

우리는 뭔가
선택하지 않으면
안 되었다.

나의 포트폴리오 생활이 제대로 도약하는 데에는 10년이 걸렸
다. 출판 대리인은 나의 새로운 책을 새로운 출판사, 새로운 편집
인에게 팔아넘겼다. 그건 기존과 다른 종류의 책이었다. 학자나
학생, 관리자용으로 쓴 책이 아니라 일반 독자를 상대로 한 책이
었다. 저자들은 늘 자신의 저서를 대중 앞에 내놓는 것을 두려워
한다. 나는 《변화Changing》라는 제목의 그 책을 펴내면서 전보다
더 불안했다. 그것은 우리가 익숙해 있는 일의 세계와는 다른 일

의 세계를 다룬 책이었다. 그 세계에서는 우리가 현재 당연시하는 많은 것들이 전도될 것이라 예견했다. 나의 그런 주장이 과연 대중에게 먹힐지 또 성공할 수 있을지 확신이 서질 않았다. 편집자는 주말에 읽어본 후 동료들에게도 보이겠다며 원고를 가져갔다. 그 다음 주 화요일에 편집자에게서 전화가 왔다.

"책 제목을《비이성의 시대The Age of Unreason》로 바꾸어야겠어요."

"그건 좀 거창한 제목이네요. 게다가 그 책에는 비이성에 대해서 언급한 대목이 하나도 없는데요."

"그걸 제목에 넣어야 해요. 이 책을 잘 들여다보면 사람들에게 비이성적으로 생각하라고 요구하고 있어요. 그리고 책의 결말 부분이 약해서 좀 더 보강해야겠어요."

나는 전화기를 내려놓고서 모든 변화는 비이성적인 사람들이 만들어낸다는 버나드 쇼의 말을 생각했다. 이성적인 사람들은 세상이 늘 지금 그대로 있기를 바라기 때문에 변화를 만들어내지 못한다는 것이다. 나는 쇼의 그 말을 책에다 집어넣었고 결말 부분을 감성적이면서도 개인적인 내용으로 보강했으며 제목도 충고대로 바꾸었다. 나는 그 제목이 책의 성공에 한몫을 해주었다고 생각한다. 지금 와서 생각해보니《변화》라는 제목을 붙였더라면 아무도 그 책을 사보지 않았을 것이다.

그 편집자는 지금 랜덤하우스의 회장이 되어 있는 게일 리벅이다. 아직도 내 책을 내주고 있는 그녀는 내게 하나의 교훈을 주었다. 아무리 자부심이 강하고 예민한 사람일지라도 남의 조언을 잘 들어야 한다는 것이다. 또 내 편인 사람들로부터 나오는 비판의 목소리를 경청해야 한다는 사실이다. 사람들은 자신이 해놓는 일의 정당한 재판관이 되지 못한다. 저자들은 행복한 사람들이다. 그들을 도와주는 편집자는 경쟁자가 아니라 동지이면서 공모자다. 물론 일부 표현이 가필되거나 문단이 통째로 빠져 있거나 내가 강조한 부분에 의문 부호가 찍힌 상태로 원고가 되돌아오면 나는 아직도 몸이 움찔거린다. 하지만 그런 가필 요구를 받아들이거나 거부하는 것은 여전히 내 책임이다. 나는 마음속 깊은 곳에서 그런 가필 요구가 내 책을 더 좋게 만들려는 선의의 의도라 생각한다. 당신의 희망과 야망을 함께 나누는 다정한 비판가이자 친구가 있다는 것은 엄청난 혜택인 것이다.《비이성의 시대》는 잘 팔려나갔다. 게다가 그 책은 미국에서 출판되었다. 거기에는 당시 하버드 경영대학원 출판국을 키우느라 바빴던 또 다른 출판 책임자 캐롤 프랑코의 도움이 컸다. 당시는 1989년이었다. 미국은 유럽 쪽에서 건너온 경영관리 아이디어에 시원찮다는 태도를 보이고 있었다. 당시 미국은 유럽을 경제적 난국에 빠져 있다고 보았고, 그래서 그런 곳에서 건너온 경제경영 사상이 오죽하겠느냐고 폄하하고 있었다. 그래서 당시 유럽의 경영학 관련 저자들은 미국에서 책을 별로 펴내지 못했다. 나로서는 미국

출판이 하나의 획기적인 돌파구였다. 다른 나라들이 미국의 뒤를 이어 내 책을 펴내기 시작하자 나는 일약 영국 밖에서도 이름이 알려진 저자가 되었다. 나는 〈포춘〉에 특집 기사로 다뤄졌다. 여기저기서 강연을 해달라는 요청이 답지했다. 갑자기 유명해지니까 지족해야 한다는 나의 생활신조를 잊어버리기 딱 좋았다. "넘치면 모자란 것만 못하다." 나는 델포이의 아폴로 신전에 쓰여 있다는 이 문장을 적당한 때에 떠올려 나 자신을 다잡았다.

또한 나의 아내 엘리자베스도 나름대로 계획이 있다는 것을 잊기에도 좋았다. 아내가 어느 날 내게 말했다.

"난 당신이 잘돼서 정말 좋아요. 하지만 내 생활이 완전히 당신의 생활 속으로 잠겨버리는 건 싫어요. 나만의 시간과 공간이 없어요. 나의 열정은 사진인데 난 이제 그걸 실천하고 싶어요."

그녀는 지난 5년 동안 학위를 얻기 위해 웨스트민스터 대학에서 일주일에 하루씩 사진 공부를 해왔다. 그리고 우등으로 졸업하게 되었다는 소식을 들었다. 나는 그때 전 세계적으로 베스트셀러가 된 나의 책《비이성의 시대》에서 제시한 결혼 생활의 이론을 기억해냈다. 나는 책에서만 그런 이론을 제시했을 뿐 정작 내 가정에서는 무시하고 있었다. 정말이지 아주 조심하지 않으면 성공은 사람을 망쳐놓는다.

결혼 생활의 몇 가지 유형

●

그 결혼 생활의 이론은 내가 런던 경영대학원에 근무하면서 수행했던 연구에서 나온 것이었다. 그 당시는 아직 관리자의 스트레스라는 말이 본격적으로 나오기 전이었다. 그렇지만 당시 나는 직장의 압력과 가정의 요구 사이에서 심한 갈등을 느끼고 있었기 때문에 그 둘 사이에 균형을 잡아볼 방법이 없을까 곰곰이 생각하고 있었다. 만약 균형을 잡아주는 공식을 발견한다면 그건 나의 생활에 큰 도움을 주는 것은 물론이고, 어쩌면 좋은 논문이나 단행본을 써낼 수 있는 자료가 될 터였다. 학계에서는 책을 써내거나 물러가거나 둘 중 하나라는 말이 있는데, 당시 나는 아직 아무 책도 써내지 못하고 있었다.

마침 내 연구를 도와줄 그룹이 있었다. 내가 3년 전 창설해 운영하고 있던 경영학 코스에 등록한 기업 관리자들이었다. 그들은 대부분 런던 근처에 살면서 직장을 다니고 있었고 또 인터뷰에 기꺼이 응해주었다. 대부분 30대 중반의 나이에 둘 혹은 셋 정도의 자녀를 둔 사람들이었다. 그들 중 스물세 명이 연구에 참여하기로 했다. 그들의 협력 범위는 부부가 태도 조사 설문(그 설문지에는 '에드워즈 개인적 선호도 목록'이라는 그럴듯한 제목이 붙어 있었다.)에 답변을 하고, 역시 나의 연구 조수인 팸 버거라는 미국인 심리학 전공 대학원생과 만나서 긴 시간 인터뷰에 응해주는 것이었다.

●

그 연구는 상당한 편견이 개재된 부적절한 샘플을 바탕으로 했기 때문에 개척자적 연구 이상의 것이 되기는 어려웠다. 말하자면 그것은 그 시대의 산물이었다. 그것을 내 책《비이성의 시대》에서 '결혼 생활 패턴 연구'라고 부르자니 조사 시기가 1972년이었기 때문에 시기적으로 너무 낡았다는 생각이 들었다. 게다가 관리자들은 모두 남자였고 중산층 출신이었다. 그들은 모두 초혼이었으며 앞으로 재혼 같은 것은 없다고 생각하는 사람들이었다. 그렇기 때문에 내 조사에 응했을 것이다. 그들은 모두 영국인인데다 기업, 정부, 자원봉사 단체 등에서 성공적인 경력을 쌓고 있었다.

이처럼 편향된 샘플이기는 하지만 그래도 나는 조사 결과 약간의 지표가 나올 것이라 기대했다. 직장과 가정의 조화를 이루는 어떤 단서를 잡을 수 있다면 그것을 나중에 좀 더 범위가 넓은 조사 연구에 써먹을 수 있으리라 생각했다. 기업계의 성공적인 결혼 생활을 약속하는 산뜻한 공식을 만들어낸다면 그걸로 유명해질지도 모른다는 은밀한 꿈을 꾸기도 했다. 물론 그런 꿈은 이루어지지 않았다. 인생은 그처럼 예측하기 쉬운 것도 아니었고 또 만만하게 관리되는 것도 아니었다. 내가 발견한 것은 뚜렷한 결혼 패턴이나 인간관계의 다양한 옵션이었다.

이 연구 결과는《비이성의 시대》에 자세히 나온다. 간단히 설명하자면 나는 설문에 응한 사람들을 네 그룹으로 나눴다. 이런 분류는 그들의 무의식적 우선사항, 성취 및 자율에 대한 열망, 제압하기보다는 배려하고 지원하려는 마음 등 설문서 답변 내용을 기준으로 이루어졌다. 네 그룹에 ABCD의 기호를 부여하고 각 기호가 상징하는 우선순위를 적어넣었다. B그룹에는 '추진'이라 이름을 붙였다. 그 칸에 들어 있는 사람들은 설문조사 결과 성취와 자율의 필요가 가장 높은 그룹이었다. 반면 A그룹의 사람들은 성취와 배려가 혼합되어 있었으므로 '관여'라 명명했다. D그룹은 '배려', C그룹은 '단독'이라는 명칭을 부여했다. 이렇게 해서 생긴 간단한 도표는 아래와 같다.

우리는 부부 각자의 그룹을 합쳐 그들 부부에게 AA 또는 BD 같은 명칭을 붙였다. 이럴 경우 이론적으로는 총 열여섯 가지의 조합이 나올 수 있지만 설문지에 나타난 수치에 의거해 대표적 조합 네 가지를 선정했다. 그런데 부부가 각자 자신의 삶을

	성취 ↑	A 관여	B 추진
	↓	D 배려	C 단독
배려	←	→	자율

조직하고 또 서로 생활상의 관계를 맺는 방식을 비교 검토하면서 흥미로운 측면을 발견했다.

부부의 압도적인 결혼 생활 패턴은 BD였다. 이것은 남편이 자율을 중시하는 성취형인 반면 아내는 배려를 중시하는 D그룹에 속하는 '전형적 결혼 생활'이었다. 이 패턴에서는 남편의 일이 중심축이고 그 나머지는 모두 그 축을 기준으로 돌았다. 아내는 남편을 배려하고 지원하는 역할을 행복하게 생각하면서 아이 양육과 가사를 도맡았다. 이때 남편은 자유로운 입장에서 자신의 이력에 집중할 수 있었다. '경쟁적 결혼 생활(BB)'의 경우도 한 건 있었다. 이것은 두 추진자의 결합으로 모두 높은 성취에 높은 자율을 강조하는 유형이었다. 이 부부는 비슷한 전일제 직장에 다녔고 아이는 없었다. 그들은 스포츠카, 현대식 아파트, 외식, 맞벌이 수입 등의 생활을 영위했고 우호적 경쟁관계에서 열심히 일하고 또 열심히 놀았지만 낮 동안에는 시간을 거의 함께하지 않았다.

또 '격리된 결혼 생활(CC)'도 있었다. 이 경우는 자율 부분에서는 점수가 높지만 그 나머지 부분에서는 점수가 아주 낮은 두 단독자의 결합이었다. 이들은 함께 살면서 아이를 키우기는 하지만 함께 공유하는 시간이나 공간이 없었다. 한 사람이 퇴근해 집에 오면 다른 한 사람이 출근하는 식이었다. 이들의 집에는 함께 식사할 수 있는 식탁이나 의자가 없었다. 아이들을 포함해 가족 구성원들은 각자의 식사와 오락을 스스로 책임져야 했다.

또 다른 주된 결혼 패턴은 '공유된 결혼 생활(AA)'이었다. 이 것은 부부가 모든 역할을 공유하는 결혼 생활이다. 이 패턴에 속 한 부부는 성취와 배려 부분에서 모두 높은 점수를 얻었다. 부부 가 함께 일하고 함께 요리하고 함께 아이를 양육했다. 전통적 결 혼 생활의 경우 부부가 일정하게 지정된 방(주방, 거실, 서재, 식당)에 서 생활했으나 공유된 결혼 생활 부부는 탁 트인 공간을 선호했 다. 그들의 주방은 거실이자 서재인 동시에 식당이기도 했다.

이런 결혼 생활 분류에 놀라운 점은 별로 없었다. 부부들은 모두 행복하다고 주장했다. 실제로 그런 결혼 패턴을 친구들 사 이에서 많이 목격했다. 나는 조사에 참여한 사람들과 연구 결과 를 놓고 함께 토론했다.

"어느 한순간의 스냅 사진을 찍는 거로군요."

어떤 사람이 말했다.

"그런 패턴이 상당 기간 그대로 남아 있는지 알 수 있다면 흥미로울 텐데요."

"그건 그래요."

다른 사람이 말했다.

"많은 결혼 생활이 그 경쟁적 결혼 생활처럼 동등한 파트너 십으로 시작하지요. 그러다가 아이가 생겨나면 상황이 달라집니 다. 이제 막 직장에서 출세를 하려는 순간에 아이를 돌봐야 하는

●

317

상황이 되는 거예요. 주로 여자들이 집에 남게 되고 아이들이 크는 동안 전형적인 결혼 생활이 유지되지요."

"하지만 영원히 그런 건 아니에요."

다른 사람이 말했다.

"아이들이 자라면 공유된 결혼 패턴으로 이행해가거든요. 부부가 협력해 일과 가정을 관리하는 데 힘을 쏟는 겁니다."

"우린 그렇게 해보았어요."

또 다른 사람이 말했다.

"하지만 그건 스트레스가 심했어요. 다른 데로 전근을 가면 승진을 시켜준다고 했는데 거절해야 했어요. 내가 지방으로 내려가면 아내와 아이들이 직장과 학교를 옮겨야 하기 때문에 곤란하다고 했지요. 출세하는 것과 가정 관리에 힘쓰는 것을 동시에 할 수는 없어요."

"당신의 그 결혼 패턴은 내 인생에 그대로 들어맞는군요."

나이 든 사람이 말했다.

"우리 부부는 공유된 결혼으로 시작했어요. 그러다가 내가 승진을 하고 아이가 둘 태어나면서 전통적 결혼 패턴으로 바뀌었어요. 아내는 자기 직장을 포기했지요. 아이들이 다 크자 아내는 다시 직장에 나갔어요. 당신이 말하는 그 경쟁적 결혼 패턴으로 가게 된 거죠. 하지만 곧 격리된 패턴으로 추락해 지난해 우리는 결국 이혼했습니다."

부부들은 실제로 그런 패턴들을 옮겨다닌다. 부부 연구 조사를 하고 10년이 흐른 어느 날 나는 우리 샘플 중에서 유일한 경쟁적 부부(BB) 중 남편이었던 리처드를 우연히 길에서 만났다. 그는 체중이 약간 늘었고 옷을 잘 입고 있었으며 신수가 훤했다.

"당신 아내 주디는 어떻게 지내요?"

나는 그들이 이혼했으리라 짐작하면서 물었다. 그가 대답했다.

"아내는 잘 있어요. 우리는 지금 두 아이를 데리고 시골에서 살고 있어요. 아내는 장미를 키우는 일에 심취해 있지요."

리처드 부부는 전통적 패턴으로 이행해 잘 살고 있는 듯했다. 그때 나는 이런 생각을 했다. 성공적인 결혼 생활의 비결은 인생의 사이클이 바뀌면 결혼 패턴을 적절히 바꾸는 것이라고. 많은 친구와 동료들은 그들의 전통적 결혼 패턴이 아이들의 성장과 함께 끝났는데도 그런 생활 변화에 잘 적응하지 못했다. 키워야 할 아이들이 없고 또 모셔야 할 부모가 돌아가셨거나 양로원에 들어가 있는 상태에서 부부는 공통의 유대가 없어진 것이다. 부부의 격리된 생활은 별도의 세계에서 따로따로 운영되었고, 친구들과 관심사도 제각각이었다.

이런 부부는 자녀 때문이거나 흘러온 관성 때문에 격리된 패턴 속에서 한동안 괴로운 생활을 한다. 그러다가 부부 중 한 사람이 다른 파트너를 찾아서 다른 패턴을 시작한다. 한 친구는 직장 동료와 결혼했다. 그를 잘 아는 사람들은 그가 헛간 같은 집에서 살면서 아내를 위해 요리를 만드는 것을 보고 깜짝 놀랐다. 그는 이제 공유된 패턴을 즐기고 있는 것이다.

반대로 아내가 직장에서 잘나가는 동안 집에서 살림을 하면서 전통적 결혼 생활 패턴을 꾸려가던 친구는 갑자기 그 생활을 청산하고 새로운 파트너를 만나 아주 검소한 생활을 하고 있다. 그 친구는 이렇게 말했다. "난 내 역할에 갇혀 있다고 느꼈어. 나의 관심사를 공유하는 사람과 내 인생을 함께 나누고 싶었어."

아내와 내가 동시에 알고 있는 여자 친구들도 결혼 패턴을 바꾸기 위해 파트너를 바꾸었다. 하지만 포트폴리오 생활을 시작한 내게 그런 파트너 바꾸기는 있을 수 없는 것이었다. 우리 부부는 서로 사랑했다. 나는 우리 부부가 공유된 패턴을 가진 동등한 파트너라고 생각했다. 그러나 부지불식간에 우리는 변형된 형태의 전통적 패턴으로 옮겨갔다. 아이들이 다 커서 더 이상 집에 있지 않은데도 아내는 자신의 일과 관심사를 희생시켜가며 내 일을 돌봐주고 있었다. 우리는 뭔가 선택하지 않으면 안 되었다.

제2의 결혼 생활

●

"비서를 두는 건 어때요."
아내가 말했다.

●

"그리고 강사 협회에 가입하도록 하세요. 그러면 협회에서 당신에게 많은 일을 물어다줄 거예요. 어차피 비서의 봉급을 지불하려면 일을 많이 해야 하지 않겠어요. 이렇게 하면 나도 자유 시간을 확보해 사진 일을 마음껏 할 수 있어요."

나는 여러 해 전에 실시했던 결혼 생활 패턴 연구 조사를 기억해냈다. 아내가 말하는 대로 하면 결국 격리된 결혼 생활의 패턴으로 가게 될 것이었다. 나는 일하는 것을 좋아하기는 하지만 아내를 더 사랑했기 때문에 그런 제안을 받아들일 수 없었다. 나는 그녀의 직감, 현명한 비판, 나의 서비스를 마케팅하고 우리의 여행을 조직하는 능력을 높이 평가했다. 또한 부부가 각자 일이 있어야 한다는 그녀의 생각도 존중했다. 아내처럼 그런 서비스를 대신해줄 사람이 좀처럼 있을 것 같지 않았다. 나는 다른 대안을 찾아야 했다.

내가 진행한 결혼 생활 패턴 연구 조사에는 적절한 해결안이 없었다. 아내는 내 일을 보살펴주는 동안 자기 일을 할 수 없었다. 나는 그녀를 자유롭게 풀어주고 그녀가 둘 다 할 수 있도록 해주어야 했다. 어쩌면 그 결혼 패턴을 새롭게 종합할 수 있지 않을까? 공유된 결혼 패턴을 우리 집 사정에 맞게 수정할 수 있지 않을까? 우리는 1년을 반으로 나누는 또 다른 모델을 우리의 일 분배 모델에 적용했다.

나는 겨울 여섯 달 동안에 돈 버는 일과 자원봉사 일을 전부

해치우기로 동의했다. 여름 여섯 달은 아내의 시간으로 남겨놓았다. 이 기간 동안에 나는 책을 쓰는 데 필요한 자료를 읽고 공부를 하기로 했다. 아내의 시간 6개월 동안 나는 가능한 한 모든 지원을 아끼지 않기로 했다. 나는 그녀의 물건을 날라줄 수 있고 또 비가 오거나 해가 날 때는 우산이나 양산을 대신 들어줄 수 있다. 운전기사로 뛸 수도 있으며 아내의 약속 장소에 친구 삼아 나가줄 수도 있었다. 또 그녀가 찍은 사진의 내용을 설명하는 문안 작성자로 도움을 줄 수도 있었다.

물론 이처럼 산뜻하게 구분이 되지 않는 경우도 있었다. 나의 일을 하다보면 그녀의 6개월을 침범하는 경우도 있고 그녀의 사진첩 작업을 하다보면 나의 6개월을 잊어버리기도 했다. 모든 규칙에는 늘 예외가 있는 법이다. 그리고 우리 부부가 그런 예외를 서로 흔쾌히 인정한다면 미안해할 필요도 없다.

이렇게 부부간의 시간을 양분하자면 일 역시 그 시간에 맞춰 몰아서 해야 했다. 나는 나의 고객들에게 여름 6개월은 공부를 하면서 쉬는 시즌이니 겨울 시즌에 다시 찾아주기 바란다고 부탁했다. 하지만 모든 고객이 나의 부탁을 들어준 것은 아니었다. 끝까지 고집하는 고객은 거절하지 못했다. 한편 아내의 변명은 아주 잘 받아들여졌다. 아내는 자신의 스타일에 맞는 사진에는 자연광이 충분히 있어야 하는데 그러자면 여름 6개월만 일을 하면 된다고 설명했다. 하지만 아내의 고객들도 6개월 동안 착실히 기다려준 것만은 아니었다. 가령 크리스마스 기념 사진을 제작하는 일은 거절하기가 특히 어려웠다. 우리는 사정하는 고객에게 "안 돼요"라고 말하려면 강인한 마음이 있어야 한다는 것을 발견했다. 어쩔 수 없이 이런 부부간 규칙을 시행하던 초기에는 많은 예외 사항을 인정해야만 했다.

돈 버는 일은 그렇게 처리한다고 해도 집안일이 여전히 남아 있었다. 우리에게는 키워야 하는 아이가 있는 것도 아니고 돌보아야 할 부모가 있는 것도 아니었다. 하지만 우리 부부는 하루종일 집에서 가정 일을 했다. 손님을 맞고 회의를 하고 친구들을 접대해야 했다. 그러자면 자연히 집안일과 요리를 함께해야 했다. 우리는 생활을 런던 집과 시골집(우리가 창조적인 일을 하는 곳)으로 나눈 다음 두 집에서 대략 비슷한 시간을 보냈다. 그래서 부부가 각각 한 집씩을 맡아 요리, 생활용품 조달, 집안 청소를 하기로 했다. 나는 시골집을 선택했다. 요리가 읽기와 쓰기의 지적인 활동을 보충해주는 좋은 신체적 활동이기 때문이었다. 아내는 런던 집의 집안일을 맡는 것을 기쁘게 생각했다. 시골에 내려오면 별로 방해를 받지 않고 사진 작업에 집중할 수 있기 때문이었다.

그것은 아주 교묘한 생활방식이었고 또 예기치 않은 결과를 불러오기도 했다. 우선 우리 부부는 서로의 시야에서 벗어나는 적이 별로 없다. 어떤 경영자 대회에 참석한 한 경영 컨설턴트는 안됐다는 듯이 엘리자베스를 위로했다. 나처럼 자주 돌아다니는 사람을 내조하려면 얼마나 고생이 많겠느냐는 뜻이었다.

"아내들이 남편의 부재를 참아내는 걸 보면 대단하다는 생각이 듭니다. 남편과 가장 오래 떨어져 있었던 시간이 어느 정도였습니까? 얼마나 길었습니까?"

그의 질문에 엘리자베스는 부드럽게 미소 지었다.

"약 50분 정도요. 남편이 슈퍼에 갔을 때였어요."

우리가 이런 식으로 생활을 관리한다고 하자 많은 사람들이 놀라움을 표시했다. "아내는 남편과 결혼한 것이지 점심식사를 위해서 결혼한 것은 아니다."라는 오래된 격언은 우리에게는 해당하지 않는다. 어쩌면 우리 부부는 첫 시작으로 되돌아가는 것인지도 모른다. 나의 아버지는 목사관인 집에서 언제나 점심을 드셨고, 위수도시의 군장교였던 엘리자베스의 아버지 또한 대부분 오전 늦게까지 집에 있곤 했다. 아일랜드 시골에서 소년 시절을 보낸 나는 모든 사람이 집에 와서 점심을 먹는다고 알고 있었다. 심지어 구멍가게 주인과 변호사들도 일터 바로 위층이 그들의 집이었다.

또한 우리 부부는 상대방이 아는 친구들을 모두 알고 있다는 사실을 자랑스럽게 여긴다. 우리의 포트폴리오 생활에는 각자의 사적인 우정이나 만남이 별로 없다. 즉 비밀리에 숨겨둔 애인이나 술에 취한 축구 친구 같은 사람이 없다. 우리 부부는 마치 샴쌍둥이와 같아서 외부 사람들은 우리가 늘 함께 있다는 것을 전제한다.

지금까지 설명한 것이 우리가 유지하고 있는 공유된 결혼 생활 패턴이다. 하지만 낮 동안에는 격리된 패턴을 유지한다. 우리는 별도의 방에서 별도로 일하고 또 별도의 기능을 수행한다. 우리는 다른 습성을 가진 다른 인격체다. 우리가 일하고 있는 작업 공간을 본다면 우리가 같은 방에서는 일할 수 없고 또 같은 주방을 사용할 수 없다는 것을 금방 알 것이다. 물론 이런 생활에 그 나름의 긴장이 없는 것은 아니다. 늘 함께 있자면 당연히 상대방을 관용하는 마음이 있어야 하는데, 부부 중 누군가가 실수를 하거나 망각을 하면 즉각 관용을 베풀 수가 없는 경우도 있다.

지금 우리 부부가 영위하는 생활은 지난 25년 동안의 그것과는 아주 다르다. 때때로 우리가 상대방을 완전 새롭게 발견해 제2의 결혼 생활에 돌입한 것이 아닌가 하는 생각도 든다. 그러므로 이 두 번째 결혼 생활에서는 누가 낡은 사진첩을 소유할 것이고 누가 집을 가질 것인가 등을 놓고 논쟁이 벌어지지 않는다. 나는 과거에 직장과 가정에 각각 따로 몸을 둔 두 명의 분리된 사람이었다. 그리고 그중 어떤 것이 진정한 나인지 확신하지 못했다. 이제 나는 선택의 여지가 없다. 처음에는 박탈감을 느꼈으나 곧 안도했다.

구획 짓기

●

생활을 구획 짓는 우리 방식이 모든 사람에게 통하지는 않을 것이다. 자신의 포트폴리오 인생을 두 부분으로 산뜻하게 나눌 수 있는 사람은 거의 없다. 부부가 둘 다 그렇게 한다는 것도 아주 독특한 일이다. 또 부부의 재능이 완벽하게 상호 보완해 서로에게 잘 맞추는 경우도 극히 드물 것이다. 게다가 타이밍도 따라주어야 한다. 아이들이 있고 주택 대출을 갚아나가야 하고 지불해야 할 각종 고지서가 많을 때인 결혼 초기에는 그렇게 하려 해도 할 수가 없다. 비가 오나 해가 나나, 밤이나 낮이나 상대방의 호주머니에 의존해 살아간다는 이런 아이디어는 너무 소박한 나머지 현실적이지 못하다는 느낌마저 들 것이다. 대부분의 사람은 자기에게 더 많은 공간이 주어지기를 바란다. 나도 전에는 나 자신이 이렇게 할 수 있다는 것을 믿지 않았다. 내가 이런 생활을 이토록 자세히 설명한 것은 독립된 벼룩 생활을 재창조하는 방식을 구체적으로 보여주고 싶었기 때문이다.

많은 벼룩들이 이미 그들 고유의 생활방식을 발견했다. 배우, 운동선수, 의사, 건축가, 컨설턴트 등을 한번 생각해보라. 이들은 같은 분야의 사람들과 결혼하지만 같은 장소, 같은 시간에는 거의 같이 일하지 않는다. 앞으로 많은 사람들이 배우와 같은 일 패턴의 삶을 살아야 할 것이고 그와 함께 배우와 같은 결혼 패

●

턴을 영위할 것이다. 사람들은 공유와 격리의 패턴을 얼마든지 잘 섞어서 해나갈 수 있다. 어떤 부부들은 두 개의 도시나 두 개의 나라, 심지어 두 개의 대륙에서 따로따로 사는 결혼 패턴을 그런대로 유지하고 있다. 그들은 특정 시간대에 서로 만나고 또 주말에는 서로의 공간 속으로 이동한다. 또 한 달이나 두 달 동안 서로의 역할을 맞바꾸기도 한다. 이처럼 구획 지어진 일정한 시간에 함께 있는 것은 오랫동안 서로 떨어져 있는 것을 보상해준다. 그리고 그들은 서로 떨어져 있을 때 자신의 일에 자유롭게 집중한다.

사실 구획 짓기는 자신의 생활을 통제하고 싶어 하는 사람들의 핵심적인 요소다. 농경시대의 대표적인 시간 구획 짓기는 일요일과 축일(페스티벌)이었다. 그러던 것이 산업시대에 들어와서는 주말, 법정휴일, 연가 등으로 나뉘었다. 현대의 글로벌 정보시대는 새로운 구획 짓기의 압력을 가져왔다. 세계 어디에선가는 늘 사람들이 깨어 있고 또 일을 한다. 심지어 전 세계 기독교 신자들이 완전한 휴일이라고 생각하는 크리스마스에도 일을 하는 사람들이 있다. 24/7 근무 스타일은 병원과 호텔에만 한정되지 않는다. 법정 휴일 수는 늘어났지만 휴대전화와 이메일 탓에 아름다운 해변이나 시원한 수영장 주변까지 일이 당신을 쫓아간다.

나는 서른 명의 고위 경영자들이 모인, 어느 국제적 회사의 '비전과 가치' 선언 대회에 참석한 적이 있다. 그 선언식은 모든 회사 정책을 인도하는 원칙을 발표한 다음 그것을 문서로 남기는 행사였다. 그 문서의 6조는 이러했다. "회사는 직장과 가정 사이의 적절한 균형이 잡히도록 적극적으로 지원해야 한다." 그때 누군가가 손을 들었다.

"그렇다면 왜 우리는 일요일에 여기에 모인 겁니까?"

그 질문에 대표이사가 말했다.

"왜냐하면 모든 사람이 모일 수 있는 날이 오늘뿐이기 때문입니다."

대부분의 기업 또는 벼룩의 생활에서 냉엄한 현실이 좋은 의도를 압도하는 경우가 있다. 저녁에는 모두 퇴근한다고 해도 일요일에 직장에 몰래 나가는 사람들도 있는 것이다. 마감시간이 촉박하고 새로운 아이디어가 샘솟기 때문이다. 일은 사람을 흥분시키고 때로는 인생의 그 어떤 것보다도 섹시하게 다가온다. 나역시 런던 경영대학원 설립 초창기에, 교수들로부터 하나라도 더배우려고 애쓰는 학생들을 뿌리치고 퇴근하기가 어려운 때가 한두 번이 아니었다. 회사들은 사원들의 과로를 막기 위해 야간과 주말에는 가능한 한 회사 문을 닫으려고 애쓴다. 하지만 사람들이 가정의 컴퓨터, 전화, 팩스로 일을 계속하고 있기 때문에 요새는 정보가 회사의 울타리를 넘어서 훨훨 날아다닌다.

프랑스 사람들은 24/7 근무 스타일에 과감하게 맞서 법정 근무시간을 주당 35시간으로 제한했다. 시간제로 일하는 사람들은 그 조치를 환영했다. 그렇게 하면 가족과 함께 보낼 시간, 여가를 즐길 시간이 늘어난다는 것이었다. 하지만 개인적인 근무시간에만 변화가 있을 뿐 사람들이 회사에서 일하는 총 시간은 전과 달라진 게 없다. 그러므로 35시간 근무는 연간 기준으로 잘 배분되어야 한다. 그렇게 하면 회사는 필요에 따라 그 시간을 완급 조절할 수 있을 것이고 경우에 따라서는 개인도 그렇게 할 수 있을 것이다. 근무시간 제한 조치의 결과로 프랑스의 생산성은 향상되었고 일자리는 더 많이 생겨났다. 하지만 사무실에서든 집에서든, 새로운 유연근무시간제를 감독해야 하는 사람의 근무시간은 더 늘어났을 것이다(물론 이에 대한 통계적 수치는 없지만).

이처럼 새로운 법률이 회사들에게 유연성을 강요하고 있기 때문에 노동자들은 점점 더 자영업의 형태로 변모할 것이다. 설혹 노동자들이 그 새롭게 얻은 자유 시간을 돈 버는 일에 투입하지 않는다 해도 말이다. 또 그런 법률을 회사에 유리하게 이용하려고 한다면 회사들도 포트폴리오 방식을 채택하지 않을 수 없을 것이다. 역설적으로 프랑스는 열심히 일하는 벼룩들의 왕국이 될지도 모른다.

이제 일과 일 아닌 것으로 나누던 과거의 구획 짓기는 더 이상 통하지 않는다. 이제는 새로운 구획 짓기를 해야 한다. 앞으로 새롭게 등장할 현상은 포트폴리오 사고방식이 전 기업에 널리 전파되리라는 것이다. 사람들이 일과 생활의 균형을 점점 더 강조하고 있다는 사실에서 그런 징조를 읽을 수 있다. 그런 이유로 남녀 모두에게 더 많은 날짜의 육아 휴가를 부여하는 쪽으로 법이 개정되고 있고, 기업들도 놓치기 아까운 인재들에게 더 많은 안식년 휴가를 주고 있다. 또한 회사원들도 자신이 과거에 보너스와 주식 옵션 때문에 자유 시간을 희생한 것을 반성하고 있다.

기업들이 다음 세대의 인재들을 잡아두거나 유치하기 위해서는 핵심 요원들에게 그들 나름의 다양한 포트폴리오를 편성하도록 지원해줘야 한다. 그러면 직장인들은 가정생활 사이클에서 집안일을 할 시간을 확보하고, 이런저런 공부를 할 수 있는 시간을 마련하며, 지역 공동체에 나가 자원봉사 일을 할 여유를 갖고, 또 소속 회사 내에서도 돈 버는 일을 할 수 있는 다양한 기회를 부여받을 것이다. 인터넷 자회사를 설립하거나 내부 벤처 자본을 설립한 회사들은 직원들에게 그들이 회사의 성실한 버팀목일 뿐만 아니라 그들 스스로 자신의 미래를 창출하는 진정한 인재라는 점을 강조하고 있다.

포트폴리오 생활, 유연근무시간제, 일거리 공유(특히 여성 노동자들이 많이 이용하는 품앗이) 등이 생산성을 높이고 직업 만족도를 좋게 한다는 연구 조사들이 이미 나와 있다. 영국 회사 BT는 유연근무시간제가 일부 부서에서는 인재 확보에 중요한 요소가 되고 있음을 알고 있다. 코끼리들이 벼룩을 필요로 하고 있는 데 비해 벼룩들은 자신의 삶을 스스로 통제하고 또 자신의 포트폴리오를 직접 편성하기를 바란다. 만약 그들이 회사의 우산 아래 그렇게 할 수 있다면 더욱 좋을 것이다. 그럴 경우 포트폴리오 생활의 부정적인 측면을 피할 수 있기 때문이다.

기업들이 융통성 있게 일의 순서를 느슨히 하면서 사람들 역시 자유롭게 생활의 구획 짓기를 할 수가 있게 되었다. 사람들은 수입이 좀 줄어들더라도 그런 자유를 적극 활용해 일의 포트폴리오를 재편성해야 한다. 지금과는 반대되는 입장에 서보고 또 지금과는 다르게 일을 해보고 싶다는 생각을 하면 생활의 우선순위가 아주 다르게 보인다. 그리고 그런 때가 오기에 앞서 좀 더 현명해져야 한다. 노벨상을 수상한 경제학자인 아마르타 센은, 부는 자신이 가지고 있는 것이 아니라 자신이 할 수 있는 것으로 측정되어야 한다고 말했다. 센의 정의를 적용해본다면 구획 짓기는 더 부자가 될 수 있는 좋은 기회다.

자유로운
개인들의 공동체

"자네는
자네라는 존재가
지겹지도 않나?"

지금까지 나는 독립된 생활을 자축해왔다. 그런 생활이 모든 사람의 이상이라고 생각했다기보다는 그것이 앞으로 많은 사람들의 생활 양태가 될 것이라 보았기 때문이다.

솔직히 털어놓자면 대기업 없이 벼룩, 독립생활자, 소기업만으로 이루어진 세계는 생각만 해도 황량하다. 자유라는 동전의 다른 면이 고독이라면 독립성의 이면은 이기심이다. 자기 자신의 가능성에만 맞춰 생활하다보면 다른 사람의 가능성은 무시하기 쉽다. 랜디 코미사는 실리콘 밸리의 생활을 다룬 자신의 책《승려와 수수께끼》에서, 회사는 직원들에게 공격성과 탐욕 두 가지만을 요구한다고 말했다. 1999년 교황은 신자유주의에 대한 우려를 표하면서 이렇게 말했다. "순전히 인간의 경제적인 측면에만 바탕을 둔 이 시스템은 이익과 시장법칙만을 유일한 기준으로 인정하고 있고, 그래서 개인과 사람들이 누려야 할 위엄과 존경에 피해를 입히고 있다."

이렇게 본다면 최고의 코끼리들은 감사하게도 사회적 역할을 다하고 있다. 비록 그들이 한계를 안고 있기는 하지만 사람들의 결속을 유도하고, 공동의 목적을 위해, 특히 정부의 경우 다른 이들과의 이해관계 조정을 위해 무제한적인 자유를 허용하지는 않고 있다. 미국 민주주의의 아버지들 중 한 사람인 제임스 매디슨은 인류의 취약함이 좋은 정부를 위한 최선의 기반이라고 말했다. 정부는 사람들의 약점, 자신과 이웃을 돌보지 못하는 약점을 시정하기 위해 존재하는 것이다.

과거에 사람들은 이런저런 공동체가 자신들의 부담을 대신 져주리라 기대했다. 그러나 직장, 가정, 이웃과 같은 공동체는 우리의 목전에서 변하고 있다. 사람들은 그런 공동체에 소속되어 있으면서 그에 따르는 권리와 의무를 수행했다. 하지만 이제 사람들은 책임이 없는 권리와 쾌락만을 추구하고 있다. 나도 남들과 다를 바가 없어서 도시의 익명성을 좋아한다. 그것은 나에게 아무런 의무도 부과하지 않기 때문이다.

한편 나는 결속력이 강한 공동체에 속한 사람들이 부럽다. 그런 공동체에서는 사람들이 서로를 알고, 공식적인 역할을 맡고 있으며, 또 누가 죽거나 마을을 떠나면 다들 슬퍼한다. 나는 발칸반도나 다른 지역에서 사람들이 부족 공동체를 유지하기 위해 목숨 걸고 싸우는 이유를 이해한다. 그들이 그처럼 공동체에 관여하기 때문에 그에 버금가는 소속감과 사랑을 되돌려받는 것이다. 이에 비해 내가 사는 곳에서는 설혹 내가 사라진다고 해도 신경 쓰거나 슬퍼할 사람이 거의 없다.

나의 생활 형태는 요즘 기준에 비추어본다면 그리 기이하지 않다. 나는 나의 시간을 남에게 저당 잡히는 것이 싫다. 다른 사람들은 이보다 한술 더 뜬다. 그들은 어떤 사람과 장기간 장래를 약속한다거나 자신의 장래를 통째로 저당 잡히는 것을 다른 수많은 선택의 기회를 제한하는 것이라 생각한다. 나의 젊은 사촌은 그녀와 결혼하기를 거부한 애인에게 이렇게 말했다. "당신은 그 어떤 것에도 관여하려 하지 않는군요."

나이 든 사람이든 젊은 사람이든 느슨한 상태로 자기 멋대로 있는 것을 더 좋아한다. 그리고 파트너나 회사에 충성하는 것은 야망과 효율을 방해하는 고리타분한 애착이라고 생각한다.

종신고용은 제공되지도 않고 또 사람들이 그것을 바라지도 않는다. "죽음이 두 사람을 갈라놓을 때까지"라는 결혼 서약을 많은 사람들은 낭만적이기는 하나 비현실적인 이상으로 치부한다. 혹자는 그것을 어리석은 생각이라고 매도한다. 우리 집 아이 둘도 '지속적인 관계'를 유지하지 않고 있다. 그들은 선택에 의한 독신자 그룹이다. 만약 그들이 결혼을 하기로 한다면 이혼을 전제로 하는 결혼 전 합의서를 작성하는데, 이런 일은 젊은 부부들 사이에 아주 흔하다. 한 젊은 여인은 나에게 이렇게 말했다. "친구 관계는 평생을 가지요. 하지만 남녀 관계는 왔다가 가는 거예요."

최근 많은 가정이 분열되었고 의붓부모, 의붓형제자매가 생겼다. 비록 핵가족이 잘 돌아간다고 볼 수 있을지 몰라도 그 메시지는 너무나 분명하다. 이제 관여보다는 선택이 더 중요하다는 것이다. 점점 더 많은 남녀들이 자신의 독립을 확보하기 위해 아이를 갖지 않기로 함으로써 이런 딜레마를 피해나간다. 실제로 선진국들의 출생률 저하는 벼룩들의 독립된 생활이 만들어낸 놀라운 결과다. 만약 나머지 절반을 차지하는 빈국들이 코끼리의 경제에 육박해 벼룩 스타일의 일들을 선호한다면 전 세계 인구는 줄어들기 시작할 것이다.

하지만 많은 변화를 겪었는데도 가족은 다른 공동체와는 다르게 버추얼의 징조를 보이지 않는다. 인터넷은 버추얼 이웃과 버추얼 업무의 네트워크를 공짜로 제공한다. 이런 것들은 진정한 우정과 진정한 일을 시작하고 강화하는 계기가 되지만, 관여하기를 싫어하는 사람들에겐 책임감 없는 우정, 의무 없는 의사소통의 가능성을 준다. 이런 버추얼 공동체는 재미있기는 하지만 친밀함의 환상과 공동체의 외양만 제공하는 것이다. 한 친구는 나에게 자신의 이메일 주소 목록에 7백 명의 이름이 등재되어 있는 것을 보고 놀랐다고 말했다. 그러면서 "이젠 외롭지 않겠군." 하고 말했다. 하지만 이 주소 목록은 친구들의 부족部族이나 함께 사냥하는 사람들의 무리와는 너무나 다른 것이다.

경쟁적 개인주의의 문제점

많은 사람들이 어떤 공동체에 소속되어 있지 않다는 사실을 걱정해야 할까? 그것은 분명 걱정거리다. 소속감이 없는 생활, 관여하지 않는 생활은 그 어떤 사람, 그 어떤 것에도 책임을 느끼지 않는 생활이다. 독립된 생활은 이기심의 초대장이고 대단히 개인화된 사회의 처방전이다. 그러나 남들에 대한 책임이 따르지 않는 곳에서는 선악이라는 개념도 필요 없다. 벼룩과 소기업들로만 이루어진 세계는 부도덕한 세계가 될 수 있다. 그런 세계에서는 이런 생각들이 팽배한다. '법에 걸리지 않으면, 좀 더 노골적으로 말해서 잡히지만 않는다면 하고 싶은 대로 해라. 너의 이점을 극대화하라. 그렇게 하지 못할 것도 없지 않은가. 그것보다 더 중요한 것이 무엇이란 말인가.'

그런데 문제는, 내가 그런 논리로 행동하면 다른 사람들도 그렇게 행동할 것이라는 점이다. 이런 세계에서 상호 신뢰는 바보들이나 하는 게임이 된다. 모든 합의는 서면으로 작성되어야 하고 법적으로 단속 가능한 것이 되어야 한다. 이렇게 되면 변호사는 신나겠지만 법정은 사건의 홍수를 제대로 감당하지 못한다. 폭력이 만연해 생활은 아주 위험해진다. 사실 각자 자신의 안전을 책임져야 하는 사회라면 그런 폭력이 타당한 수단일지도 모른다. 집은 문 달린 감옥이 되고 외출할 땐 권총, 분무기, 호루라기 등을 휴대해야 한다. 사람들은 정부에 세금을 납부하면서 그 돈으로 문제점을 처리하라고 일임했으므로, 남들에게 더 이상 책임을 질 수 없다고 버틸 것이다.

　　영국의 뛰어난 사회 트렌드 분석가인 밥 티렐은 이런 세계를 가리켜 '경쟁적 개인주의'라고 했다. 그는 이런 시나리오를 예상한다. 이 세계에서는 힘의 균형이 회사보다는 개인 쪽으로 쏠려서 개인이 인터넷에다 자기선전을 하고 자기의 시간을 사려면 입찰에 참여하라고 권유한다. 예를 들어 의사와 교사들은 프리랜서 혹은 자그마한 파트너십의 형태로 병원이나 학교에 고용될 것이다. 그리고 일과 놀이가 하루 종일 가능한 '초활동성의 시대age of hyperactivity'가 될 것이다. 많은 사람들은 가격 할인의 매력에 이끌려 비사교적인 시간에 일이나 놀이를 선택할 것이다. 이 세계에서는 사람들이 어디서 일하고 어디에 사는지가 중요한 것이 아니라 무엇을 사들이고 어떻게 사는가 등의 생활 스타일이 더 중요하다. 전형적인 미국적 태도, 즉 열심히 일할수록 더 많이 사들일 수 있다는 식의 태도가 일은 생활의 한 부분이라는 유럽식 사상을 물리친다.

이러한 세계, 성공적인 벼룩들이 살기 좋은 세계, 승자가 모든 것을 독식하는 세계의 징조가 이미 나타나기 시작했다. 서비스는 승자들의 필요에 부응하기 위해 재조정되었다. 요리사, 가정부, 정원사, 마사지 치료사 등 개인적 서비스를 제공하는 사람들의 대군단이 이미 존재한다. 그런데 여기서 놀라운 사실은 이런 일거리도 모두 독립된 벼룩들이 맡아서 하고 있고 회사 직원들이 들어설 자리는 없다는 것이다.

그 결과 이런 불평등하고 독립된 세계에서 잘나가는 사람과 그렇지 못한 사람 사이에 격차가 발생하게 되었다. 정부는 더 많은 사람들에게 경쟁에 필요한 기술과 자격을 주려고 안간힘을 쓰고 있다. 그러나 정부의 노력이 아무리 가상해도 이것은 후발 주자가 결코 따라잡을 수 없는 경주다. 물론 황금 씨앗을 심어주는 사람을 만나는 행운이 있다거나 자신만의 꿈을 꾸면서 지속적인 열정을 발휘할 수 있다면 얘기는 달라질 것이다.

나는 포트폴리오 생활을 시작하던 초창기에 상당한 어려움을 겪었지만 코끼리 회사에 오래 다닌 경험에서 큰 도움을 얻었다. 그러나 학교 졸업 후 회사 생활의 경험 없이 이 생활로 직접 뛰어든 사람은 정말 힘들 것이다.

나는 경쟁적 사회의 파급효과가 무엇인지 잘 알고 또 그것에 몸서리치면서도 그 세계에 뛰어들었다가 다시 헤치고 나왔다. 나는 사람들이 왜 지역 공동체를 주장하고 권리와 자격에 뒤따르는 책임을 얘기하는지 잘 안다. 또 20대에는 약간 모험을 하더라도 결국에는 대기업의 그늘로 들어가 장기고용을 추구할 것이라 말하는 사람들의 심정을 이해한다. 그들은 명백한 통계 수치를 왜곡하면서까지 이 세상은 변하지 않는다고 강변하려는 것이다. 하지만 대부분의 사람들은 세상이 변하고 있는 중이라는 사실을 잘 알고 있다. 그러나 경쟁적 개인주의와는 다른 어떤 가능성이 있을 수 있다. 세상은 다르게 변할 수 있는 것이다.

'나도 살고 너도 사는' 생활방식

●

경쟁적 개인주의 대신에 다양한 개인주의의 시대가 올 수도 있다. 사람들은 남들보다 뛰어나려고 노력하는 것이 아니라 남들과는 다르게 되려고 저마다 노력한다. 그것은 승자 독식의 형태가 아니라 모든 사람이 승자가 되는 방식이다. 사람들은 스스로 승자의 개념을 재정립할 수 있다. 그러려면 다양성은 인종의 다양성을 의미하는 것이 아니라 바람직한 생활 스타일의 다양성이

●

어야 한다.

밥 티렐은 미래를 바라보는 또 다른 시나리오를 제시한다. 그 세계에서는 차이점을 귀중하게 여기고 '나도 살고 너도 사는' 생활방식을 새로운 철학으로 받아들인다. 기업의 역할은 있는 그 대로 인정되지만 생활의 다른 측면은 다른 템포로 움직이면서 다양하면서도 타당한 가치 체계로 움직인다. 자원봉사, 공공서비스, 심지어 종교적 헌신 등도 존경받을 것이다. 그린피스에서 에이지 컨선에 이르기까지 온갖 압력단체들은 5년에 한 번씩 진행되는 투표에 의존하지 않고서도 정부를 견제하는 효율적인 정치적 수단을 얻게 될 것이다.

그런데 실제로는 경쟁적 개인주의와 다양한 개인주의가 혼합된 시나리오를 만날 가능성이 높다. 경쟁적 개인주의는 젊고 야심만만한 사람들에게 알맞다. 그것은 혁신과 창조를 추진하는 연료이자 기업을 육성하는 힘인 동시에 제도가 시대의 흐름에 발맞춰 변화하도록 밀어붙이는 기관차다. 이런 에너지가 없는 국가나 기업은 시들게 되어 있다. 하지만 이런 개인주의에서 비롯되는 치열한 경쟁을 누구나 다 감당할 수 있는 것은 아니다. 특히 나이 들어가는 사람은 더욱 더 힘들다.

나는 중년에 이르러 과거의 야망이 다 소진된 상태에서 인생의 우선순위를 바꾸고 싶어졌다. 그래서 이것저것을 진지한 마음으로 시도해보았지만 결국 실패했다. 그 결과 사색, 우정, 반성 등에 더 많은 시간을 투자하고 마감일과 요구사항에 쫓기지 않는 느릿느릿하고 한가한 삶을 선택하게 되었다. 내가 원하는 것은 은퇴가 아니라 내 생활을 다시 구획해 다른 것들에 더 많은 공간을 부여하는 것이었다. 우리 부부는 우리에게 잘 들어맞는 나름대로의 법칙을 만들어냈다. 물론 우리에게만 해당되는 것이다. 왜냐하면 사회의 인구 추세가 바뀌고 있어 우리보다 훨씬 건강하고 활기찬 중년 부부들이 인생의 다음 단계를 위해 자기의 우선순위를 재조정하려는 자신감을 내보이고 있기 때문이다. 말하자면 자신들의 생활을 다시 구획하려 하는 것이다. 이것은 각국 정부가 시민에게 자신의 운명에 대해서 더 많은 책임을 지라고 요구하는 추세와 시기적으로 일치한다. 설혹 그들을 고용하고 보호해줄 회사가 없거나 정부로부터의 적절한 도움이 없어도 제2의 삶을 맞이한 중년의 사람들은 내키든 내키지 않든 자신의 우선사항을 스스로 선택하고 재조정해야만 한다.

한편 그들은 다른 연령 집단에 비해 투표자 수가 더 많다. 그들은 그런 투표의 힘을 이기적인 목적에 사용할까? 더 높은 연금과 보조금(결국에는 후손의 부담으로 돌아갈 돈)을 제시하는 정당을 지지할까, 아니면 지역 문제에 대한 지역의 통제권을 더 요구하여 조용한 거리와 소음 없는 비행기, 깨끗한 공기, 환경지향적인 회사를 위해 노력해야 한다고 주장할까? 과연 새로운 중년 그룹은 20년 전 킹맨 브루스터 대사가 말했던 것처럼 '미래의 수탁자'

가 될까? 국민 전체를 위해 그런 투표권을 행사하든 자신이 속한 그룹의 이익을 위해서 그렇게 하든 어쨌든 그들은 그런 도전을 감내해야 할 것이다.

이 그룹은 그들의 종합적인 구매력이 새로운 유행을 창출하는 현상을 발견할 것이다. 그들의 물건보다는 시간과 서비스를 점차 더 많이 사들일 것이다. 보건, 관광, 교육, 개인 서비스 등이 미래의 성장 분야로 지목되고 있다. 이런 분야는 하이테크가 아니라 하이터치 사업high touch business이라 할 수 있다. 물론 이들 분야에 테크놀로지가 보조적 역할을 할 것임은 부인할 수 없다. 또 이들 분야는 좀 더 개인적이고 다정한 상업의 세계를 가져올 것이다. 누가 알겠는가. 이들 분야의 눈부신 발전으로 전화선 반대편에 인조 음성이 아니라 진짜 사람들이 앉아서 고객의 질문에 답하게 될지. 낙관적인 관점을 계속 유지해보자면 이들 그룹은 이런 새로운 소비자 파워를 이용해 코끼리 기업의 행태에 영향을 주고, 착취적인 회사들을 거부하며 환경 친화적인 회사들을 선호할 것이다.

공동체 붕괴의 우려

개인들은 자기가 원하기만 한다면 기업 내에서 더 많은 활동을 하는 기회를 잡을 수 있다. 회사의 기본 운영 단위가 점차 소규모화되고 있고 또 접근 가능하기 때문이다. 하지만 회사 자체의 덩치는 더 커지고 있다. 또한 정부는 필연적으로 지방분권화를 지향할 것이다. 하지만 영국인들은 이 용어(지방분권)를 아주 싫어하기 때문에 다른 이름이 붙을지 모른다. 지역의 다양성을 존중해 더 많은 결정이 지역 단위로 내려질 것이고 또 모금도 지역 단위로 이루어질 것이다. 유럽의 각 국가는 브뤼셀(유럽 연맹의 본부)를 통한 협동과 지역적 다양성의 압박 사이에서 입지가 점점 좁아질 것이다. 연방주의의 핵심 원칙인 보완성(중앙권력은 지방 조직이 효율적으로 하지 못하는 기능만을 보완해 수행한다는 원칙)은 마침내 실질적인 것이 될 것이다. 이제 더 이상 중앙정부가 지방에 속한 결정사항을 훔쳐가지 못할 것이다. 자원봉사 활동이 점점 늘어나서 지역 공동체에 파트타임으로 참여하는 활동을 더욱 활성화시킬 것이다. 정부는 지원과 조언을 제공하기 위해 이른바 시민사회의 각종 기구들에 더욱 의존하게 될 것이다. 정부는 그것을 좋은 시민정신을 발휘하는 기회로 밀어붙이겠지만 이러한 움직임은 예전과 마찬가지로 경제로부터 추진력을 얻을 것이다. 현지의 열성적인 사람과 좋은 의도를 가진 사람이 무료로 봉사한다면 그 일은 한결 저렴하면서도 훌륭하게 이뤄질 수 있다. 그 동기가 무엇이든 자원봉사 일은 공동체를 결속시키는 데 도움을 준다. 나는 최근에 은퇴한 내 친구들이 혼자 힘으로 병원에 가지 못하는 사람들을 위해 임시 운전사 노릇을 하는 것을 보고 감명을 받았다. 그들은 말한다. "이런 일을 하다 보면 재미있는 사람들을 많이 만나." 그런 자원봉사가 아니었다면 그들은 그런 이웃을 만나지 못했을 것이다.

하지만 슬프게도 이런 낙관적인 미래의 모습이 전부 장밋빛인 것만은 아니다. 만약 사람들끼리만 하도록 내버려둔다면 사람들은 비슷한 이들로 구성된, 선택의 공동체를 만들려고 할 것이다. 아무리 의도가 좋다고 할지라도 이런 식으로 공동체가 구성된다면 다른 사람들을 만날 기회가 거의 없을 것이다. 이렇게 되면 국민을 하나로 묶을 국가적 공감대가 점차 사라져 사회는 조각조각 분열되고 말 것이다. 그 결과 사회를 단단하게 엮어주는 애매모호한 개념인 사회적 자본이 파탄 나고 말 것이다. 공포, 의심, 불관용이 잡초처럼 무성해질 것이다. 인종주의, 노인 차별, 편파주의가 판칠 것이다. 그러면 결국 '나도 살고 너도 살고'의 정신은 붕괴하고 말 것이다.

종교를 대체할 만한 것은 무엇인가
●

사회는 과연 어느 방향으로 나아갈 것인가? 여러 징조들은 그다지 좋아보이지 않는다.

●

지난 1981년에 내가 내렸던 낙관적인 사회 전망이 생각난다. 당시 나는 사회가 부유해질수록 더욱 조용해질 것이라 전망했다. 하지만 조용해지기는커녕 오늘의 사회는 더욱 소란스러운 듯하다. 나는 사람들이 부유해지면 더 자상하고 더 관용적이 되리라 예상했다. 하지만 사람들은 돈이 많을수록 더욱 경쟁적이 되고 또 자신의 재산을 보호하려고 더 애를 썼다. 또한 어떤 사람은 일이 너무 많아 여가가 없고, 어떤 사람은 여가만 많고 일은 하지 않는 극심한 편차가 점차 평준화될 것으로 내다보았다. 우리의 부모는 평생 10만 시간 정도를 일했는데, 우리의 아이들은 늘어난 생산성 때문에 그 절반 정도만 일해도 될 것으로 예측했다. 하지만 그것은 나의 순진한 판단이었다. 대부분의 사람들은 더 많은 여가보다는 더 많은 돈을 원했고 필요하다면 10만 시간이라도 일할 수 있다는 기세였다.

경제 발전은 인생의 경마장에서 판돈만 올려놓았을 뿐 핸디캡을 평준화시키지 못했다. 1981년 당시 나는 두 가지 정의가 있다고 말했다. 하나는 사람들에게 그들이 받을 자격이 있는 만큼 주는 것이고 다른 하나는 그들이 필요한 만큼 주는 것이다. 일단 후자가 충족되어야만 전자가 용인될 수 있다. 이런 일은 오로지 정부만 할 수 있다. 영미권은 너무 오랫동안 전자의 정의(그들이 받을 자격이 있는 만큼 주는 것)에만 집중해왔다.

국가에서 시행하는 비차별적 보편 교육은 영국 국민 모두에게 인생의 평등한 기회를 부여하자는 것이었다. 하지만 결과적으로는 그렇게 되지 않았다. 모든 젊은이가 개인적 재능, 야망, 학습 방법 등이 서로 다르다는 점을 감안하지 않았기 때문이다. 학생의 능력에 따라 교육을 달리하는 방법은 전보다 향상되었다. 하지만 아직도 갈 길이 멀고, 이것 역시 정부가 맡아서 하지 않으면 안 된다.

나는 1981년 당시 새로운 테크놀로지가 더 많은 사람들에게 재택근무의 기회를 부여해 장소의 공동체, 즉 농경시대의 포괄적 공동체 같은 것을 만들어내리라 예측했다. 나 자신은 그런 공동체를 원하지 않았으면서도 다른 사람은 원하리라 생각했는데, 이건 나의 잘못된 생각이었다. 대부분의 사람들은 아직도 공동 관심사의 공동체, 일의 공동체를 원하고 있고 그런 공동체가 제공하는 구체적 공간과 물리적 인접성을 선호한다. 이러한 풍경은 천천히 바뀌고 있다. 그러나 이 새로운 재택근무자들은 로컬적(지역적) 존재가 되지 않고 테크놀로지를 이용해 글로벌하게 상호작용하고 있다. 따라서 이웃들과 유대관계를 쌓기보다는 집에 틀어박히기를 더 좋아한다.

내가 그런 예측을 내놓았던 20년 전에는 생태계나 '유기적' 같은 단어가 막 나오기 시작할 때라 큰 주목을 받지 못했다. 레이첼 카슨의 《침묵의 봄》은 전 세계 사람들에게 다가오는 재앙을 경고했다. 그리고 나는 '지구 환경 정상회의'에 이어 각종 문서,

합의서, 더 많은 국제회의가 따라나오는 것을 지켜보았다. 오늘날 환경에 대한 위협, 삼림의 남벌, 바다와 육지의 온도 상승 등에 대한 얘기가 여전히 계속 나오고 있지만 아무도 이에 대비하는 행동을 취하는 것 같지 않다. 나 혼자 힘으로 어떻게 할 수 없다면서 눈을 감아버리는 것이다.

마지막으로 1981년 당시 나는 정신적 생활에 대한 관심이 높아져서 더 배려하는 사회, 주변부에 있는 사람들에게 따뜻한 손을 내미는 사회가 오리라고 예상했다. 당시 나는 그것이 우리가 처한 딜레마에서 빠져나가는 한 방법이라고 생각했다. 하지만 새로운 정신적 태도는 개인의 내부에 집중해 개인의 구원과 부활에만 관심을 두었고 외부세계의 참여는 도외시했다. 이런 것은 내가 알고 있는 종교와는 분명 달랐다.

나는 피렌체에 있는 영국 성공회 교회의 신부가 해주는 얘기를 듣고서 내가 정말로 기독교 전통에 깊이 침잠되어 있다는 것을 깨달았다. 그 신부는 미국 대학생들에게 우피치 미술관을 안내했다. 그러면서 작품 중 특히 아름다운 성모의 그림을 주목해서 보라고 일러주었다. 화랑 관람이 끝난 후 한 여대생이 자기 친구에게 이렇게 말했다고 한다. "이 그림들은 너무 상투적이지 않니. 온통 저 여자가 남자애를 안고 있는 그림뿐이야."

사람들은 웃음을 터트렸다. 나는 말문이 막혔다(나는 성모의 그림이 정말 기독교 전통을 잘 표상한다고 생각해왔던 것이다). 이런 것이 바로 세속 사회인가? 문화를 단단하게 묶어주고 도덕을 튼튼하게 뒷받침해주는 종교적 이야기가 없는 이런 사회가? 서구 사회가 기독교와는 뚜렷하게 구분되는 기독교 문화의 중요성을 과소평가하고 있는 것은 아닐까? 서로 이해되는 도덕과 서로 알아주는 인간관의 공통적인 틀이 되는 종교적 스토리, 종교, 신 등이 없이 사회가 과연 버틸 수 있을까?

어쩌면 문제는 오늘날 신들이 너무 많다는 데 있는지도 모른다. 미국의 철학자 겸 시인인 카를로스 에퍼슨은 그렇게 믿고 있다. 그가 작성한 신들의 리스트 수위에는 아직도 성서와 성스러운 의식의 신들이 올라 있다. 하지만 이런 종교를 믿는 사람들은 점점 줄어들고 있다. 오늘날 더 중요하게 된 것은 권력의 신, 자부심의 신, 일의 신, 부富의 신이다. 이런 신들은 인간을 합치시키기보다는 분열시킨다. 그 외에 명예의 신과 최신 유행의 신도 있다. 이어 에퍼슨은 자기 자신을 신으로 생각하는 사람들도 있다고 말한다. 그들은 "늘 자기의 필요를 자기의 중심에다 놓고, 자신의 생활방식이야말로 인생이 영위해야 할 올바른 방식이라고 확신하고 있으며 그에 반대하는 사람들은 모두 바보라고 생각한다." 또한 부족部族의 신도 있다. 이 신을 추종하는 사람들은 그들에게 잘못이 저질러졌으므로 "그들의 심장을 작동시키는 연료는 그들에게 잘못을 저지른 자들이 고통을 당하는 것을 보는 것이다."라고 말한다. 또한 최근 들어서는 신이라는 것은 아예 없다고 주장하는 사람들도 많이 생겨나고 있다.

　나는 카를로스 에퍼슨이 서술하는 세계를 직접 목도하고 가슴이 철렁 내려앉았다. 이런 다양한 신들이 오늘날 하나의 종교적 가치로 통한다면 그것은 문제를 해결해주는 것이 아니라 더욱 복잡하게 할 뿐이다. 사람들은 이제 고대 그리스인과 비슷해지고 말았다. 모든 변덕과 계절을 관장하는 신, 서로 싸우는 신, 사람들을 합치시키기보다는 분열시키는 신 등을 믿고 있는 것이다. 그렇다면 전통 종교는 아무것도 제시할 것이 없다는 말인가?

　사실대로 말하자면 종교는 사랑이 아니라 공포를 통해 사회를 결속시킨다. 종교는 계율을 정하고 기준을 내리고 징벌을 고안한다. 기독교에서 그런 징벌은 이단재판소의 테러에서 성모 찬송기도를 외우는 것에 이르기까지 다양한 형태로 나타난다. 모든 종교에는 권장 사항과 금기 사항, 징벌 사항이 있다. 많은 사람들이 그러한 전제 조건을 믿어주는 한 종교적 세계는 돌아가고 사회는 그에 순응한다.

　그러나 현대의 세속 사회에서는 그런 전제 조건이 더 이상 받아들여지지 않는다. 종교는 분파의 문제가 되었고 우상 숭배에 상당히 접근해 있다. 그 종교들은 열렬한 추종자들을 갖고 있지만 카를로스 에퍼슨이 지적한 것처럼 사회에 더 이상 명령을 내리지 못한다. 그리고 정부가 그 빈자리에 들어서서 좋은 인생의 본질, 가정의 구성 요소, 먹어야 할 음식과 먹지 말아야 할 음식,

흡연 가능 여부, 섹스를 할 수 있는 연령, 다른 인종, 종교, 젠더의 사람들에게 처신하는 방법 등을 가르치고 있다. 사람들은 이런 간섭하는 정부의 등장을 거부하지만 그 자리를 대체할 대상은 없는 상태이며 일련의 규범과 기준을 마련할 방법을 알지 못한다. 그렇다면 현대를 위한 종교를 다시 발명해야 할까?

새로운 공동체의 건설

나는 전통적 의미의 기독교 신자는 아니다. 나는 내 인생의 종교적 여행을 다룬 프로그램 덕분에 람베스 궁에서 상을 받은 적이 있다. 그 상장의 문안은 나의 입장을 잘 보여준다. "프로그램 제작사의 비전통적인 기독교관에도 불구하고 잘 만들어진 지적인 프로그램이다."

나는 인격화된 신을 믿지 않는다. 어쩌면 유년 시절에 대한 반작용인지 모르지만 우주의 모든 일에 간섭하는 지고한 존재의 개념이 나에게는 역겹게 들린다. 하지만 기독교적 이야기와 기타 유대교, 불교, 이슬람, 힌두교의 이야기들이 인간 조건과 인생의 의미에 대해서 많은 것을 말해준다는 사실은 인정한다. 그 외의 다른 종교도 분명 이런 이야기를 갖고 있을 것이다. 하지만 이것들은 이야기이지 역사가 아니다. 다시 말하면 하나의 신화로, 사람들이 추상보다는 구상, 의미 있는 이야기, 메시지가 있는 그림 등을 믿었던 시대의 이야기인 것이다. 그것은 당시의 개인과 사회에 대해 중요한 진실을 말해준다.

그런 이야기들은 힘이 있다. 그것은 위대한 음악, 멋진 미술, 장엄한 문학에 많은 영감을 주었다. 그것은 사람들에게 큰 원칙을 위해 대규모 전투를 치를 용기를 주었고, 엄청난 고난을 감내하는 인내를 주었으며, 심지어 죽음마저도 감당하는 지혜를 주었다. 하지만 역으로 사람들은 그 종교를 부족적 목적에 이용해 엄청난 범죄를 자행하기도 했다. 사람들이 볼 수도 없고 셀 수도 없는 어떤 것 때문에 기꺼이 사람을 죽이고 또 자신의 목숨을 내놓았는데, 이렇게 하도록 만든 힘이 종교가 아니면 무엇이겠는가?

이런 엄청난 힘을 내버리는 것은 어리석은 일일지 모른다. 그러므로 오늘의 시대와 관점에 맞춰 그것을 재해석할 필요가 있다. 죽음 후의 부활, 구원과 용서, 무조건적인 사랑 등을 내세우는 기독교적 개념은 오늘날에도 중요한 개념이다. 가령 부활을 재발명으로 읽으면 한결 이해하기가 쉬워진다. '낡은 생활이 수명이 다해 붕괴하고 그 자리에 새로운 생활이 시작된다, 또 그런 새 생활을 시작할 힘과 능력이 누구에게나 있다.'라고 보는 것이다. 하지만 부활은 지금 여기 이 세상에서 이루어져야 하는 것이지 저 별들 너머 어딘가에 있는 나중의 세계가 되어서는 안 된다. 용서 또한 인간의 성장에 필수적인 요소다. 만약 원수를 용서하지 못한다면 원수를 미워하는 마음을 평생 갖고 살아야 한다. 또 어떤 때는 자기 자신을 용서하지 못해 마음이 괴로울 수도 있다. 종교는 지나간 시절에 고백과 면죄의 절차를 통해 이런 장애를 제 거해주었다. 하지만 요새는 그 자리에 치료사가 들어와 있다.

나는 재해석을 이렇게 본다. 내가 신과 동의어라고 생각하는 것, 가령 '선善'과 '진眞'을 발견하는 것이다. 신은 인간의 내부에 있다는 사상을 이렇게 재해석한다. 인간의 내부에는 악도 있지만 선도 있다. 인생의 목적은 자신의 내부는 물론이고 남들의 내부에서 그 선을 현양하고 악을 억제하는 것이다. 나는 인생이 내 안에 있는 진리를 찾아가는 지속적인 추구라고 생각한다. 다시 말하면 양심을 지키면서 살아가는 가운데 스스로 만들어낼 수 있는 어떤 존재를 실현하는 것이다. 그래서 내가 아닌 어떤 것을 가지고 상황을 용케 빠져나가는 그런 일은 하지 않는 것이다. 나는 거짓말을 할 때, 사람들의 환심을 사려고 할 때, 내가 진실이라고 생각하는 것을 억압해야 할 때 나 자신이 그것을 먼저 느낀다. 그래서 나는 이탈리아 르네상스 시대의 인물인 마르실리오 피치노의 사상으로 되돌아간다. 우리의 영혼은 우리 내부에 있는 가장 위대한 것, 우리의 가능성인 것이다. 또한 나는 좀 더 실용적인 인물을 모델로 삼고 있다. 바로 영국의 대저택을 둘러싸고 있는 멋진 정원을 수도 없이 설계한 조경 건축가 '캐퍼빌리티' 브라운이다. 브라운은 자신이 둘러본 자연풍경을 어떻게 변모시킬 수 있는지 그 가능성을 단번에 알아본다고 해서 '캐퍼빌리티'라는 별명을 얻었다. 그는 "이 땅은 좋은 캐퍼빌리티를 갖고 있군요."라는 말을 자주 했다고 한다. 그가 말하는 캐퍼빌리티는 곧 엄청난 잠재력이다. 내 안에 개발되어야 할 잠재력, 선의 잠재력이 엄청나다는 뜻으로 나를 '캐퍼빌리티 찰스'라고 불러준다면 나는 그것을 영광으로 생각할 것이다. 하지만 자신의 잠재력을 개발한다는 것은 쉬운 일이 아니다. 한 친구는 내게 이렇게 물었다. "자네는 자네라는 존재가 지겹지도 않나?" 멋진 질문이다. 사람들은 때때로 자기 자신으로부터 벗어나고 싶은 유혹을 느낀다.

　나의 잠재된 캐퍼빌리티를 찾아야겠다는 오래된 추구가 나를 지탱해온 힘이었다. 하지만 이것은 벼룩을 위한 종교일 뿐 사람들을 모이게 하지 못하고 또 위대한 십자군 강력한 개혁을 이끌어내지 못한다는 것도 알고 있다. 그래도 나는 '캐퍼빌리티'가 인정 넘치는 사회의 핵심이 되기를 바란다. 하지만 거기에는 남들에 대한 배려를 강조하는 또 다른 문화가 뒷받침되어야 한다. 자신의 이익이 아무리 합리적인 것이라 할지라도 그 이익의 도덕성이 균형을 갖추기 위해서는 남들에 대한 배려의 도덕성이 수반되어야 하는 것이다. 이런 점에서 지난 2천 년 동안 이어진, 네 이웃을 네 몸처럼 사랑하라는 기독교의 계율은 귀 기울여 들을 만하다. 인권 관련 법안에 대한 지속적인 관심은 곧 남들에 대한 관심의 표현이지만, 법률은 도덕적 합의가 뒷받침되어야 비로소 강력한 힘을 발휘한다. 이 말을 하면서 문득 하이게이트 공동 묘지에 있는 카를 마르크스의 유명한 묘비명이 생각난다. 그는 이 말로 자신의 인생을 변명하고자 했다고 한다. "철학자들은 오직 세상을 해석하기만 했다. 하지만 정말 중요한 것은 이 세상을 변화시키는 것이다."

진정으로 변화시키겠다는 의욕을 갖고 있다면 세상은 변화한다. 개개인이 해야 할 일은 자기 판단에 올바르다고 생각되는 인생관으로 하루하루 열심히 살아나가는 것이다. 내가 벼룩의 생활로 들어선 지 20년이 흘렀다. 앞으로 그렇게 될지는 모르겠지만 또다시 20년을 살아남는다면 나는 거의 아흔이 된다. 나의 서류철에는 내 사후에 읽어보라고 자식들에게 남긴 편지가 봉인돼 있다. 그 편지에는 세속적인 일을 자세히 적은 내용도 있지만 내 인생의 우선순위에 대한 생각도 들어 있다. 사실 그것은 나의 아버지가 돌아가시기 전에 아버지와 의논했으면 좋았을 것이라 생각한 사항들이다. 나는 가끔 그 편지를 수정하면서 편지의 내용에 대해 깊이 사색한다. 사실 지난 여러 해 동안 편지의 내용을 바꿔왔다. 내 야망이 그만큼 퇴색하고 내 인생이 더 새롭고 더 온유한 색조로 바뀌었기 때문이다.

중국 속담에는 이런 말이 있다. "행복은 할 일이 있는 것, 바라볼 희망이 있는 것, 사랑할 사람이 있는 것 이 세 가지다."

나는 그 행복을 계획하고 있다.

포트폴리오
인생 시대의
도래

찰스 핸디는 21세기가 시작된 2001년에 지난 세기말 20년 동안
의 경험을 바탕으로 앞으로 21세기의 첫 20년 동안에 전개될 세
상과 개인의 모습을 예측하면서 《코끼리와 벼룩》을 펴냈다. 우리
는 이미 21세기의 첫 15년을 지냈으므로, 이 책에서 예언한 말이
과연 맞는 얘기인지 아닌지 확인할 수 있게 되었다. 동물의 이름
이 책 제목으로 제시되어 있어서 금방 책의 윤곽을 파악하기 쉽
지 않으나 코끼리는 거대조직을 상징하고, 벼룩은 프리랜서 생활

을 하는 개인을 상징한다. 핸디는 앞으로 점차 확산될 벼룩의 삶을 포트폴리오 인생이라는 개념으로 제시하고 있다. 포트폴리오는 증권 투자에서 나온 용어로 어느 한 종목에만 투자 자금을 모두 걸지 않고 골고루 유망 종목에 분산 투자해 손실에 대비하고 또 수익률도 높이려는 투자 방식을 말한다. 이것은 "달걀을 한 바구니에 모두 담지 말라."는 세간의 지혜를 전용한 것이다.

핸디는 인간의 재산이라면 그가 가지고 있는 한 평생의 시간뿐인데, 그 귀중한 시간을 통째로 회사에다 맡기고 회사의 지시에 따르며 살아가는 직장 생활은 너무 지루하고 피곤한 일이 아닐까 하는 질문을 던진다. 평생직장이라는 말이 없어진 지금, 누구나 한 번쯤은 벼룩의 삶을 살아갈 수밖에 없도록 사회가 바뀌었다는 것이다.

이 책은 저자가 직장인에서 벼룩으로 변신한 과정을 먼저 서술하고, 이어 그런 개인이 점점 많아질 세상에서 앞으로 기업들이 어떻게 처신해야 할 것인지를 다룬다. 그리고 기업의 핵심 이데올로기인 자본주의가 앞으로 벼룩이 많아질 사회에 대비하여 어떤 식으로 변모해야 바람직한지도 살펴본다. 자본주의 변화의 필요성은, 현재 우리 사회에서 양극화 해소의 방안으로 정치권에서 줄기차게 주장하고 있는 경제민주화 개념이 단적으로 증명하고 있다. 대기업 위주의 자본주의보다는 자유로운 인간의 욕구를 적극적으로 수용하는 발전된 형태의 자본주의가 필요하다는 점을 핸디는 정확히 짚어낸다.

나는 이 책을 15년 만에 다시 읽으며 조지 오웰의 장편소설 《1984》를 떠올렸다. 그가 이 소설을 쓸 당시(1949년)에는 1984년 이 아주 먼 미래처럼 보였으나, 지금 시점에서는 머나먼 과거일 뿐이다. 그럼에도 불구하고 이 소설에서 나온 몇 가지 용어 가령 빅브라더(독재자), 뉴스피크(당에서 말하는 공식 언어), "전쟁이 평화요, 자유는 노예제요, 무지가 곧 힘이다." 라는 전체주의 사회의 궤변 은 널리 알려진 조어가 되었다. 지난 15년의 세월은 핸디가 말한 20년 후 예측이 대부분 옳았음을 밝혀주었고, 그러니 벼룩 생활, 포트폴리오 인생 등의 용어도 오웰의 조어 못지않게 사람의 입에 오르내리리라 본다. 핸디의 예언은 2016년을 넘어 앞으로에 대한 경고로 읽어도 무방하다.

핸디는 또한 이 책에서 자신의 벼룩 생활을 상세히 말해주는데, 이 부분을 다시 읽으면서 공감하는 바가 적지 않았다. 나 또한 세기말에 15년 이상 다닌 회사를 그만두고 번역을 하고, 여행을 하고, 자원봉사를 하고 또 여가 생활을 하는 등 지난 20년을 포트폴리오 인생으로 보내왔다. 요즘 은퇴한 친구들이 나의 이런 생활을 부러워하는 걸 보면서, 생애 후반으로 갈수록 포트폴리오 인생 방식이 삶을 살아가기에 적합하다는 생각이 강해진다.

핸디가 이 책에서 말한 "돈보다 자유"는 정말 맞는 말이고, 가장 소중한 재산인 시간을 자신의 전적인 통제 아래 사용할 수 있어야만 비로소 진정한 자유인이라는 이 책의 주제는 빈 계곡을 건너오는 메아리 소리처럼 크게 울려 퍼지리라 생각한다. 이 책은 원래 2001년에 다른 출판사에서 번역되어 나왔으나, 이번에 푸른숲 출판사에서 그 가치를 알아보고 재출간하게 되었다. 푸른숲 출판사의 미래 지향적 통찰과 추진력에 경의를 표한다.

2016년 7월 이종인

옮긴이 이종인

고려대학교 영어영문학과를 졸업했으며, 한국 브리태니커 편집국장과 성균관대학교 전문번역가 양성과정 겸임교수를 지냈다. 현재 인문·사회과학 분야 전문번역가로 활동 중이다. 지은 책으로 《살면서 마주한 고전》《번역은 글쓰기이다》 등이 있고 옮긴 책으로 《유쾌한 이노베이션》《마에스트로 리더십》《로마제국 쇠망사》《로마사론》《중세의 가을》《작가는 왜 쓰는가》《호모 루덴스》 등이 있다.

코끼리와 벼룩

첫판 1쇄 펴낸날 2016년 8월 12일
　　　7쇄 펴낸날 2023년 12월 15일

지은이 찰스 핸디
옮긴이 이종인
발행인 김혜경
편집인 김수진
편집기획 김교석 조한나 유승연 문해림 김유진 곽세라 전하연 박혜인 조정현
디자인 한승연 성윤정
경영지원국 안정숙
마케팅 문창운 백윤진 박희원
회계 임옥희 양여진 김주연

펴낸곳 (주)도서출판 푸른숲
출판등록 2003년 12월 17일 제2003-000032호
주소 서울특별시 마포구 토정로 35-1 2층, 우편번호 04083
전화 02)6392-7871, 2(마케팅부), 02)6392-7873(편집부)
팩스 02)6392-7875
홈페이지 www.prunsoop.co.kr
페이스북 www.facebook.com/prunsoop　　**인스타그램** @prunsoop

ⓒ푸른숲, 2016
ISBN 979-11-5675-662-0 (03320)